全国高等学校外语教师丛书·理论

U0615373

语用学与外语教学

陈新仁等　著

Pragmatics and Foreign Language Teaching

外语教学与研究出版社
FOREIGN LANGUAGE TEACHING AND RESEARCH PRESS
北京 BEIJING

图书在版编目（CIP）数据

语用学与外语教学 / 陈新仁等著. -- 北京：外语教学与研究出版社，2013.7
（2023.11 重印）
（全国高等学校外语教师丛书. 理论指导系列）
ISBN 978-7-5135-3395-9

Ⅰ. ①语… Ⅱ. ①陈… Ⅲ. ①外语教学－语用学－研究 Ⅳ. ①H09

中国版本图书馆 CIP 数据核字（2013）第 165148 号

出 版 人 王　芳
项目负责　段长城
责任编辑　毕　争
责任校对　郑丹妮　丁　雪
封面设计　外研社设计部　彩奇风
出版发行　外语教学与研究出版社
社　　址　北京市西三环北路 19 号（100089）
网　　址　https://www.fltrp.com
印　　刷　北京九州迅驰传媒文化有限公司
开　　本　650×980　1/16
印　　张　22.5
版　　次　2013 年 9 月第 1 版 2023 年 11 月第 12 次印刷
书　　号　ISBN 978-7-5135-3395-9
定　　价　83.90 元

如有图书采购需求，图书内容或印刷装订等问题，侵权、盗版书籍等线索，请拨打以下电话或关注官方服务号：
客服电话：400 898 7008
官方服务号：微信搜索并关注公众号"外研社官方服务号"
外研社购书网址：https://fltrp.tmall.com

物料号：233950101

目　录

总　序

　　"全国高等学校外语教师丛书"是外语教学与研究出版社高等英语教育出版分社近期精心策划、隆重推出的系列丛书，包含理论指导、科研方法和教学研究三个子系列。本套丛书既包括学界专家精心挑选的国外引进著作，又有特邀国内学者执笔完成的"命题作文"。作为开放的系列丛书，该丛书还将根据外语教学与科研的发展不断增加新的专题，以便教师研修与提高。

　　笔者有幸参与了这套系列丛书的策划工作。在策划过程中，我们分析了高校英语教师面临的困难与挑战，考察了一线教师的需求，最终确立这套丛书选题的指导思想为：想外语教师所想，急外语教师所急，顺应广大教师的发展需求；确立这套丛书的写作特色为：突出科学性、可读性和操作性，做到举重若轻，条理清晰，例证丰富，深入浅出。

　　第一个子系列是"理论指导"。该系列力图为教师提供某学科或某领域的研究概貌，期盼读者能用较短的时间了解某领域的核心知识点与前沿研究课题。以《二语习得重点问题研究》一书为例。该书不求面面俱到，只求抓住二语习得研究领域中的热点、要点和富有争议的问题，动态展开叙述。每一章的写作以不同意见的争辩为出发点，对取向相左的理论、实证研究结果差异进行分析、梳理和评述，最后介绍或者展望国内外的最新发展趋势。全书阐述清晰，深入浅出，易读易懂。再比如《认知语言学与二语教学》一书，全书分为理论篇、教学篇与研究篇三个部分。理论篇阐述认知语言学视角下的语言观、教学观与学习观，以及与二语教学相关的认知语言学中的主要概念与理论；教学篇选用认知语言学领域比较成熟的理论，探讨应用到中国英语教学实践的可能性；研究篇包括国内外将认知语言学理论应用到教学实践中的研究综述、研究方法介绍以及对未来研究的展望。

　　第二个子系列是"科研方法"。该系列介绍了多种研究方法，通常是一本书介绍一种方法，例如问卷调查、个案研究、行动研究、有声思维、语料库研究、微变化研究和启动研究等。也有的书涉及多种方法，综合描述量化研究或者质化研究，例如：《应用语言学中的质性研究与分析》、《应用语言学中的量化研究与分析》和《第二语言研究中的数据收集方法》等。凡入选本系列丛书的著作人，无论是国外著者还是国内著者，均有高度的读者意识，乐于为一线教师开展教学科研服务，力求做到帮助读者"排忧解难"。例如，澳大利亚安妮·伯恩斯教授撰写的《英语教学中的行动研究方法》一书，从一线教师的视角，讨论行动研究的各个环节，每章均有"反思时刻"、"行动时刻"等新颖形式设计。同时，全书运用了丰富例证来解释理论概念，便于读者理解、思考和消化所读内容。凡是应邀撰写研究方法系列的中国著作人均有博士学位，并对自己阐述的研究方法有着丰富的实践经验。他们有的运用了书中的研究方法完成了硕士、博士论文，有的是采用书中的研究方法从事过重大科研项目。以秦晓晴教授撰写的《外语教学问卷调查法》一书为例，该书著者将系统性与实用性有机结合，根据实施问卷调查法的流程，系统地介绍了问卷调查研究中问题的提出、问卷项目设计、问卷试测、问卷实施、问卷整理及数据准备、问卷评价以及问卷数据汇总及统计分析方法选择等环节。书中各个环节的描述都配有易于理解的研究实例。

　　第三个子系列是"教学研究"。该系列与前两个系列相比，有两点显著不同：第一，本系列侧重同步培养教师的教学能力与教学研究能力；第二，本系列所有著作的撰稿人主要为中国学者。有些著者虽然目前在海外工作和生活，但他们出国前曾在国内高校任教，也经常回国参与国内的教学与研究工作。本系列包括《英语听力教学与研究》、《英语写作教学与研究》、《阅读教学与研究》、《口语教学与研究》、《翻译教学与研究》等。以《英语听力教学与研究》一书为例，著者王艳博士拥有十多年的听力教学经验，同时听力教学研究又是她博士论文的选题领域。《英语听力教学与研究》一书，浓缩了她多年来听力教学与听力教学研究的宝贵经验。全书分为两部分：教学篇与研究篇。教学篇中涉及了听力教学的各个重要环节以及学生在听力学习中可能碰到的困难与应对的办法，所选用的案例均来自著者课堂教学的真实活动。研究篇中既有著者的听力教学研究案例，也有著者从国内外文献中筛选出的符合中国国情的听力教学研究案例，综合在一起加以分析阐述。

　　教育大计，教师为本。"全国高等学校外语教师丛书"内容全面，出版及时，必将成为高校教师提升自我教学能力、研究能力与合作能力的良师益友。笔者相信本套丛书的出版对高校外语教师个人专业能力的提高，对教师队伍整体素质的提高，必将起到积极的推动作用。

文秋芳

北京外国语大学中国外语教育研究中心

2011 年 7 月 3 日

前　言

　　语用学作为一门 20 纪六七十年代崛起的语言学分支学科，历经由哲学语用学向语言语用学的蜕变，由聚焦为数不多的语用—语言现象向纵览语言使用全景的拓展，由关注语言使用的社会文化属性向考察语言使用的心理认知、社会认知、社会建构属性等的转变，以及由注重思辨的客位视角向兼顾交际参与者自身体验的主位视角的方法论转向，如今已经发展成为一块蔚为大观的语言学版图。

　　语用学的迅猛发展得益于许多因素，如该学科的研究对象是语言使用（包括表达和理解），而社会生活的任何一个角落、任何一个时刻都离不开语言使用；再如，语用学的跨学科性甚至是超学科性有利于它从相邻学科汲取理论养分和方法论启迪；但最重要的是，语用学研究在保持理论探索性的同时可以具有很强的应用性。如今的语用学已经不再仅仅满足于对日常人际交往的考察，其触角已经伸向各种机构性交往空间、公共话语空间和虚拟交往空间，涉及法庭话语、医患话语、教学话语、广告话语、新闻话语、宣传话语、告示话语、电子邮件和 QQ 论坛话语等。

　　语用学在语言教学尤其是外语教学中的应用也许是参与者最多、研究成果最丰的研究领域。相关的著述颇丰，如 *Pragmatics in Language Teaching* (2001)、*Investigating Pragmatics in Foreign Language Learning*，*Teaching and Testing* (2008)、*Teaching and Learning Pragmatics: Where Language and Culture Meet* (2010)、《语用学与外语学习》(1997) 等，而相关研究论文可谓数不胜数。这些研究成果一方面革新了人们关于外语教学的观念，彰显了语用能力发展在外语教学中的核心地位，另一方面为语用教学提供了理论和方法论的指导，确定了语用教学的一些基本原则和有效方法。当然，从中国语境下的外语语用教学角度看，现有成果还不能完全满足中国外语教师的需要，原因是它们往往：(1) 重理论、轻实践，主要关注语用能力概念、构念的讨论，较多分析外语学习者的交际语料，较少联系教学实践，缺少对课堂教学的操作性指导；(2) 重不同文化的语用比较，轻（不同阶段、不同水平）外语学习者与本族语者的比较；(3) 偏重言语行为、含意推理等少数话题，迄今尚无专著或文集更为系统地考察语用学主要理论在外语教学中的应用现状与潜力；(4) 在面向中国学生、中国外语课堂方面的针对性总体不强。

鉴于上述现状，本书针对以上各个问题在内容和编排方面进行了更为系统的设计，旨在为读者呈现出一幅全新的展示语用学指导外语教学的图景：一、增加教学案例示范，加强对语用教学实践环节的指导；二、关注不同学习阶段的外语学习者，考察外语水平与语用能力发展之间的关联；三、覆盖语用学的主要理论，拓宽语用学对外语教学的辐射作用；四、针对中国学生，密切关注他们的外语语用问题。需要指出的是，尽管本书试图通过上述努力去克服前人成果中的一些不足，但整体上看，还是立足于对现有研究的补充、完善，而不是要去否定、取代。因此，读者有必要在阅读本书的同时广泛阅读前人的著作。

全书由理论篇、教学篇和研究篇三大模块共 16 章组成。理论篇包括 4 章，分别是语用学概述、语用学的语言观、语用学的习得观、语用学的教学观。这部分通过介绍语用学作为一门学科的基本概念、理论、研究领域，探讨语用学对于认识语言、教学与习得的重要启示。教学篇由 7 章组成，阐述围绕语用学研究的主要内容而展开的语用教学，包括会话含意教学、言语行为教学、语用预设教学、话语标记语教学、语言礼貌教学、会话组织教学、语言模因教学。本部分不仅讨论相关内容的教学理念，而且还提供了指导教学实践的操作性案例。研究篇由 5 章组成，聚集现有语用教学研究文献中备受关注的几个关键维度和热点问题，包括言语行为的可教性研究、中国英语学习者礼貌习得研究、中国英语学习者话语标记语习得研究、中国英语学习者语用与语法意识研究以及中国英语学习者的语用能力测试研究。读者可以结合教学篇的内容，借鉴本部分具有示范价值的研究方法，开展自己的语用教学研究。本书可作为语用学、二语习得等方向的在读研究生的辅助教材，亦可用为大学外语教师和教学研究人员的入门读本和参考书。

本书的具体写作分工情况如下：全书由陈新仁负责总体设计、编排、统稿等。各个部分的撰写人分别是：前言和第一、二章由陈新仁撰写；第三、四章由卢加伟撰写；第五章由钱永红和吴珏撰写；第六章由何荷撰写；第七章由景晓平和钱永红撰写；第八章由钟茜韵撰写；第九章由季小民和孙莉撰写；第十章由孙莉和季小民撰写；第十一章由吴珏撰写；第十二章由段玲琍和江晓红撰写；第十三章由高瑞阔撰写；第十四章由陈新仁和吴珏撰写；第十五章由李民和陈新仁撰写；第十六章由刘建达撰写。

在成书之际，我们谨向全程关心此书撰写工作的北京外国语大学中国外语教育研究中心的文秋芳教授、广东外语外贸大学何自然教授致以崇高的敬意。感谢王雪玉、陈露等帮助校对书稿。

由于水平、精力有限，书中问题、讹误在所难免，敬请广大读者批评指正。

陈新仁
南京大学
2013 年 4 月

第一部分　理论篇

语用学概述

语用学的语言观

语用学的习得观

语用学的教学观

第一章　语用学概述

1.1 语用学的界定

语用学发轫于 20 世纪 60 年代（可以追溯到言语行为理论创始人 Austin 的经典著作 *How to Do Things with Words*，1962，甚至更早）。语用学的英文是 pragmatics，该词由 Morris（1938）始创。虽然语用学与语音学、音系学、句法学、语义学等相比仍然是语言学中一个相对较新的分支，但随着该分支学科"以闪电般的速度发展"（Mey，2001：F38），pragmatics 已成为一个语言学高频术语。从构词法角度看，pragma- 是一个拉丁词根，意思是"行为"（act）或者"行动"（action），-ics 表示"学科"或"学问"。由此我们可以大致了解 pragmatics 一词的意思，进而了解语用学作为一门语言学分支学科的内涵，即这是一门关于（语言交际）行为的学问。

对语用学的界定可以从不同角度开展，如语境的角度、语言使用者的角度、学科性质的角度等。例如，语用学可以定义为一门研究语境化的意义（contextualized meaning）（见 Yule，1996：1）的学科。Thomas 持类似的看法，认为语用学研究语境中的意义（meaning in context）（1995：1-2）。Leech 将语用学定义为关于话语如何在情境中表达意义的研究（how utterances have meanings in situations）（Leech，1983：x）。Fasold（1990）则认为，语用学研究如何运用语境进行意义推理（the use of context to make inferences about meaning）。

联系语境研究语言是语用学研究的一个基本特征。"任何语用学的定义如果不提及语境的话都是不完整的"（Cummings，2005：4）。从语境角度界定语用学重视探讨语境决定语言传达意义的方式，揭示同样一句话出现在不同的语境中会传递不同的意义。试比较：

（1）A: Your mother is a doctor. What about your father?

　　B: He's a lawyer.

(2) A: I've got some trouble with my contract with the bank. Can your father help me?

B: He's a lawyer.

(3) A: My computer has gone wrong. Can you ask your father to help me?

B: He's a lawyer.

在上面 3 个例子中，B 针对 A 的不同提问均使用了相同的回应方式：He's a lawyer。然而，B 的回应在这 3 个不同语境中的解读是不同的：第一个是针对父亲职业的提问的直接回答，可以从字面上进行理解；第二个是对父亲能否帮助处理合同问题这一请求的间接肯定回答，需要结合语境特别是相关背景知识（如律师熟悉合同事宜）进行推理；第三个是对父亲能否帮助修理电脑这一请求的间接否定回答，同样需要结合语境特别是相关背景知识（如律师未必熟悉电脑维修事宜）进行推理。

考虑到语境的中心作用，这里有必要对该概念加以适当的展开。语用学在原有认识基础上给语境概念赋予了一些新的认识。首先，语用学中对语境的界定很宽，可以包括以下层面：情景或者物理层面、社交层面、心智层面和语言层面。正如 Cummings 指出的那样，在语用学中，"语境的概念超越了它作为客观场景（话语是在这样的场景中产生的）的明显展示，而且包括了语言的、社交的和认知的因素"（2005：4）。

情景或者物理层面涉及交际发生的场景、环境、时空等因素。一些语言形式（特别是指示性或者指称性表达）的解读特别依赖于语境。例如：

(4) This and this are yours. That's mine.

(5) Come here.

在（4）中，除非我们知道谁在对谁说话并且知道说话人的手指向的物品，否则我们难以弄清 this、yours、that 或者 mine 的具体指代对象。在（5）中，come here 在不同的语境中可能指"到桌子这儿来"、"到办公室来"或者"到舞台上来"，具体指到哪里来取决于说话人当时所在的位置。

语境的社交层面包括社交距离、社交角色、社交关系等等。Mey 指出，语用学研究人类语言交际中决定语言使用的社会语境条件（Mey，1993：42；2001：6）。设想 Jack 和 Kate 是同事，社会距离近，这使得 Jack 可以对 Kate 使用熟悉的称呼语（即 Kate，而非 Ms. Green 之类的称呼）。

语境的心智层面与谈话双方的背景知识、信仰、兴趣、期盼等有关。在（2）中，A 假定与 B 共享特定的背景知识，即律师熟悉合同事宜；B 如果不具有这一背景知识，则无法理解 A 的话语。

最后，语境的语言层面，或者说上下文（co-text），指某一话语之前或者之后的话语（成分）。在（1）—（3）中，he 均用来指代 your father；B 所说的话语之所以有不同的解读，从很大程度上来说是由于其所处的语言语境（即 A 说的话）不同。

语用学赋予语境的另一个新认识是：语境是动态的，是在话语的生成和理解过程中被选择、调取或建构起来的，而不是事先存在的、固定不变的。对于构成语境的情景或者物理层面、社交层面、心智层面和语言层面，无论哪一层面都不是全部地、事先地影响话语的产生与理解。"语境是以语言使用者为指向的，不同的人对同样的语境的感受会不一样"（Mey，2001：F30）。说话人会选择这些层面的某一因素或成分参与话语的生成；同样，听话人也只是激活、利用这些层面中能够有助于当前话语理解的语境成分参与话语的理解（至于语境的动态选择，可以参见第八章关于关联理论的介绍）。总之，语用学致力于研究动态语境的生成与作用，能够帮助我们更好地理解"语言和语境之间的关系，而这种关系是解释语用理解的基础"（Levinson，1983：21）。

对语用学的界定也可以采用语言使用者的角度。"语言运用者视点"是确定语用学研究取向的最为重要的一点（Mey，2001：F29；徐盛桓，2001）。从说话人角度看，语用学是研究说话人意义的一门学科（Yule，1996：1），关注人们说话的真实意图。由于说话人的真实意图有时不同于所说话语的字面意义，语用学又可以描述为一门解释交际中如何传达多于字面信息的意义的学问（Yule，1996：1）。从听话人角度看，语用学研究听话人如何通过推理获取说话人试图传达的意义（或不同于字面意义的意思）。Katz 认为，语用学"解释说话人和听话人的推理"（1977：19）。试看（6）和（7）：

(6) Peter: Are you coming to the lecture this afternoon?

Paul: I'm not feeling so well.

(7) Jack: Did you pass the final exams?

Mary: I failed in philosophy.

根据我们的直觉,(6)中 Paul 的意思并不是要告诉 Peter 今天自己身体不好这一信息,而是想通过提供这一信息告诉对方今天下午自己不能去听讲座。可见,Paul 传达的意图不同于他所发出话语的字面意义。在(7)中,Mary 不仅传达了自己哲学课考试不及格这一信息,而且含蓄地传达了自己通过了其他科目考试这一信息。由此可以看出,Mary 实际所传达的信息要多于其所说话语字面传递的信息。在以上两种情况下,听话人都不能只靠解码说话人的话语,而必须结合语境,运用推理,才可以正确解读说话人的意图。

最后,对于语用学的界定还可以采纳学科性质的角度。在这方面,来自英美国家的语用学家与来自欧洲大陆的语用学家存在很大差异,形成了所谓的"英美学派"(以 Stephen Levinson、Georgia Green、Geoffrey Leech 等为代表)和"大陆学派"(以 Hartmut Haberland、Jacob Mey、Jef Verschueren 为代表)。前者认为语用学是语言学中与音系学、句法学、语义学等并列的一个分支学科;后者尽管认同语用学是语言学的一个分支学科,但不认同这一学科与音系学、句法学、语义学等处于同一层面,而认为它是一种可以观照这些分支学科的功能性视角(Verschueren,1999:7)(功能性体现为社会的、文化的、认知的视角),也称为"纵观"。在他们看来,语用学研究的语言使用是一种社会行为。鉴于语言与人类生活息息相关,研究语言使用的语用学可以将语言学和其他人文科学和社会科学联结起来。

综上所述,语用学作为语言学研究领域中的新兴学科,其典型特征之一是将语境和语言使用者在言语交际中的作用纳入语言分析之中,典型特征之二是认为交际不仅涉及到编码和解码,在有些情况下会更多地依赖于受原则支配的推理。这在很大程度上解释了为什么说话人的意思有时候被部分地甚或错误地解读,并因此引起误解。语用学界定方式的多样性,体现了研究者对语言使用不同层面的关注,反映了不同语用学家的不同研究取向。

1.2 语用学的缘起

语用学的学科名称以及研究的基本属性起源于符号学（semiotics）（见 Morris，1971）。Morris 认为符号学由符号关系学（syntactics，即句法学）、语义学（semantics）和语用学 3 个分支组成。符号关系学研究"符号之间的形式关系"；语义学研究"符号与符号所指对象的关系"；语用学研究"符号与符号解释者的关系"（1938：6）。后来，Morris（1946）在《符号、语言和行为》一书中，根据当时的行为主义符号理论对上述 3 个分支的研究范围作了调整，将语用学定义为关于符号的来源、用法及其在行为中的作用的研究。Davis（1991：3）基于 Morris（1938）关于符号学的三分说，将语用学视为语言符号学的 3 个分支之一，其他两个分支分别是句法学和语义学：

- 句法学：研究语言形式之间关系的学科，包括语言形式如何有序排列以及哪些排列合乎语法。
- 语义学：研究语言形式与世界中实体之间关系的学科，即字词如何与现实中的物体联系。
- 语用学：研究语言单位与语言使用者之间关系的学科。

然而，语用学作为语言学的一个分支学科真正崛起和发展，要归功于语言哲学以及语言学自身。先说语言哲学，日常语言学派（Ordinary Language Philosophy）哲学家（以 John Austin、Paul Grice、Ludwig Wittgenstein、Peter Strawson、John Searle 等为代表）指出，语言使用并非总像逻辑实证主义（Logical Positivism）哲学家（以 Gottlob Frege、Alfred Taski、Bertrand Russell 等为代表）认为的那样可以诉诸真值条件的检验。前者发现，日常生活中的一些语言使用，如祈使句、疑问句等，都谈不上是真还是假，而是只能从适切不适切、得体不得体的角度加以讨论。不仅如此，一些语言使用，即所谓的施为句（performatives）一旦发生，就直接带来客观世界的变化。

Austin 关于"说话就是做事"的思想极大地改变了人们关于语言及其使用的认识，即语言不只是用来表征、描绘、记录客观世界的，也可以用来改变世界。语言不仅适应（fit）世界，世界有时也要适应语言（Searle，1969），二者互为顺应（Verschueren，1999）。

不仅如此，日常语言学派哲学家还推翻了逻辑实证主义哲学家的另一根本观点：自然语言不完美，充斥着含糊、模糊，不能逻辑地、完整地、确定地表达意义，因而有必要加以改造，或像发明逻辑语言一样去发明人工语言。以and（该词在逻辑中的对应符号是∧）为例。逻辑实证主义哲学家们指出，自然语言中的 and 具有多重意义：

(8) a. Jack got up and brushed his teeth.

b. Jack fell down and broke his neck.

c. Jack liked music and his brother liked literature.

d. Work hard and you will succeed.

在上述几句话中，and 分别表达"然后"（8a）、"结果"（8b）、"对比"（8c）、"条件"（8d）等逻辑意义。如此看来，自然语言中的 and 似乎与该词在逻辑中的对应符号∧在意义和用法上不一样。对此，Grice 提出质疑。他认为，and 与∧表达的意义其实是一样的。对例（8）各句中 and 所作的不同解读，是我们通过推理加以充实的结果，即通过推理赋予 and 在语境中的实际解读，但这不能说明 and 的基本意义具有多样性，或 and 在语义上具有含混性。为此，Grice 提出了著名的会话含意理论，根据这一理论，上述 and 的各种实际解读实质上是 and 在交际语境下的（规约）含意，而非 and 的语言意义。含意理论的提出不仅解决了语言哲学中的意义问题，而且为人们理解语言交际提供了启示，为后来的语言语用学研究（如后格赖斯语用学）奠定了理论基础。关于会话含意理论的详细阐述，请参见第五章。

推动语用学发展的另一股力量来自语言学领域自身。在 20 世纪 60 年代末 70 年代初，生成语言学家 Noam Chomsky 的一些追随者（如 George Lakoff 和 John Ross）放弃了语言是一种抽象的、独立于语言使用者和语境的认知机制的根本观点，转而结合语境和语言使用者解释语言现象。这些现象，如指示语、预设，离开语境就很难加以正确解读。在 Laurence Horn 和 Charles Fillmore 等人看来，这些现象非常重要，反映了语言与语境之间的密切关联。不仅如此，他们发现大量的语言现象都应结合语境来进行研究。例如：

（9）Boys will be boys.

（10）Golf plays John.

（11）I'm lovin' it. (McDonald's slogan)

（12）Jack: The hamburger didn't order onion, Kate.

在（9）中，说话人似乎没有传达任何新的信息，在语义上有重复、累赘之嫌，因而存在语义问题，然而这样的话语出现在真实交际中却可以传达诸如"男孩子本来就淘气"的意思，用来实施劝慰行为。在（10）中，说话人似乎同样犯了语义错误：golf 是没有生命的物体，怎么可以 play 某人呢？合乎常规的说法应该是 John plays golf，然而在实际生活中，说话人却可能发出这样的话语，传达"John 高尔夫打得很差"的意思。在（11）中，说话人似乎违反了语法规则：诸如 love 这样的情感动词一般不用于进行体。然而，麦当劳使用这样的表达方式却可以传达特殊的意义：消费者此时此刻就爱着麦当劳。在（12）中，说话人同样传达了表面上怪异的信息：汉堡居然可以点菜！Kate 如果没有正确的语境知识，就不可能理解 Jack 话语的意图（即：Jack 想提醒 Kate，点汉堡的那名顾客并没有点洋葱）。可见，一些不合乎语法或语义规则的句子却能在实际生活交际中使用，而这一点在语用学中能够得到很好的解释。

语用学不仅可以解释一些句法或语义上似乎存在瑕疵的句子，而且可以对句法结构的选择加以解释。例如：

（13）a. I'm familiar with Jack.

　　　b. Jack is familiar to me.

例（13）中的两句话尽管从本质上看传递了同样的信息，却有着不同的交际效果。这两句话反映了我们汇报信息的不同视角：（13a）以说话人自身为视点；（13b）以 Jack 为话题焦点。

人们认识到，结合语言使用者讨论语言问题的语用学能解释大量的语言现象，由此语言研究发生了所谓的"语用学转向"（pragmatic turn）（Mey，2001：4），即由句法理论研究范式转向研究语言使用者的范式。人们渐渐地不再把语用学看作是一种类似垃圾篓（waste-basket，Mey，2001：21）（模仿 Bar-Hillel 1971 年将语义学称作句法学的"垃圾篓"的做法）、杂物箱（ragbag）（Leech，1983）、大教堂（a broad church）（Burton-Roberts，1989a）或大帐篷（a big tent）（Ariel，2010）的东西，认为需要对该学科加以系统的理论探究。1983 年，Stephen Levinson 的 *Pragmatics* 一书出版。作为语用学领域中第一部教材，该书的出版标志着语用学已经发展成为一个相当系统的有关语言使用的学科。另两个语用学发展的重要标志是 1977 年 *Journal of Pragmatics*（《语用学学刊》，以前译作《语用学杂志》）在荷兰开始发行，以及 1986 年总部设在比利时的国际语用学学会（the International Pragmatics Association，简称 IPrA）的创立。自此，语用学与句法学、语义学形成了合理分工。具体来说，句法学解释遣词造句是否合乎语法；语义学解释句子的构建是否有意义；语用学研究支配语言使用的适切条件（何自然、陈新仁，2004）。

　　需要指出的是，语用学和语义学都研究语义，但二者的关系是互补的，而非重叠的。人们倾向于将抽象的、字面的和语言的意义以及真值条件归入语义学研究范畴，将语境的、非字面的和说话人试图传达的意义归入语用学研究范畴。有些学者认为，语用学"研究在语义学中得不到解释的意义的所有方面"（Levinson，1983：12）。Leech（1981：320-321）则提出了下列一些外部标准，用来判断某一关于意义的讨论是属于语用学还是语义学的范畴：

（1）讨论对象是否指向发话人/说话人或受话人/听话人？
（2）讨论对象是否指向说话人的意图或者听话人的解读？
（3）讨论对象是否指向语境？
（4）讨论对象是否指向通过使用语言所实施的行为或者行动？

语用学研究对上述问题的回答是"是"，而语义学的回答则是"不是"。

1.3 语用学的研究维度及相关理论

　　如果说语用学在萌发阶段常被揶揄为杂物箱或废纸篓：每当某一语言现象不能通过常规的、广为接受的理论加以解释时，都可以在语用学中寻得帮助（见 Leech，1983）；如今却有大量"不受学科边界限制的各路语言学家"（linguists without borders）（Mey，2001：21）都在从事着与语用学相关的研究。语用学已经从一个"江湖郎中"式的语言学分支发展成一个生机勃勃、五彩缤纷的语言学研究领域，并涌现出各种分支学科，展示了语用学研究的强大发展势头和巨大潜力。

对语用学的分支学科有不同的划分方法。我们这里将与语用学有关的研究类型分为四大类：理论语用学、应用语用学、跨学科语用学和界面语用学。

1.3.1 理论语用学

理论语用学（theoretical pragmatics）研究语言使用的基本问题，如语言使用的实质，语言使用与世界的关系，语言使用的意义，语言使用的条件，语言使用（包括表达与理解）的机制，语言使用与语境的关系，语言使用与心理、认知、社会等的关系。它可以进一步区分为下列分支：哲学语用学、语言语用学、社会语用学、认知语用学、跨文化语用学、历史语用学等。相关理论包括语用现象本体的理论（如言语行为理论、会话含意理论、指示语理论、预设理论、礼貌理论、会话分析）以及用来解释这些语用现象的理论（如合作原则、后格赖斯会话含意理论、关联理论、礼貌原则、面子理论、语言顺应理论、语言模因论等）。

1.3.1.1 哲学语用学

哲学语用学（philosophical pragmatics）关注的是语言使用的实质、语言使用与世界的关系、语言使用的意义以及语言使用的条件等根本问题。

语用学中第一个主要理论，即言语行为理论（Speech Act Theory，简称 SAT）便是由著名的英国哲学家 Austin 于 20 世纪 50 年代后期率先提出，并由他的美国学生、同样是语言哲学家的 Searle 于 20 世纪六七十年代进一步丰富和发展的。言语行为理论回答了语言使用的实质问题："说话就是做事"（Austin，1962）。

对于语言使用与世界的关系，很多哲学家认为语言是用来表征世界的。然而，我们使用语言时经常不仅仅局限于作出关于世界的真实或虚假的陈述。Austin（1962）指出，有些语言用法能够立刻改变事件的状态，因此属于施为句。例如：

(14) You're fired. (said by a boss to his employee who has just made a serious mistake)

(14) 中老板的话一经说出，便马上达到了解雇该名员工的效果。换句话说，在适当的语境中，所说的话语本身就构成一个行为。这就是我们所说的言语行为，即通过说话实施的行为（Yule，1996：47）。其他典型的言语行为包括致谢、道歉、请求、恭维、邀请、许诺、祝贺等。关于言语行为理论的详细阐述，请参见第六章。

对于语言使用的意义，语言哲学家 Paul Grice 提出了自然意义（natural meaning，M_n）与非自然意义（non-natural meaning，M_{nn}）的区分，前者与社会规约、语言使用者的意图没有关系，后者则与之相关。对于非自然意义，我们又可以区分为规约意义（conventional meaning）和非规约意义（non-conventional meaning）。其中，话语的字面意义（literal meaning）是规约意义，而说话人传达的不同于话语字面意义的意义则为非规约意义。后者又称为会话含意（conversational implicature）。语用学中第二个著名的理论就是会话含意理论，由 Grice（1975）在其著名论文"逻辑与会话"（Logic and Conversation）中提出。尽管会话含意通常被定义为"一种额外传递的意义"（Yule，1996：35），是"一种超越话语语义的意义"（Thomas，1995：57），但确切地说，会话含意指说话人通过产出话语所期望传达的信息。换句话说，会话含意不能简单地理解为话语意义的"附加"层面，而应看作是说话人产出话语的真实意图。为了推导会话含意，Grice 提出了会话合作原则（Cooperative Principle）。有关会话含意理论和会话合作原则的详细阐述，请参见第五章。

对于语言使用的意义，语言哲学家还发现，一些语言形式，如指示语，离开世界就毫无意义可言。不仅如此，指示语还有一个重要特点，那就是以说话人的身份、所在的地点、说话的时间等为参照点，即所谓的说话人中心

(speaker's egocentricity)。指示语包括 5 大类：人称指示语、时间指示语、方位指示语、社交指示语和语篇指示语。

对于语言使用的条件，语言哲学家提出了前提或预设（presupposition）理论。从语用学上看，关涉话语是否适切或得体而非只是真假的语用预设是我们产出某一适切话语的基础或者说先决条件。试比较下面的例子：

(15) The king of France is bald.

在（15）中，说话人就传达了"法国有一个国王"这一前提。如果事实不是这样，此话语就不恰当或者说无效。这也就是为什么（15）中的话语没有任何意义，因为人人皆知当今法国根本没有国王。关于语用预设的详细阐述，请参见第七章。

1.3.1.2 语言语用学

言语行为理论、会话含意理论与会话合作原则、指示语理论、预设理论等一开始被提出时都带有明确的语言哲学色彩，但随着语言学家的参与，这些理论越来越带有语言学属性，逐步成为语言语用学（linguistic pragmatics）的理论。

语言语用学包括语用语言学（pragma-linguistics）和社交语用学（sociopragmatics）。语用语言学研究语言本身的语用问题，考察语言（包括语汇、结构等）的语用属性及其与语境的关系，探讨相同或相似的语言结构在不同语境下所执行的不同语用功能，描述实施特定言语行为或执行特定语用功能所能运用的语言资源。例如，我们可以描写话语标记语 well 的语用功能（如表示迟疑、委婉的拒绝、填充话语空白、接续话轮等）；考察英语中实施建议行为都有哪些表达方式；探讨英语附加疑问句的语用属性（包括使用场合、语用功能、使用频率、使用者属性等）；比较 sorry 与 excuse me 的语用差异（如语用条件、语用功能、使用频率等）；探索特定话语中一些词汇的理解（例如，说 Jack is penniless 是不是等于说 Jack 真的一分钱也没有呢？ The whole city turned out to welcome the champions 中的 whole 是否可以按字面意义理解？）以及句式的理解（如 Could you tell me when we get to the City Central Station, please? 这一类句子的歧义如何排除？）。

社交语用学又称为人际语用学（interpersonal pragmatics），涉及语言使用的社会维度，探讨诸如权势关系、情感距离、交际场合的正式程度、职业、年龄、性别、种族、信仰等各种社会因素如何影响语言交际方式，考察语言使用如何实施（人际）关系工作（relational work）。社交语用学中的一个重要话题是礼貌问题，由此产生了诸如 Leech（1983，2007）的礼貌原则以及 Brown 和 Levinson（1978，1987）的面子理论。关于礼貌理论的详细阐述，请参见第九章。

1.3.1.3 社会语用学

与社交语用学主要关注人际交往中的语言技巧和策略不同，社会语用学（societal pragmatics）研究语言在社会公共环境当中的使用情况，探究政治、外交、经济、文化、教育、商业等因素对语言使用的制约和影响。例如，对不同行业使用语言（如医学语言、法律语言、经济语言、政治语言、广告语言等）的情况进行研究，就属于社会语用学的范畴。特别值得一提的是批评语用学[1]（critical pragmatics）研究（Mey，1993；陈新仁，2009a，2013；陈新仁、陈娟，2012）。该领域关注各种社会语用问题，如话语歧视、语言欺诈、语言粗俗、语言暴力等。当然，"社会语用学家的任务绝不是指责，而是引导，使社会的用语朝健康的方向发展。开展社会语用学的研究……对语言规范建设、促进社会的政治、经济、文化的发展都有不可低估的作用"（何自然、陈新仁，2004）。此外，从语用学视角审视国家的语言规划和语言政策等，也可以看作是社会语用学的一个研究内容。

1.3.1.4 认知语用学

认知语用学（cognitive pragmatics）关注语言交际的认知维度，分析和阐释话语的理解过程、机制、参与因素、影响因素等。例如：

（16）一切都会过去的。

---

1 何自然教授认为"批评语用学"中的"批评"二字不能涵盖英语中 critical 具有的多义，建议将 critical pragmatics 译为"评论语用学"。这是非常有道理的。考虑到"批评话语分析"、"批评语言学"等同类术语已经被广泛接受的现实，笔者仍然使用"批评语用学"的译法。

（17）The wise thing to do is to prepare for the unexpected. (written on a fortune cookie slip)

（18）She is my girl friend. (But) she has been dating another guy these days.

一般情况下，我们理解（16）中的"一切"时都认为它指的是"一切的烦恼、苦难、不幸、不愉快等"。在理解（17）时，我们认为 the unexpected 一定指的是"意外的挫折、打击、失败等"。我们是如何获得这样的理解的呢？为了获得这样的理解，我们需要激活什么样的百科知识呢？我们如何知道这样的理解就是说话人试图想表达的呢？我们的理解遵循了什么样的原则呢？再说（18），两个句子中间用与不用 but 会有什么样的区别呢？ but 的使用对于理解说话人的这两句话有何帮助呢？这些问题都是认知语用学的研究话题。

迄今为止，由 Sperber 和 Wilson（1986/1995）在 *Relevance: Communication and Cognition*（《关联性：交际与认知》）一书中系统提出的与交际、认知有关的关联理论（Relevance Theory）是认知语用学中最有影响力的理论。根据这一理论，人们之所以能够成功地进行言语交际，不断认知对方的交际意图，其主要原因在于交际是一个认知过程，是一个说话人明示、听话人推理的过程。而无论说话人明示还是听话人推理都遵循同样的关联原则：说话人不会让听话人付出不必要的处理努力；听话人认为说话人使用的话语方式传递了自身最佳关联的假定，与说话人的意愿、能力和偏好一致，自己为处理该话语付出的加工努力与自己获得的认知效果相称。关于关联理论的详细阐述，请参见第八章。

1.3.1.5 跨文化语用学

跨文化语用学（cross-cultural pragmatics）研究的是人们使用第二语言进行跨文化言语交际过程中出现的语用问题。随着全球化的不断深入，国际流动性不断增强，来自不同文化背景的交际者越来越频繁地发生接触和交流。这里有两种主要情形：一种是外语使用者与该外语的本族语者之间的跨文化交际，另一种是双方都为外语（如英语）使用者的跨文化交际。在两种情况下，母语的文化特征或多或少会影响到跨文化言语交际。跨文化语用学领域的研究一般包括下面 4 个方面的内容（Blum-Kulka *et al.*，1989）：

（1）（跨文化交际背景下的）言语行为研究：研究人们在跨文化交际中如何用第二语言或外语实施言语行为；

（2）（跨文化交际背景下的）社交——文化语用研究：研究文化如何影响社交语用行为，如不同文化中对恭维的回应；

（3）对比语用研究：就两种语言开展语用——语言和社交语用方面的比较研究，常以言语行为为分析单位；

（4）语际语用研究：研究二语学习者如何使用第二语言进行交际，关注各个层面的语用迁移，特别是负迁移。与上面 3 种研究不同，本类研究带有更强的应用色彩，后文中将之归于应用语用学范畴。

跨文化语用学研究对外语学习和外语教学、成功地进行跨文化交际、减少或避免语用失误、促进译学的发展等都有积极意义。

1.3.1.6 历史语用学

历史语用学（historical pragmatics）研究历史语境下的语言使用。它揭示早期（受特定社会条件制约的）人际交往模式及其演变原则，将人际交往的社会条件纳入历史语言使用的考察范围，将历史语境下的语言使用置于宽泛的社会交际语境下加以探究，体现出"语用学应以宽泛的认知、社会和文化视角来考察语言和语言使用"的研究趋势（朱磊、郑新民，2010）。历史语用学研究最初被划分为语用语文学（pragmaphilology）和历时语用学（diachronic pragmatics）两大分支。2011 年，Archer 和 Culpeper 提出该领域的第三条分支——社交语文学（sociophilology）。

语用语文学探讨社会文化语境下历史文本的语用维度（Jucker，2006），是研究特定历史时期语言语用现象的一种宏观途径（Huang，2012）。历时语用学是研究语用现象发展嬗变的宏观路径，关注同一语言在不同历史阶段的语言结构及交际功能的相互作用（Huang，2012）。社交语文学是以语境分析为出发点研究语言形式以及交际功能的一种宏观历史语用学研究路径。具体说来，"社交语文学关注历史文本、体裁、社交情景以及文化背景等社会历史语境对语言形式及交际功能的塑造和影响"（Archer & Culpeper，2011：110）。

1.3.2 应用语用学

应用语用学（applied pragmatics）关注语用学理论在与语言活动相关的领域中的应用。从文献来看，应用语用学主要涉及语用学在下列领域中的应用：

（1）语用学在教学中的应用，形成了教学语用学（pedagogical pragmatics）这一应用语用学分支。主要话题包括语用知识是否可教、如何发展学生的语用能力、如何开展语用教学、如何进行语用测试等。

（2）语用学在二语习得中的应用，形成了语际语用学或中介语语用学（interlanguage pragmatics）或习得语用学（acquisitional pragmatics）。主要话题涉及语用迁移、语用失误、语用能力发展路径等。

（3）语用学在母语习得中的应用，形成了发展语用学（developmental pragmatics），考察儿童如何逐步获得母语的语用规则和原则、如何礼貌行事、如何发展语境意识等。

（4）语用学在翻译中的应用，形成了语用翻译论（the pragmatics of translation），主要包括两个维度的研究：一是从语用学角度重新审视翻译的本质、过程、标准、策略等，二是在翻译过程中对源语篇中各种语用意义的处理。

（5）语用学在商务交际中的应用，主要考察在各类商务交际中如何依据语用学相关理论（特别是礼貌理论）进行得体、有策略的沟通，实施特定的言语行为（如申诉、询价、拒绝等）从而最佳地实现商务交际目的。

1.3.3 跨学科语用学

跨学科语用学（interdisciplinary pragmatics）指的是发生在语用学与一些相关学科之间的交叉学科，如法律语用学（forensic pragmatics）是语用学与法学之间的交叉学科，文学语用学（literary pragmatics）是语用学与文学之间的交叉学科，临床语用学（clinic pragmatics）是语用学与临床医学之间的交叉学科。"语用学本身就是一个研究分支，是一个与其他相邻学科能互相提供深刻见解的学科"（Cummings，2005：2）。

与应用语用学强调语用学理论在特定领域中的应用（换言之，语用学是理论输出学科，特定领域是理论输入对象）不同，跨学科语用学关注语用学与相关学科或领域中的交叉问题，在解决相关问题时同时采用语用学和自身学科理论。例如，在法律语用学中，研究者需要考虑法律语篇或交际话语中特定语用问题可能带来的法律后果，研究者需要同时开展语用学分析和法学分析方可对该问题给予充分回答。又如，文学语用学（literary pragmatics）研究文学作品意义的产生过程，认为文学作品是作者与读者共同创作的结果，读者填补文学文本意义的不足（Mey，2001）。这就可以解释为什么对同一文学文本会有不同的解读方式，所谓"有一千个读者就有一千个哈姆雷特"，当然这样的说法略有夸张色彩，但也确实在一定程度上诠释了文学文本的交际特点。

1.3.4 界面语用学

界面语用学（interface pragmatics）在文献中一般专指语用学与语言学其他分支学科之间的研究，如语用学与句法学的界面研究（产生了语用句法学，pragma-syntax）、语用学与语义学的界面研究、语用学与语音学的界面研究（产生了语音语用学，phono-pragmatics）、语用学与词汇学的界面研究（产生了词汇语用学，lexical pragmatics）、语用学与形态学的界面研究。

界面语用学研究与欧洲大陆语用学派所持的语言的各个层面都有语用因素沉淀的观点其实是一致的，这类研究是语用学作为语言学研究最为典型的方面，具有良好的研究前景。

1.4 结语

本章从语用学的界定、语用学的缘起以及语用学的分支学科三个角度简要介绍了语用学作为语言学的一个分支学科的基本情况。

语用学的产生与发展让我们对语言、语言使用、意义使用等重大问题有了深刻的认识（详见第二章）。其中，就语用学对于认识语言的重要性来说，Leech（1983：1）说过："除非我们了解语用学，否则就不能真正地理解语言的本质，即语言是如何在交际中使用的。"与句法学、语义学等不同，语用学从语言使用者的角度研究语言，特别是研究语言使用者所作的语言选择、语言使用者使用语言进行社会交往时所受的限制以及所使用的语言在交际行为中对其他参与者的影响。这将有助于解释句法学、语义学等不能回答的问题，将我们对语言的认识提升到一个新的层次。

此外，语用学对相邻学科也富有启示。也正是因为如此，Huang（2007：1）指出："语用学是当代语言学中发展迅猛的一个领域，近年来不仅成为语言学和语言哲学中引发强烈研究兴趣的中心，而且吸引了来自人类学家、人工智能工作者、认知科学家、心理学家和符号学家的大量注意力。"在各方研究人员的共同参与下，语用学的应用价值和跨学科研究价值正不断显现。特别是对于外语教学而言，语用学更将证明其本身是一个重要的理论输出来源，对更新外语教学理念、丰富外语教学内容、完善外语教学方法等都将带来深远影响。

第二章　语用学的语言观

　　语用学的诞生和发展让我们对语言产生了哪些新的认识？从语用学角度看语言会有哪些不同于形式语言学的看法？本章从语言的本质、语言的规则、语言的意义、语言的变异角度讨论语用学的语言观。

2.1 语言的本质

　　语言是什么？是由符号组成的表征系统还是供人们支配的行事工具？是自治的还是非自治的？从语用学角度回答这些问题，可以提供一些不同于形式语言学特别是生成语言学的答案。

　　其一，语言不是一个纯粹的表征世界的符号系统，而是可以用来做事甚至改变世界的行事工具。甚至，我们可以将语言看作是满足各种表达需要的重要资源。

　　形式主义语言学特别是生成语言学认为，语言是一套基于规则、词库的表征系统。Chomsky（1957：13）对于语言的定义最为典型：语言是"一组有限或无限的句子的集合，其中每一个句子的长度都有限，并且由一组有限的成分构成"。对于这套系统存在的目的，Chomsky 指出："语言肯定可以用于交际，如同人们做的其他事情一样，但传统的观点也是不无道理的，那就是语言主要是对自己或他人表达思想的工具。从统计角度看，语言使用几乎完全是一种内在的行为，可以通过内省加以确定"（见 Mey，2001：F17）。

　　很多传统语言学家也都将语言定义为传递信息、表达情感的交际工具。例如，Sapir（1921）认为，语言是人类独有的、非本能的用来交流思想、情感、欲望的方法。陈原（1984：3）也指出："语言是一种社会现象。语言是人类最重要的交际工具。语言是人的思想的直接实现。"在列宁这位革命家眼中，语言也无疑是人类交流最重要的工具（见《论民族自治》）。

　　语言哲学家、语用学家明确指出，语言不只是用来表征客观世界的，使用语言就是做事（Austin，1962），其中就包括改变世界。用言语行为理论的话说，语言使用不只是真与假的问题，还是适切不适切、得体不得体的问题（当然还是成功不成功的问题）。例如，老师用"现在我们开始上课"宣布课堂开始，老板用"你被开除了"解雇一名员工。

既然语言使用意味着做事，那么，在语用学视域下，语言（语音、词汇、句法等）在一定意义上和一定程度上便可以看作是实现交际目标的资源，而不同语言单位具有不同的资源价值。我们不妨看下面一个例子：

(1)（语境：母亲唤女儿帮忙晾衣服，女儿待在房间里做自己的事，就是不肯出来。母亲于是发出如下呼唤。）

Liz ... Elizabeth ... Elizabeth Anne ... Elizabeth Anne Warner!

（基于何自然、冉永平，2002：68-69）

一般情况下，母亲呼唤名为 Elizabeth 的女儿会使用 Liz。然而，该母亲在上述交际语境中却更换使用了几个称呼女儿的方式。母亲这样做是在不停地重建彼此的临时身份关系：从亲近的母亲到疏远的外人，以此提示自己的不满。显然，对于该母亲而言，几个不同的称呼方式具有不同的交际价值，通过调配不同的语言资源，母亲旨在实现自己的交际目标。

我们再看下面两组例子：

(2) a. Sandy walked in.

　　b. In walked Sandy.

(3) a. Luke killed an imperial guard.

　　b. Luke caused an imperial guard to die.

（Green，1989：8）

按照形式语言学的分析，上述每组例子中的两句表达了相同的意思，具有语义上的对等性。然而，从语用学角度看，每组的两句之间却有着巨大的语用差别，这种差别体现为交际上的语用效果方面的差异。(2a) 是一般情况下对 Sandy 走进某地的描述，而 (2b) 则传递了额外的描述效果（如顺应某种悬念的表达需要）。(3a) 传递的信息是 Luke（直接或一下子）杀死了王宫护卫，而 (3b) 则传递了某种额外的信息（如 Luke 没有一下子杀死王宫护卫，而只是让他受了重伤，或让别人杀死了他）。可见，上述两组例子中的两句尽管从语义上看似乎没有差别，但具有不同的交际价值，是两种不同的交际资源。

语言的资源属性更体现在经济活动中。语言经济学的提出（徐大明）便是从宏观层面考察语言如何充当服务于各种经济活动（如广告、商业命名）的资源。诸如 Just do it、I'm lovin' it 等经典广告口号的设计有着强烈的感染力和号召力，超越了语言的一般表意功能，因而不仅体现了语言的工具属性，更体现了语言的资源属性。

其二，语言不是一个自立的、由任意规则组成的系统，而是在其各个维度都有语用因素的沉淀与参与。

Saussure 认为："语言是一种自足的结构系统，同时又是一种分类原则"（1916：25）。语言的一个重要属性是其任意性（arbitrariness），即语言符号的形式与意义之间不存在必然的联系，而是约定俗成的。

与 Saussure 强调语言是由具有任意性属性的符号构成的系统不同，Verschueren 等语用学家认为语言的各个维度都凝结了语用元素，因而具有很强的理据性，可对其形成的动因和意义加以解释。我们不妨以英语词汇构成中的词缀法为例。试比较下列两栏：

	A		B
healthy	→ unhealthy	sick	→ *unsick/*insick
polite	→ impolite	rude	→ *inrude/*unrude
happy	→ unhappy	sad	→ *unsad/*insad

在 A 栏中，箭头左右的两组词之间具有（反义）派生关系，先有左边的词，然后通过添加否定前缀得到右边的词。然而，有趣的是，我们却不能逆转这种派生关系，例如，我们不会先有某个词表示"不礼貌的"（X），然后再通过添加提示反义的前缀（un-X 或 in-X）来表示"礼貌的"。这一点在 B 栏中有所反映：我们不能在诸如 sick、rude、sad 等词汇前加词缀 un- 或 in- 来获得这些词的表示正面意义的反义词。为什么会如此呢？显然，参照结构主义分析法对于构词法的研究，我们不能说明为什么 A 栏可以而 B 栏不可以。从语用学角度看，我们认为，之所以如此，是因为 A 栏各例体现了构词过程中对语言使用者客观经验（人们一般以"健康"、"礼貌"、"快乐"作为默认的评价标准或框架）的一种顺应，而 B 栏则不符合人们的客观经验。

再以词汇缩略法中的混成法为例。混成最常见的模式为：（1）省略了末尾的第一个词加上省略了词首的第二个词；（2）采用最经济的方式维持原来的两个来源词。混成法一般以音节为界进行词汇缩略，即使不这样也要考虑发音方便。一般说来，混成词的第二部分表达中心内容，如 smog。这就解释了为什么可以说 motel（motor hotel），而不说 *hotor；说 smog（smoke fog），而不说 *foke。语言的运行遵循省力原则（Principle of Least Effort）（Zipf，1949），也有学者称之为经济原则（Leech，1983）。这一原则不仅反映在语言的使用上（陈新仁，1994），也反映在词汇的构成（如混成法、首字母缩略法等）和变化（如缩略法）上。词汇缩略的运作机制反映了语用因素的制约。当然，强调语言具有理据性并不是否认语言系统内毫无任意性成分。如同 Verschueren 指出的那样，语言在形成过程中确实存在一些偶然性、任意性的成分。例如，最初阶段的英语词汇不仅数量有限，而且几乎完全是生造的，因此本质上是盲目或任意的（拟声词例外）。

语言的发展与变化具有很强的语用动因（Leech，1983）。与纯粹遗传性的交际系统（如蜜蜂的舞蹈）不同，语言作为人类特有的交际工具不是一成不变的，而是在其使用中不断地被塑造、改造、完善，以便更好地顺应人们的生存、生活需要。Verschueren（1999：55）指出，语言是满足人们生存与生活需要的工具。词汇的变化与增长、语法的不断规则化等现象都体现了这一点。近年来，对形容词的比较级和最高级以及动词的过去时形式和过去完成时形式的一些研究（如张权，2008）表明，英语形态越来越走向规则化，越来越多的不规则形式被规则形式取代。此外，历时语用学（diachronic pragmatics）研究（如 Jacob & Jucker，1995；Jucker，2010；Tavavitsainen & Jucker，2010；王欣，2002），包括语用化（pragmaticalization）研究（如 Traugott，2004；詹全旺，2009），也为语言演变的语用驱动和制约提供了佐证，从历时角度诠释了语言的高度理据性。

总之，语用学认为，语言各个层面都凝结了语用因素，语言是基于用法的（usage-based）。这一观点与认知语言学的基本观点相似。

语用学关于语言本质的认识对外语教学和学习具有重要的启发。既然语言系统内部带有高度理据性的语用成分，外语教学就应该增加对语言知识的解释；既然语言是用来行事的工具，外语教师就应该在培养学生外语语言能力的同时加强语用维度的训练，有效地提升学生的语境意识和得体意识。

2.2 语言的规则

按照传统语言学的观点，语言是一个由各个层面的规则构成的系统，这些规则包括语音规则、构词规则、形态规则、句法规则、语义规则等。套用 Searle（1969）关于言语行为的构成规则（constitutive rules）和调节规则（regulatory rules）来说，语言的上述规则可以称为语言的构成规则。这些规则有些具有任意性（如名词的单复数规则、主语与谓语动词的数的一致性规则），另外一些则似乎带有理据性（如句子倒装规则、先行词与前指代词之间的一致性规则）（尽管形式语言学家们很少承认这一点）。利用这些规则，可以产出符合英语语感的单词，构成符合语法或/和语义要求的句子。

然而，仅有这些构成规则并不足以满足语言作为交际工具的需要。语言还需要拥有配套的使用规则，即所谓的调节规则。Saussure 曾经将语言比作象棋，而象棋也是包含构成规则和调节规则的。譬如，"帅"和"将"只能在规定的几个位置上移动；"兵"和"卒"过楚河汉界前只能向前走，之后可以向前也可以左右移动，但不可以后退。这些规则都是构成规则。然而，在行棋过程中何时走"卒"，何时走"帅"，何时走"车"、"马"、"炮"等则属于调节规则。就语言而言，如何造合法的句子与构成规则相关，造什么样的合法句子与调节规则相关。前者是形式语言学关注的对象，后者是语用学关注的对象（Leech，1983：21）。

从语用学角度看，支配语言使用的调节规则往往是在社会文化环境中逐步形成的，与构成规则一样，它也具有规约性或约定俗成性。但是，调节规则的这种约定俗成一般都是有理据的、可以解释的（Leech，1983：24）。与构成性规则具有刚性不同，调节规则具有弹性，所以人们常称它们为原则，如合作原则、礼貌原则、经济原则等。在一般情况下，理性的语言使用者往往会自觉或不自觉地遵循这些原则。然而在一些特殊的情况下，如为了强调表达效果、传递礼貌、引起注意等，语言使用者有时会放弃直接的、经济的、明晰的、相关的说话方式，转而使用间接的、冗赘的、含混的、离题的话语方式。除非是出于语用能力方面的缺陷，否则这些话语方式往往体现了修辞原则。甚至，人们会在可以理解的范围内超越刚性的构成规则以寻求不同寻常的表达效果。可见，调节规则中驱动各种修辞性话语产出的便是修辞原则。

语用学就是关于调节规则乃至修辞原则的研究。人们不仅共享关于语言的构成规则，而且在很大程度上共享语言使用的调节规则，这是人们得以成功交际的基础。因此，研究语言不能仅仅关注语言的构成规则，还需要探究语言的调节规则。对于外语学习者来说，需要学习的不仅是该外语的构成规则，同样甚至更为重要的是学习其调节规则。

语言使用基于调节规则的约定俗成从根本上塑造了语言，带来了语言与语境的内在关系。语言是在社会语境中形成的（Mey，2001：F），语言与语境"在本体论意义上是彼此联系着的，而这种联系仿佛是天然的"（Verschueren，2008：20），这种"天然"联系反映在以下方面。

其一，无论是书面的还是口头的语言选择都是语境和结构的"融合"（merge）。例如，Good morning 出现在上午的问候中；Good night 用于晚间的告别。

其二，话语一旦发出，就成为语境的一部分，即所谓的语言语境。Verschueren 甚至认为："许多时候很难说得清哪些是语言结构、哪些是语境，是先考量语境参数还是分析具有语境效果的语言选择"（Verschueren，2008：21）。例如，在 Mike, Dad is tired. Do not disturb him. 中，Dad is tired 便是 Do not disturb him 的语言语境，反之亦然。说话人不是客观地告诉 Mike 爸爸累了这一信息，而是让 Mike 不要打扰爸爸。后句中的 him 更是要依赖前句才能确定其指称对象（Dad）。

其三，语言形式或结构的意义会因为语境的变化而受到重大影响。例如，在南京的个别街坊里如今仍然偶尔可以看到"迎奥运"之类的宣传标语。显然，由于北京奥运会已经结束，这样的"迎奥运"话语已经失去了原有的意义和作用，成了化石般的"死话语"。

相应地，语境也会因为语言形式的选择而受到影响。例如，在发生语码转换时，由于使用的语言的变化而带来了语境的变化。随着语码转换的不停发生，语境也在不停地发生切换。

就特定的语言形式而言，存在默认语境下的使用和非默认语境下的使用，默认使用反映了对调节规则的一般遵循，而非默认使用则体现了对修辞原则的发挥。相应地，就特定的语境而言，存在默认使用的语言形式和非默认使用的语言形式。

语用学是一门"研究已经语法化或者编码于语言结构的语言与语境之间关系的学科"（Levinson，1983：9）。对于外语学习者来说，了解语言形式的默认用法和非默认用法以及特定语境中的默认形式和非默认形式具有非常重要的意义，这些相关知识是交际准确、得体的前提。

2.3 语言的意义

语言的意义可以从词汇的意义和句子的意义层面加以讨论。我们先看词汇的意义。如果翻看词典，我们也许会觉得词汇的意义是明确的、固定的。虽然大多数词具有多个意义，但只要我们掌握了词典中列出的意义就可以轻松地使用这些词了。语用学告诉我们，这样的想法其实是一种误解，原因在于：其一，词典收录的意义不一定是每个词的全部意义；其二，词典收录的意义不一定是具体、明确的意义；其三，这些词在实际应用中可能会表达与词典收录的意义不同甚至相反的意义；其四，一些词义是在语境中临时形成的，而非事先存在的。

事实上，理解交际语境中的词汇意义往往需要交际者参照词汇的基本意义（即词典列出的意义），结合语境因素，运用推理，才能真正把握说话人使用该词实际传达的意义。我们不妨看看下面一些例子（引自高虹，2011）。

(4) a. 银行卡杜绝拖欠农民工工资，挑战建筑业"潜规则"。
  b. 这位官员自称栽在了环保系统"潜规则"上；所谓"潜规则"，就是拿"回扣"。
  c. 如果没有实力作为基础和保证，"鱼腩"部队就算有再多的"潜规则"优势，也无法"咸鱼翻身"。
  d. 时评版面不接纳评论同城报纸的稿件，这或许并不是白纸黑字的"制度"，却似乎是一种业内心照不宣的"潜规则"。

　　e. 某教授近日被一男生砍成重伤，经抢救无效死亡。事后，有人在论坛发帖，称男生行凶原因是其女友在校期间曾被该教授"潜规则"。

一般说来，"潜规则"指的是暗中通行、私下遵守的规则，这是词典中给出的一般释义。然而，仅凭这样的释义并不能准确、完全地理解上面各个例句中的"潜规则"。因此，我们需要结合各句的具体语境，调用相关的百科知识，获得对各句中该词语的具体理解：(4a) 中的"潜规则"指的是建筑行业流行的垫资施工做法（报道涉及北京西城区等地通过银行卡来解决农民工工资的拖欠问题）；(4b) 中的"潜规则"指的是环保官员在工程招标和管理过程中暗中收红包、拿回扣的不良现象；(4c) 中的"潜规则"指的是足球比赛中东道主或主办方球队在分组抽签和比赛过程中经常可以得到组委会和裁判的照顾；(4d) 中的"潜规则"指的是新闻出版界业内人员长期以来都遵守着互不评论的行规，尤其是互不发表批评性稿件的做法；(4e) 中的"潜规则"指的是一些女子为了获得某种利益或机会而被索求献身的做法。值得注意的是，在（4e）中，"潜规则"一词不仅在词义上发生了延伸，而且在词性上转化为动词，而"潜规则"作动词的用法在词典中是没有的。

　　上述关于"潜规则"的例子说明了词汇意义在交际中的具体化过程。下面的例子则更加说明了在一些语境中某些词汇是不能根据词典仅从字面上来解读其意义的：

　　(5) I've got a **temperature** today.

　　(6) I'm **penniless** after a big loss in the stock market.

在 (5) 中，说话人想告诉对方自己今天身体不舒服，有点发烧，但 temperature 原本在词典中的释义是"体温"，并无"发烧"的意思。我们之所以能够如此理解，是因为说话人说自己 got a temperature。任何活着的人都是有体温的。说话人如此表达，是想向听话人说明自己的体温有点问题（一般情况下高出正常体温才是问题），但没有发高烧。类似这样的用法随着使用频率的增加逐步固定下来后也会被收录进词典释义当中。同样，(6) 中的 penniless 原本表示"一文不名的"（没有任何钱），然而在此语境中我们一般不会如此理解，而会将其视为一种夸张的用法，即说话人没有什么钱了（但并非一分钱都没有）。

有时，具体语境下的一些词汇如果按字面理解会带来人际上的误会。例如：

(7) 王是机关某科室的一名工作人员，李是科长。王给李打电话。

王：李科长您好！请问我早先提交的那份报告有什么需要修改的地方？

李：对不起啊，我正在开会，等会后再向你汇报。

王：不敢，不敢，请您指正。

(7) 中的"汇报"原本指下级向上级呈报工作情况或其他事务情况。如果我们对 (7) 进行字面解读，就会误以为王是李的上级，而实际情况并非如此。李使用"汇报"一词，也许是出于玩笑，也可能是出于表示自己平易近人的动机，又或许还有其他考虑。但是，无论李使用该词是出于什么样的动机，我们都不能完全按照词典释义来理解该词。也正是因为如此，王连声说"不敢"，并请对方"指正"。

诸如上述词汇使用情况的案例不胜枚举，此处不再赘述。接下来我们讨论句子意义的理解问题。在第一章，我们举出的例 (1) — (3) 就说明了这样的一个问题：在具体语境中，句子的意义有时可以从字面上解释，有时不能从字面上解释。同一个语句在不同的语境中可以有不同的意义（作非字面解读的意义其实就是会话含意），实施的是不同的交际功能（相当于不同的施为用意）。相应地，同一功能也可以由多种形式执行。可见，具备特定意义的语言形式与其交际功能之间不存在一一对应的关系。

有时，语境中特定句子的意义甚至与抽象的句子字面意义相反，这主要出现在反语环境下。例如：

(8) Peter: It's a lovely day for a picnic. [刚说完天就开始下雨]

Mary (开玩笑地): A lovely day for a picnic, indeed.

(基于 Sperber & Wilson，1986/1995：239)

虽然 (8) 中的 Mary 说了 (It's) a lovely day for a picnic，好像与 Peter 说的没有两样，但从当前语境来看，她说这话的意思与 Peter 的意思完全相反：如果下雨了，当然不适宜野炊了。如果 Peter 认为 Mary 赞同自己之前的发话，那就错了。当然，一般情况下，他是不会理解错的，原因是 Mary 讲这句反话时使用的语气、神情等会不同寻常。

有时，句子意义表面上是完整的、清晰的，但实际上必须依赖语境才可以得到完整的解读。例如：

(9) He fell down.

(Green，1989：12)

从语法和词汇角度看，这个句子非常简单，基于组合性规则（compositionality），我们很容易理解这句话的意思。然而，在实际语境中，我们需要作多方面的理解：首先，需要确定 he 的指称对象；其次，需要确定"他"从何处跌倒以及何时跌倒：从桌子上？从墙上？从楼顶上？在比赛中？在工作时？等等；最后，需要确定说话人的发话动机：是说明一个客观的事实？还是暗示听话人去帮助"他"？还是提醒听话人需要小心？ Green 指出，自然语言使用中充斥着这种在语用上具有歧义的情况，即语用歧义（pragmatic ambiguities，见 Green，1989：12），需要在交际实时语境中加以解歧、充实。

有时，人们使用一些省略的句子来进行交际。例如：

(10) a. Good luck!

b. Bad luck!

(Leech，1983：26)

常规情况下，我们会对（10）中的两个省略句从交际功能角度作不同的理解：（10a）传达了说话人对听话人的一种祝愿，而（10b）则传达了说话人对听话人的一种安慰或者表达一种遗憾。这种解读上的差异不能简单地说是由 good 与 bad 的差异带来的。我们依赖更多的还是人们共享的交际常识：我们会祝愿别人好运，而不是歹运；我们对别人遭遇不幸而不是幸事表示遗憾或同情。

语用学让我们对语言意义的不确定性、不完备性有了深刻的认识。针对语言意义（包括词汇意义和句子意义）的不确定性、不透明性、不明晰性等现象，Huang（2007：6）提出了"语言不够确定论"（linguistic underdeterminacy thesis）。他认为，鉴于语言具有这一特点或问题，语用学研究才显得特别有必要和价值。我们认为，对于外语学习者来说，理解语言的这一基本特点，将有助于他们更好地学习和使用外语。

2.4 语言的变异

社会语言学研究告诉我们，语言会因地域因素、社会因素、时间因素发生变异，分别产生地理方言（geographical dialect，dialect 有时泛指地理概念上的"方言"，后来也可指社会方言）、社会方言（social dialect 或 sociolect）和时间方言（temporal dialect）。语言层面上的方言变异主要体现在发音（如 Labov 对纽约不同人群的词尾 /r/ 发音的调查）、特定词汇的使用（如女性比男性更多地使用强化词语或夸张型形容词，如 awfully、horribly、terrific、amazing；不同职业的从业人员往往使用本行业的行话）、语法的规范程度（如受过良好教育的人很少犯语法错误）等。

语用学研究则告诉我们，语言不仅存在语音、词汇或语法上的变异，而且存在语用上的变异，这构成了变异语用学（variational pragmatics）的研究内容。变异语用学关注的是地域、时间或社会变化引发的语用变异问题，分析内容包括：（1）确定引发语用变异的因素：地域、历史时期、社会—经济、种族、性别和年龄；（2）确定语用变异分析的层面：语言形式层面（如话语标记语和模糊限制语）、言语行为层面、以话语序列模式为主要分析对象的互动层面、关注话语内容的主题层面、以关注话轮转换为主的话语组织层面（任育新、陈新仁，2012）。例如，Schneider（2008）以同一性别陌生人之间的聚会闲聊为情景，通过受试完成对话产出任务收集语料，从对话结构、开始话轮、延伸话轮 3 个方面考察了英格兰、爱尔兰和美国闲聊话语（small talk）的特征，发现 3 个地区在闲聊话语中话语模式的各个层面上都存在差异。当然，语用变异不仅体现在地域维度层面，还体现在社会维度层面。例如，与男性相比，女性更喜欢使用礼貌语言，更喜欢实施恭维行为，拒绝时更间接、委婉、含蓄，在会话中更多地使用反馈语，等等。

语用变异的客观存在意味着不同人群在实施相同的言语行为时会采用不同的话语方式。我们不妨以下列一组句子为例：

（11） a. Could you possibly answer the phone?

　　　 b. Would you mind answering the phone?

　　　 c. Can you answer the phone?

　　　 d. Will you answer the phone?

　　　 e. I want you to answer the phone.

　　　 f. Answer the phone.

（Leech，1983）

尽管上述各句都可以用来实施请求行为，但不同语句的使用者是不一样的。这些各不相同的请求方式一般情况下其实对应了不同的（社交）语境，反映了交际双方不同的社会关系：说话人与听话人是上下级关系还是平等关系、彼此距离是大还是小。一般情况下，老板不会使用（11a）请求他的员工接电话；下属也不会使用（11f）请上司接电话。可见，不同社会人群在实施请求行为时在话语方式上存在语用变异。

对于外语学习者来说，语用变异的存在意味着外语学习不能满足于外语语言知识的获取，也许更为重要的是习得如何根据地域差异、社会差异等，合理、得体地运用外语语言知识。在面向不同社会阶层的本族语者实施特定言语行为时，如果不能在话语方式上体现出合适的差异，将会带来交际障碍或失败，甚至带来不必要的人际后果。

2.5 结语

本章从语言的本质、语言的规则、语言的意义与功能、语言的变异4个角度扼要地讨论了语用学对于我们认识语言的启示。概括而言，这些启示包括：

（1） 语言（包括语音、词汇、句法等）不仅是表达思想、传递情感的工具，而且是实现交际目标的资源，不同语言单位具有不同的资源价值。语言使用体现了对语言资源的调用。语言的各个层面凝结了语用因素，因而语言在很大程度上、在很多方面都具有理据性。因此，如同认知语言学认为的那样，语用学同样认为语言是基于用法而形成与发展的。

(2) 语言不仅具有规约的形式和规约的意义（二者构成语言符号），还有规约的（语言符号）使用规则，即调节规则。调节规则不像构成规则那么刚性，它可以在一定程度上被打破。出于修辞等需要，语言使用甚至可以在可理解的范围内超越语言的构成规则。语言调节规则带来了语言与语境之间的内在联系。

(3) 语言（词汇、句子）表达的意义往往具有不完备性、歧义性、含混性等，需要在语境中充实、澄清、具体化。词典中收录的词义源于词汇在语言使用中的相对固化，但不能完全甚至真实代表使用中的词汇意义。词典中的词汇意义是我们理解交际中词汇意义的基础，但不是全部。语言使用会为词典贡献更多、更细的意义。此外，语言与其功能之间不存在一一对应的关系：具有特定字面意义的同一形式可以执行多种功能；同一功能可以由多种形式执行。

(4) 语言不仅存在形式上的变异，而且存在语用上的变异。语用变异可以是地域性的，也可以是社会性的，甚至是时间性的。语用变异不是直接体现在语音、词汇、句法等语言特征上，而是体现在言语行为的实施、语言礼貌的使用、会话组织的方式等方面。

语用学给我们带来的关于语言的认识对外语教学有丰富的启示。外语教师不仅需要帮助学生获得外语的语音、词汇、语法知识，而且需要启发学生关注外语的使用规则、原则甚至策略，把所学的外语语言知识看作满足交际需要的资源，真正做到学以致用；在讲解词汇和语法时可以给学生作更多的语用理据解释，让学生知其然更知其所以然；增强学生的语境意识，让学生能结合语境更准确地解读词汇和语句的意义；提示学生关注本族语不同人群在使用本族语时的语用方式，开展适当的比较。总之，在语用学的指导下，外语教师可以帮助学生树立正确的语言观，从而更好地学习和使用外语，发展外语语用能力。

第三章　语用学的习得观

3.1 引言

语用学自创立以来一直试图将本学科的理论成果应用到其他研究领域，如外语教学、二语习得、翻译学、修辞学等。其中，中介语语用学（又称语际语用学，interlanguage pragmatics）即是由语用学介入二语习得领域而产生的一门新的交叉学科，主要考察非本族语者是如何用目的语理解和实施二语言语行为以及如何习得二语语用知识的。此后，众多研究者开始关注二语习得中语用层面的相关问题，如语用习得的必要性、语用习得的目标与内容、语用习得的影响因素、语用习得的理论模式等，取得了丰硕的成果。本章拟从上述方面进行概述。

3.2 语用习得的界定

为正确理解语用学的习得观，我们有必要区分语用习得（包括母语语用能力习得与外语/二语语用能力习得，本书所述主要为二语语用能力习得）的两种不同观点。

一种观点认为语用习得即了解语用学的基本理论，掌握有关语用学的相关知识。这种看法比较狭隘，主要适用于语言学或语用学专业的二语学习者。对大多数学习者来说，语用学理论并不是二语习得中的必要组成部分。正如没有一点语用学知识的汉语本族语者也能够从容使用母语交际一样，二语学习者即使完全不了解语用学也能够很好地习得所学目的语。

另一种观点认为，应以语用学的基本观点、主要理论为指导，考察学习者语用知识的习得情况。这里的语用知识不同于语用学理论知识，而是一种语境知识，即知道在合适的场合说合适的话语。此处语用习得是相对于二语习得中语言层面的习得而言，它强调的是语用层面的习得。但语用层面并不是简单地与语言层面并行，"语用"的理念还可以渗透到语音、词汇、句法等语言层面。

也就是说，"语用"不仅仅是一个学科概念，更是一种学习理念与研究视角。这一观点将二语习得中涉及语用层面的习得抽取出来，纳入语用学的学科范围之内，形成了语用学的习得观。另外，语用学的习得观有狭义和广义之分：狭义的语用学习得观只涉及语用知识的习得，这里的语用知识是与语言知识相对的；广义的语用学习得观还包括语用对语音、词汇、句法等语言层面习得的指导。本书采用狭义语用学习得观，简称语用习得。

语用习得指语用能力的形成和发展过程，相关研究以语用学基本观点为指导，探讨学习者如何获得语用知识、发展语用能力和培养语用意识等问题。对于儿童而言，语用习得就是语用能力不断发展的过程，其实质就是语言使用的不断社会化和文化适应。对于学外语/二语的成人而言，语用习得就是培养运用外语进行正确、得体交际的能力，既有语用语言能力的一面，又有社交语用能力力的一面，后者涉及对相关社会文化的了解（何自然、陈新仁，2004）。本书主要关注二语语用习得中的相关问题。

3.3 语用习得的必要性

第二语言学习者二语语用能力发展既是二语习得和中介语语用学研究的主要内容之一，也是外语教学领域关注的焦点。语用能力是交际能力的一个重要组成部分，是指"交际者在话语过程中，根据语境情况实施和理解具有社交得体性的施为行为所运用的各类知识"（何自然、陈新仁，2004）。"现在几乎任何一个教学大纲，任何一本教材，任何一位外语教师都会强调外语教学的最终目标是培养学生的外语交际能力"（束定芳，2004）。交际能力就是说话人为了实现成功交际所具有的除语法能力以外的能力，即说话人应该知道如何在特定的语境条件下，采用恰当的语言形式或策略去实现某一特定的交际目的。这一概念对二语习得的影响就是第二语言学习不再只包括学习目的语的语音、词汇、句法等知识，也包括学习如何以本族语的方式使用该语言。后者正是语用知识，它涉及对语言交际功能的理解以及支配恰当交际的话语使用规则。自此，语言研究者们越来越意识到二语学习中语用知识的重要性，人们开始关注二语习得中的语用习得。许多研究者，诸如 Bardovi-Harlig 和 Hartford（1996）、

Scollon 和 Scollon（2000）、Thomas（1983）等都曾讨论过跨文化交际中目标语语用能力的重要性。根据 Thomas（1983），本族语者往往能够原谅句法和词汇上的错误，却不能容忍语用失误，他们视语用失误为学习者自大、急躁和粗鲁的表现。因此，为了避免跨文化交际中的失误，二语学习者需要在提高目标语熟练程度和精确度的前提下促进自身目标语语用能力的发展。

3.4 语用习得的目标与对象

语用习得的主要目标就是发展学习者二语语用能力，主要体现为获得语用知识、促进语用产出以及培养语用意识。

3.4.1 获得语用知识

许多研究者认为，语用能力是一个人整个知识体系中的一部分，是在不同语境中必须遵循的社会、文化和话语规则的知识。Bachman（1990）将语用能力分为施为能力与社会语言能力。Bachman 和 Palmer（1996）认为语用知识包括功能知识和社会语言学知识。前者涉及概念功能知识、操作功能知识、启发功能知识和想象功能知识。后者是人们能够创造并且理解适合某一具体情景的语言的知识。Rose（1997a）认为语用能力至少由两部分组成：语用系统知识和恰当使用语用系统的知识。前者提供在不同言语行为中选择语言的范围，后者使人们能够在某个具体的情景中作出恰当的选择。Barron（2003：10）认为语用能力包括某一语言中用以实现特定言语行为的语言资源的知识、言语行为程序的知识和语言资源在恰当语境中使用的知识。

3.4.2 促进语用产出

如何将语用知识转化为在一定语境中恰当的语用产出是语用习得中的一个关键问题，因为能力是一个抽象概念，看不见、摸不着。多数情况下，能力的判定都是以最终产生的行为结果为参照的。语用能力是为了达到一定的目的和理解语境中的语言而有效运用语言的表现。Thomas（1983）把语用能力定义为有效地使用语言以达到某种目的的能力和理解在具体情景中如何使用语言的能力。Leech（1983）认为语用能力可分为语言语用能力和社交语用能力。前者包括在一定的语境中正确使用语言形式以实施某一交际功能的能力，后者是指遵循语言使用的社会规则进行得体交际的能力。Jung（2002）认为语用能力具有层级性，即：实施言语行为的能力、表达与理解非字面意义的能力、实施礼貌功能的能力、实施语篇功能的能力与使用文化知识的能力。陈新仁（2009b）认为语用能力应是多维的。他从语言、社会文化、认知以及篇章组织4个维度将语用能力划分为相应的4个方面：语言语用能力、社交语用能力、认知语用能力与语篇组织能力。

对于多数成年本族语者来说，语用知识已经以认知语境的形式内化在大脑中了，他们能够充分地调用这些知识对话语信息进行无意识、自动化的信息处理，很少出现话语理解卡壳现象。根据Bialystok（1993）的双维模式，学习者首先要对已经习得的语用知识进行分析，依据现实语境提供的线索，通过隐喻、转喻等找出其所表征的相关概念结构，并将注意力分配到该图式上。也就是说，学习者必须把他们的注意力集中到相关的信息上，以便能够在即时压力下加以运用。

3.4.3 培养语用意识

语用意识指学习者对语言运用的规则及交际实现过程有一个清晰、深刻的认识。Ellis（1994：549）指出，成功的语言学习者对自己的学习进程都有清醒的意识（awareness），都能使用元语言策略来有意识地调控自己的学习。Schmidt（1993：24）认为，意识具有不同的程度或等级。"……学习过程中意识问题的几个不同的层面：学习者是否试图去学习什么；学习者是否意识到他/她正在学习；目标语形式是通过有意识地注意而学到还是潜意识地附带学会；学习者是在有意识的、深刻理解的基础之上习得一般规则或准则还是更多地凭直觉去获得；或者说，学习者能否准确解释出隐藏在话语结构背后的原则和准则。"根据意识等级观点，一般准则和原则以及对这些准则和原则的解释是位于意识最高等级的。获得一定的语用能力也就意味着要达到意识等级的最高层：将话语结构与一般原则相关联。这里的一般原则或准则指的是社交语用知识，话语结构对应的是语用语言知识。这样，语用意识就意味着学习者能够将语用语言知识与社交语用知识相映射。也就是说，交际者在熟悉各种基本的物理和社会文化语境的同时，还要了解与这些语境规约相匹配的语言举止，包括了解用什么样的话语去实现何种言语行为等。

Ifantidou（2011）认为语用能力包含语用意识与元语用意识两个方面。语用意识指学习者能够识别不同语篇类型所传达的隐含结论中的语用推断效果，如讽刺、幽默等态度；元语用意识指能对相关语言形式与语用效果进行元表征和解释的能力。总之，在语用意识层面，交际者能够全面掌控语用知识的习得与激活以及能够调控语用表现所涉及的所有认知机制和手段。

3.5 语用习得的影响因素

语用习得的主要影响因素包括语言/语法能力、语用迁移、语用输入/学习环境、语用教学以及个体特征（年龄、性别、动机、态度、社会心理距离）等。

3.5.1 语法水平

有关语法水平与语用能力的关系，有两种普遍接受的观点：（1）语法水平高，语用能力未必就强；（2）语法水平是语用能力的必要条件。

Ellis（1994）指出第二语言水平是第二语言语用能力发展的基础，是影响其言语行为能力习得和发展的重要因素之一。他认为，不具备一定的语言手段，学习者就不可能构建类似本族语者的话语。Olshtain 和 Cohen（1989）以及 Maeshiba 等（1996）的研究证明语法能力限制了低水平学习者语用能力的扩展，语言水平是语用能力的基础。而 Eisenstein 和 Bodman（1993）以及 Bardovi-Harlig（2001）的研究则认为语法能力强并不能保证言语行为能力强，学习者经常会说出语法正确但语用不恰当的句子。Schmidt（1983）的研究表明语用习得不仅不依赖于语法，还先于语法习得。其实，两者之间的关系远不是这么简单。从实验的过程以及结果可以看出学习者的语用能力、语法能力以及它们的发展与学习者的学习、生活环境有着复杂的联系。随着语法和语用概念的外延，两者的区分会越来越模糊，因为彼此有相互包容、相互作用的趋势，但并不是相互依赖或一方为另一方的基础。

3.5.2 语用输入/学习环境

对于语用习得来讲，输入显得非常关键。Kasper 和 Schmidt（1996）指出语用的定义决定了语用知识与社会文化背景知识密切相关，语言学习环境会极大地影响学习者语用能力的发展。在英语环境中学习英语（ESL）比在非英语环境中学习英语（EFL）更能获得丰富的语料，因而更利于语用能力的提高。Takahashi 和 Beebe（1987）、Schmidt（1983）、Cohen（1997）等的研究证明，在第二语言环境（ESL）中的学习者语用能力发展情况远远优于在外语学习环境（EFL）下学习者语用能力的发展情况。但 Niezgoda 和 Röver（2001）的实验则表明，EFL 学习者的语用能力表现与 ESL 学习者相似，也就是说在外语学习环境中培养学习者的语用能力是可行的。

3.5.3 语用迁移

有关跨文化语用的研究证明：学习者的母语语用知识会影响他们对目的语语用的理解和使用（Kasper，1992）。Maeshiba 等（1996）发现，语用负迁移与语言水平成负相关。Takahashi 和 DuFon（1999）在对学英语的日本学生的调查中发现，高年级学生在表达"请求"时都用较直接的形式，更接近美国人的语用习惯；而低年级的学生多用日语的间接表达形式（为语用负迁移）。

但是，有些实验研究得到相反的结果。Takahashi 和 Beebe（1987）不但指出语用迁移现象的存在，而且指出了迁移与语用能力发展之间的关系，提出了第二语言水平与语用迁移正相关的假设。他们认为："学习者的语言水平越高，他们越有可能陷入误区，因为他们有足够的词汇，便有更多的勇气来发言"（1987：153）。也就是说，发言越多，越会暴露出他们的母语迁移造成的语用失误。虽然他们自己的研究没能反映出语言水平会对语用迁移产生所预料的影响，但是其他几项研究都说明，有限的二语语言知识阻碍学习者将复杂的第一语言表达式运用于第二语言之中（Olshtain & Cohen，1989；Cohen，1997）。Maeshiba 等（1996）以两组英语为第二语言的日本学习者作为受试对象试图验证正相关假设，最后发现在执行道歉行为时，中级组比高级组更多地运用迁移策略。Hill（1997）发现高级组往往发生语用语言负迁移，在表达请求时通常使用过于复杂的句法结构代替简单的结构。

事实上，关于第一语言和第二语言中语言行为的语法复杂性与语用语言迁移是如何相互作用的，语用习得研究者仍未进行深层次的研究，只是从一些共时的研究结果推断语言水平与迁移有着内在联系。

3.5.4 课堂语用教学

自 20 世纪 80 年代中介语语用学兴起以来，教学对二语学习者语用能力发展的作用日益受到语言研究者和外语教师的关注。Rose 和 Kasper（2001）合著的《语言教学中的语用问题》(*Pragmatics in Language Teaching*) 一书是第一部系统地研究语用教学的论文集。研究者总结了 20 世纪 90 年代的研究成果，充分论证了课堂教学对语用能力发展的重要影响以及实施语用教学的各种方法。Kasper 和 Rose（2002a）所著的《第二语言的语用发展》(*Pragmatic Development in a Second Language*) 一书系统论述了不同教学方式在外语/二语习得中的作用，强调了第二语言语用教学的必要性和语用的可教性。这两本著作拉开了语用教学研究的大幕，已成为语用教学研究领域的经典文献。

Schmidt（1993）认为，只是简单地接触目的语还不够，因为话语的语用功能及其相关语境因素非常复杂，对于学习者来说并不是十分凸显，他们即使在接触很长一段时间后也不一定会意识到。Kasper（1997a）通过总结相关研究得出结论，认为如果没有教学干预，语用能力的很多方面得不到充分发展。因此，Bardovi-Harlig（2001）强调课堂教学的必要性，他通过实证调查证明未接受过语用学方面教学的二语学习者和本族语者在语用表现以及目标语的理解方面有明显差异。

Kasper 和 Rose（2002a）将语用教学的方式分为显性和隐性两种。显性教学最大的特点就是有明确的元语用信息讲解，并要求学习者注意某一种形式，对元语用规则进行讨论和总结。隐性教学不强调课堂上的元语用规则解释，而是通过各种教学活动，如输入强化、修正练习等，帮助学习者发现规则。大量的实践和研究证明课堂教学和学习者意识对二语习得有积极作用，显性的语言教学能使得习得速度更快、语言使用更准确（如 House，1996；Takahashi，2001；Soler，2007 等）。

本书将在第四章对语用教学作详细介绍。

3.5.5 个体因素

外语/二语习得研究发现，在众多的个体因素（涉及社会和心理因素）当中，与社会因素更密切相关的个体因素（如动机、态度和性格等）是影响学习效果的关键因素。

其中，动机与语用习得密切相关。Salsbury 和 Bardovi-Harlig（2000b）调研了英语学习者如何表达"异议"。受试者 EJ 和 MR 语言水平相当，掌握的情态词汇范围相同，但他们的语言使用能力却相差甚远。MR 的交际愿望和意图比 EJ 强烈，能在交际中最大限度地使用她所掌握的语言材料，她的语言水平能在语用能力的发展中充分发挥作用，而 EJ 则不能。

学习者对学习语言持积极态度不一定意味着其对语用习俗也抱积极态度，尤其当这种习俗与该学习者的价值观相抵触的时候更是如此。Pierce（1995）重新界定了动机，他把学习者学习该语言的意愿叫做"动机"；把接受其语用习俗的愿望称为"意愿"（willingness）。这一观点在 LoCastro（1998）的研究中充分体现出来。LoCastro 分析了她自己习得语用的过程。她有强烈的学好日语的"动机"，但没有接受其语用习俗的"意愿"，如她很了解日语的"尊称"形式与日本社会的"等级"观念间的紧密联系。但是，由于她在西方长大，她不愿意习得那些"等级"词汇。同样，Cohen（1997）探讨了他习得日语语用的情况。他的语用失误是：日语中在谈及地位较高的不在场的第三者时，也要用"尊称"，但他没有用。Cohen（1997：151）表示："我拒绝遵守这种规约，因为我觉得它不合理。"这种学习者自身的个性与目的语语用习俗之间的矛盾很难解决，结果往往产生一种既不同于母语也不同于目的语的中介语语用特点。

3.5.6 生理因素

生理因素在语用习得中的影响仍鲜有研究探讨。Kasper 和 Schmidt（1996）在他们综述语际语语用研究时提到了两项探讨性别因素的调查。其中一项调查发现，在理解"同情"和"支持"的表达时，女性的理解比男性更接近目的语的语言习惯。但在另一项理解情感性表达的实验中，他们没有发现性别差异。

年龄因素对语言习得的影响在外语/二语习得研究中已经被认可。一种观点认为：过了少年时期才开始学习外语的学习者，不可能达到像本族语者那样的语言水平；姑且不考虑最终达到的水平，总体来讲，未成年学习者要比成年学习者学得好。其原因应涉及神经、动机和接受能力等因素（Ellis，1994）。但就语用习得而言，其原因可归之于未成年学习者更易于接受异国的文化习俗，因为他们对自己的文化还没有形成固定的模式，比成年学习者开放。

Kim（2000）的研究也许是语用习得研究中唯一一项侧重年龄因素的研究。她用语篇补全任务、角色扮演、问卷调查等方法收集语料，分析、比较了学英语的朝鲜人与本族语者的"请求"和"道歉"策略。结果发现，年纪越轻、越喜欢英美文化的学生，其回答越符合目标语语用习惯。但是，Kim 的调研没有控制可能产生影响的其他变量，如受试者的语言水平和在英语环境中所处时间的长短等。

3.6 语用习得研究的相关理论模式

过去，二语语用习得的研究大多是描述性的，并没有在某一理论模式的指导下进行。而近年来，语用研究者们开始将语用习得与二语习得紧密地结合起来，借用第二语言习得理论并将它扩展到语用习得的研究上，这些理论分别从认知、心理和社交的层面来解释语用能力的发展（Kasper & Rose，2002b）。

3.6.1 认知处理模式

20 世纪 90 年代，语用研究者开始使用认知心理学来解释语用能力的发展，将语用习得作为信息过程来探究，其中比较有影响的是 Schmidt 的注意假设和 Bialystok 的双维模式。

3.6.1.1 注意假设

Schmidt（1993，1995，2001）的注意假设（Noticing Hypothesis）涉及输入过程的最初阶段和输入转变为吸收所需的注意条件。Schmidt 认为，注意在语用习得中起着关键的作用。注意是一个将输入转化为吸收（intake）的必要而且充分的条件，并不是所有的输入都能引起学习者的注意，也不是所有被注意的输入都能被学习者所理解，只有那些被学习者注意到并经学习者的大脑吸收、融合后的输入才有可能成为吸收。因此，对目的语输入一般程度的注意并不能保证有效的语言习得，学习者应特别注意具体的学习目标。Schmidt 指出，在语用习得中，学习者必须同时注意语用特征以及与之相关的语境特征。

Schmidt 同时还讨论了影响注意程度以及输入效果的几个因素：频率（frequency）、突显度（salience）、教学等。在语用习得的过程中，新的输入不断进入工作记忆（working memory），只有引起学习者注意的那部分输入才能获得进一步的处理，使得输入变成吸收。而输入的本身特点，如频率和突显度都能促进认知机制对输入的处理。所输入的语言项目越明显，复现率越高，就越容易引起学习者的注意；相反，无显著特征、复现率不高的语言输入被注意的机会就较小。Schmidt 特别强调教学所起的重要作用。Schmidt 以自己学习葡萄牙语的经历为例，说明尤其需要"注意"日常语用知识的习得。因为与语法知识相比，语用特征有时并不那么明显，而且有些语用规则是潜意识的。语用教学可以促使学习者注意这些特征，从而有利于他们从输入中获得具体的材料。

Kasper 和 Rose（2002a）认为，注意假设为解释语用能力发展提供了有力的理论依据。近年来，许多语用教学研究结果也显示语用教学有益于语用能力的发展，这些结果为注意假设提供了直接的证据。如 Dufon（1999，转引自 Kasper & Rose，2002a）研究了在目的语环境中印度尼西亚语学习者礼貌策略的习得情况，结果发现，6 名受试所注意到的礼貌策略与其语用特征的突显程度有着密切的关系，从而验证了 Schmidt 的注意假设。

3.6.1.2 双维模式

注意假设涉及的是输入过程的初始阶段以及从输入到吸收这个过程中意识的作用，Bialystok 的双维模式（Two-Dimensional Model）解释的是已经习得的语用知识在语言处理过程中两种不同的认知部分的发展情况：知识分析和过程控制。"知识分析的过程是一个使某领域的隐性知识变为显性知识的过程或者是分析某个学习者对该领域隐性知识的习得过程"（Bialystok，1993：48）。这一过程包括用心智表征创建在理解和产出时可供使用的知识域。为了完成这一过程，必须对其加以控制，包括"将注意力控制到相关和合适的信息上的过程以及在真实交际时注意将这些形式加以统合的过程"（同上）。也就是说，学习者必须把他们的注意力集中到相关的信息上，以便能够在即时压力下使用它们。

Bialystok（1993）也指出儿童和成人在语用能力的学习上有所不同的问题。Bialystok 认为，儿童学习语用的主要任务是发展语用语言和社会语用知识的分析性表征，而成年二语学习者主要学习对已经存在的表征的过程控制。从某种程度上来说，成年二语学习者通常是在习得一门新语言表征的正常水平上才开始学习掌握这门语言的语用知识，并发展该系统的象征表征。他们必须掌握新的表征，例如不熟悉的社会语用差异、新的语用语言习惯用法以及它们的社会意义和语境分布。在发展具体的二语语用能力上，成年学习者能够在先前知识的广泛基础上发展二语语用能力。因此，对他们来说最重要的工作是"发展在选择恰当知识时对注意的控制"（1993：287）。这并不是说习得新的语用知识不重要，而是说他们需要发展更多的分析过的语言表现形式，并把它们组织到新的明确的类别中，增加语言结构的项目。根据 Bialystok（1993）的观点，这里需要指出的是注意的问题。也就是说，发展他们的控制策略以便他们注意到语境中有意的解释，以及从能够满足社会和语境交流需要的可能性中选择语言形式。

将 Schmidt 的注意假设和 Bialystok 的双维模式相结合能够很好地解释第二语言语用能力的认知发展过程。交际主体识别相关信息正是通过注意来实现的；而相关信息的激活是通过对信息的分析和控制获得的。这两个维度是相互关联的，它们对二语语用发展的不同阶段作出了解释，二者互相补充，而且"很适合考察中介语语用学习的重要方面"（Kasper & Rose，2002a）。

3.6.2 社会文化理论

还有一些语用习得研究者将语用习得置于社会文化领域，研究社会交往对二语语用能力发展的影响。社会文化理论认为，人类的认知发展是通过众多方式促成的，如工具、社会交往等。这一观点集中体现在 Vygotsky 的"最近发展区"（Zone of Proximal Development，简称 ZPD）理论中。Vygotsky（1981）认为，儿童的语言是在他/她周围的成人或能力较高的同伴的帮助下发展起来的，儿童与成人或新手与专家之间的交往就是"学习"。而个人的最佳"学习"是在"最近发展区"中进行的。"最近发展区"是指儿童通过独立解决问题而产生的实际发展水平与经过成人指导或能力较强的同伴帮助以后的潜在发展水平之间的距离（Vygotsky，1981）。该理论认为，在二语习得的最初阶段，本族语者或水平较高的同伴会帮助儿童或新手完成他们不能独自完成的任务，但渐渐地，那些学习者们就能通过各种活动相互合作，并能逐渐根据语境的特点来调控自己的思维方式。

一些语用习得研究者基于"最近发展区"理论作了相关研究以探讨语用能力的发展，如 Ohta（2000）运用 ZPD 理论研究了两个学生习得日语礼貌用语的过程。在师生会话中，教师先用 IRF（Initiation—Response—Follow-up）方法教学生，先讲解，然后学生与学生练习、演练。起初，学生练习时需要提示，但练习一段时间以后，他们需要的帮助越来越少，最后便能够独立地完成对话了。Ohta 发现，不仅低水平学生得到高水平学生的帮助，而且双方都是受益者。从双方受益这一点来说，Ohta 发展了 Vygotsky 最初的理论思想。

3.6.3 语言社会化

在语言习得中获得社会文化知识的过程就是"语言社会化"(Language Socialization，LS) 的过程，其方式有两种：显性和隐性。显性语言社会化指身边的人在某些具体的语境中直接教授礼貌规范。隐性语言社会化是指在日常交往中无形地习得社会规范。LS 理论强调：使用语言要达意、恰当、有效。这种观点符合语用学的观点，因此近年来在外语/二语语用习得研究中被广为运用。中国人和在美国的中国移民的语用就带有显性 LS 现象。中国家庭的父母常常利用吃饭的时间教孩子汉语语用习惯。中国人和美国人都希望子女的语言交际符合社会习俗和规范，其教育方法都带有各自的文化烙印。美国人很顾及儿童的面子心理，他们注重教孩子在谈话中怎样礼貌地插话，如：Ok，let's hear your day. Are you finished saying what you were saying? Can I start talking? 中国父母则采取纠正孩子语言使用的方法，如："不要那样对人说话，应该说'对不起，请……'。"各种不同的"语言社会化"造成了儿童的汉、英双语间的中介语用特点，形成一种独特的跨文化交际风格。

隐性 LS 语用研究多于显性 LS 语用研究。隐性 LS 倾向于两个方面：(1)学会怎样表达和领会情感；(2)学会怎样按对方和自己的身份来讲话。研究表明，为了进入目的语的社会圈，学习者必然会学习本族语者怎样恰当地表达自己的情感，领会对方的情感，因为这种表达和领会都直接与人际关系有关。"确立社会身份"已成为学习者社会化研究的重点之一。在语用习得中确立自己身份的能力主要反映在课堂上。学生在课堂交流中，通过扮演各种各样的角色"进入"社会，学会怎样按身份表达和理解语用意义。Poole (1992) 分析了两个初级 ESL 班的学生，发现教师反复使用言传身教的教学方法，避免公开地表现出与学生的不平等关系，尽量降低师生间的地位差别。这正是美国中产阶级比较有教养的人教育孩子或培养学生社会地位意识的典型方式。美国对于"平等主义"的正面观点就是这样含蓄地一代一代往下传的。与此相反，Falsgraf 和 Maiors (见 Kasper，2001) 发现日本教师在课堂上的直接用语比英语教师多，这反映了日本的文化特点，即教师在课堂上的权威性和师生之间的不平等地位。但是，显示身份的语言形式 (如 Let's do it 缩小地位的差别，Do it 增大差别）不是只由其形式而定，还取决于交际中这种语言形式使用的时间、场合和对话人之间的理解。

3.7 语用习得的研究方法

3.7.1 横向研究与纵向研究

Kasper 和 Rose（2002a）提出，横向研究和纵向（个案）研究是二语语用发展问题所采用的两种主要方法。横向研究是通过采集不同语言水平的二语/外语学习者在某一时期的语言输出语料来了解和分析语言习得过程中的特征和规律，耗资少，见效快，为许多研究者所采用。绝大多数研究者都研究不同语言水平学习者的言语行为实现策略的运用，且研究对象多为成人，只有 Rose（2000）研究了 3 个不同年级小学生（分别为 7 岁、9 岁和 11 岁）言语行为的实现策略及其发展特点。这些横向研究的范围较窄，多半只是对一个或多个言语行为采用经启发得出的二语言语行为输出数据进行研究，研究较多的是学习者对目的语言语行为的理解和用目的语实施言语行为的问题，有些包括对二语语用能力的形成和发展方面的研究。与横向研究相比，纵向研究因为费时（时间长达数月甚至数年）且耗资大，被采用得较少，但其研究范围较广。这些研究的特点如下：第一，所研究的语用特征不仅涉及言语行为，也涉及语用惯例、话语标记、语用流利及会话能力；第二，大多数研究都着眼于学习者初级阶段的语用发展；第三，数据收集的环境多为二语课堂，且课内多于课外；第四，干预性的课堂研究越来越多，重点研究语用习得过程中的教学效果。

3.7.2 语料收集方法

二语语用发展研究中的数据收集方法有 3 大类：

(1) 口语语篇。即通过口语互动的产出方式收集语料的方法，包括真实语篇、话语引出和角色扮演 3 种具体手段。该方法能够帮助研究人员发现学习者如何理解和输出语用信息和他们在不同的场合中互动的方式。

（2）问卷调查。作为一种多功能的数据收集方法，问卷调查能在很短的时间内收集到具有针对性的数据。常见的具体方法有等级量表、多项选择和完型填充。

（3）自我报告。该方法适用于探索性的研究，因为这种手段满足了探索性研究所需要的以参与者为中心、开放式和包容性（inclusive）的要求。自我报告的 3 种具体形式为：叙事型自我报告、口头话语原型和日记。

总体来看，如角色扮演等开放性的方法要比完型填充等结构性的方法更能折射出学习者丰富多样的语用策略。例如 Kasper 和 Dahl（1991）在文献综述里回顾 Beebe 和 Cummings（1985）在收集"拒绝"言语行为数据时，发现不同收集方法会导致不同的数据。Beebe 和 Cummings（1985）使用的方法是真实电话对话和篇章完型。结果显示，尽管受试使用了相同的单词或短语，但在真实电话对话中，受试使用的策略范围远大于完型填充中使用的策略范围。完型填充收集来的数据特点是"交际双方较少商榷、很少使用模糊限制词、很少使用充分或解释、话语类型单一、话语篇幅短小"（Kasper & Dahl，1991）。

3.8 结语

语用学的习得观强调语用能力的发展是在一定的社会文化语境中形成的，是语言使用的不断社会化和认知、心理及文化适应的过程。对于外语/二语习得者来说，语用能力与语言能力同等重要，到高级阶段也许比语言能力更重要。因此不应只注重语法教学，还应该保证教学材料提供更多的自然语用信息。并且，语用能力很大程度上牵涉跨文化能力，习得语用习惯就是习得文化意识。

二语语用习得是二语习得和语用学相交叉而产生的研究课题，较之于二语习得领域中其他相对较为成熟的分支研究，二语语用习得研究仍处于起步阶段，多数看法只停留在假设的层面上，达成共识的观点不多。学习者第二语言的语用特征、发展特点，以及影响二语语用能力发展的因素等方面都需要进一步探索。

第四章　语用学的教学观

4.1 引言

课堂教学对二语学习者语用能力发展的作用日益受到语言研究者和外语教师的关注，尤其是 1997 年 Gabriele Kasper 在美国佛罗里达州奥兰多召开的对外英语教学（TESOL）的国际会议上发表了题为"语用能力是否可教？"（Can Pragmatic Competence Be Taught?）的报告，引发了一系列有关语用教学的理论与实证研究。如 Rose 和 Kasper（2001）合编的《语言教学中的语用问题》一书是第一部系统地研究语用教学的论文集，包括了十余篇语用教学的最新研究成果，研究者充分论证了课堂教学对语用能力发展的重要影响并阐释了实施语用教学的各种方法；Kasper 和 Rose（2002a）所著的《第二语言的语用发展》一书系统地论述了不同教学方式在外语/二语习得中的作用，强调了第二语言语用教学的必要性和语用的可教性。随后又有一系列的专著、论文集出版，对语用教学中的基本问题进行了全面、深入的探讨（如 Bardovi-Harlig & Mahan-Taylor, 2003；Houck & Tatsuki, 2011；Ishihara & Cohen, 2010；Ishihara & Maeda, 2010；Li, 2012；Martínez-Flor & Soler, 2005；Martínez-Flor *et al.*, 2003；Soler & Martínez-Flor, 2008；Tatsuki & Houck, 2010；Taguchi, 2009 等）。本章基于现有研究成果，讨论语用学对外语教学的启示，诠释语用教学的方方面面。

4.2 语用教学的界定

4.2.1 语用教学的含义

与语用学的习得观一样，对语用学的教学观也存在着两种不同的理解。一种是教语用学知识，即将语用学的基本观点与主要理论教授给学习者，让学习者自己在二语学习中贯彻语用学理念，培养语用意识；另一种是教师本人以语用学的基本思想为指导，选择合适的教学内容，制定合理的教学方案，采用恰当的教学方式来促进学习者二语语用能力的发展。前者强调的是语用教学中的"学"，其英文表达一般为 pragmatics teaching/pragmatics instruction；后者则强调语用教学中的"教"，其英文表达一般为 pragmatic teaching/pragmatic instruction。

我们认为，语用教学是以语用学的理念为指导来实施语用教学的，因此关键应在教师的"教"这一环节。但同时教师也应关注"学"的重要性，即将语用学的相关理论告诉学习者，达到事半功倍的效果。语用教学的最终目标是帮助学习者获得语用知识、发展语用能力和提升语用意识。

4.2.2 语用教学与语言教学的区别

语用教学在目标、内容和方法等方面与传统的语言教学有着很大的不同。传统的语言教学以词汇知识、句法结构、语法知识等语言内部结构为内容，以产出正确、流利的句子为目的，采用的教学方法是死板的规则讲解，学习者死记硬背各种用法，偶有练习也是僵硬的课堂对话，并不能很好地将课堂所学真正地应用到现实交际中。语用学强调语境中语言使用的得体性，以言语行为、会话含意、互动语篇为教学内容，以产出合适、得体的语用行为为目的。语用特征不像其他语言知识那么容易进行准确的描述（Thomas，1983：97），而且有些语用规则是潜意识的，即便是本族语者也只有当自己违反时才可能会意识到这些规则。因此和语法、词汇教学相比，语用教学在 20 世纪七八十年代较少受到关注，这和长期以来结构主义强调语言知识忽视交际能力的语言观以及语用学本身的性质有关。

4.3 语用教学的必要性

传统观点认为，语用能力会随着语言语法能力的发展而发展，因此不需要专门的教学干预。也有人提出，非本族语者确实可以不经刻意学习而获得大量的二语语用知识，因为有些语用知识是具有普遍性的，还有一些是从母语中成功迁移而来的。此外，如果母语和二语之间有相应的形式—功能匹配，并且这些形式也可以用在相应的二语环境中，取得相应的效果的话，学习者也可以自由获得一些语用语言知识。学习者社交语用知识的习得也可以从正迁移中实现。Bialystok（1993）也认为，成年二语学习者已经具有了一定的二语语用语言和社会语用知识，在发展具体的二语语用能力上，成年学习者应该能够在先前知识的基础上广泛发展二语语用能力。然而让人遗憾的是，学习者似乎并没有意识到这些。教育心理学的研究表明，学习者并不一定会把自己已经习得的知识和策略迁移到新知识的学习中去。学习者对其母语语用知识和普遍语用知识也是如此，不会轻易将其迁移。可见，即使成年学习者拥有大量的语用信息，他们也并不一定会合理利用这些信息。因此，教学干预的作用在这里就显而易见了：并不一定为学习者提供新的语用信息，而是要让他们意识到自己已经具有了哪些知识，并鼓励他们使用普遍语用规则或将母语语用知识迁移到二语环境中去。但是，相关研究表明，二语与母语在很多语用特征上有着相当大的差异，普遍语用知识或母语知识有时候不仅不会有助于二语习得，相反地，还会阻碍二语语用知识的习得，进而导致实际交际过程中的语用失误。因此，语用教学不仅要让学习者意识到两种语言的共同点，更要让他们知道两者之间在语言形式与语用功能上的差异。另外，语法能力和语用能力的发展和内化是相互独立的，语法能力不能保证语用能力。即使学生的语言功底非常扎实，在真实的跨文化交际环境中，他们牢固的语言知识并不能被有效地激活和调用，学生的交际能力无法与他们的语言知识相匹配(何自然、张巨文，2003)。因此，需要专门的教学干预来培养和发展二语学习者的语用能力。

国内外语教学的现状和存在的问题凸显了进行语用教学、提高学习者语用能力的必要性。在中国把英语作为外语学习（EFL）的环境下，真实的语言环境相对贫乏，课堂语用输入（pragmatic input）显得尤为重要。研究表明，和二语环境（ESL）相比，外语环境中缺少足够的目的语输入和接触，学习者的语用能力发展相对较慢。因此，通过课堂教学，增加语用输入，可以提高学习者的语用意识，培养语用能力（高月琴，2002；何自然，1997；洪岗，1991）。但是长期以来，由于我国外语教学界一直强调对语言系统的教学，对语言的运用不够重视，忽视了语境和交际能力的重要性，因此导致学习者的语用能力长期滞后。调查显示，学生的语用能力和语言能力不成正比：语言能力强的人，语用能力不一定强（甘文平，2001；何自然、阎庄，1986；洪岗，1991）。即使学生的语言基础十分扎实，但在真实的跨文化交际环境中，"他们牢固的语言知识并不能被有效地激活和调用，学生的交际能力无法与他们的语言知识相匹配"（何自然、张巨文，2003）。显而易见，课堂语用教学能够让学习者更好更快地意识到目的语的语用特征及其使用规则，比单纯地接触目的语更有利于二语语用能力的发展。

4.4 语用教学的内容

语用教学的内容应能体现出语用习得的基本目标，即语用教学的内容要涉及语用知识、语用能力和语用意识 3 方面。语用知识包括语用语言知识和社交语用知识，具体表现为言语行为知识、语用惯例语、话语标记语及其策略、语篇组织知识等，以及与交际相关的社会文化知识。语用能力的内容主要是如何理解语用含意、将语用知识转化为一定语境中的合适行为。语用意识的内容则是交际者能够全面掌控语用知识的习得与激活以及能够调控语用表现所涉及的所有认知机制和手段。下面列举一些针对以上教学内容的研究。

（1）言语行为。言语行为能力一直被看成是语用能力最主要的指标之一（如Bachman，1990 等）。约 55% 的研究者将言语行为作为课堂语用教学的内容，主要涉及请求、拒绝、建议、抱怨、恭维、回应、道歉和感谢等。这类研究一般关注言语行为的各种语义程式以及影响这些语义程式实现的社交语用因素（如权势、距离、礼貌等），通过考察学习者言语行为语义程式习得和对语境敏感度的变化情况，探讨教学干预对语用能力发展的影响。例如，请求言语行为教学研究表明，由于文化背景不同，英语中的请求行为无论是在语言实现形式还是社交语用规则上都与汉语、日语以及西班牙语有着极大的差异，这些差异给学习者带来了一定的困难，必须要有教学的干预才能使学习者更好地习得。

（2）语篇组织。语篇组织能力是考察语用能力的另一个重要维度（陈新仁，2009b）。语篇组织教学可分为篇章组织教学和会话组织教学两类。篇章组织教学为独白语篇，如 Martínez-Flor（2004）以及 Martínez-Flor 和 Fukuya（2005）对电子邮件建议语篇的研究以及 Narita（2012）对日语传闻报道（hearsay report）中传闻证据标记语（如 soo desu，"据说"）的研究。会话组织教学涉及会话互动策略，包括话语标记语和会话组织结构。会话组织教学是以整个言语行为会话作为教学的基本单位，从学习者作为参与者的角度分析自然语料中的会话行为，捕捉会话互动规律。Huth 和 Taleghani-Nikazm（2006）将会话分析看成是一种语用教学资源，认为现有会话分析的成果都可以成为语用教学的内容。他们的研究表明，基于会话分析的教学材料能够让学习者预测、理解和产出二语会话序列结构中的相邻对（adjacency pairs）。Barraja-Rohan（2011）则将回应标记（response tokens）、评估回应语（assessment）、相邻对等会话分析概念教授给二语学习者，让他们去分析自然会话，感受二语交际特征，并通过练习掌握互动技巧。

（3）语用惯例。这是语用教学早期研究关注的重点内容。Tateyama（2001）将日语语用惯例语 sumimasen 所能实现的各种语篇—语用功能，如引起注意、赔礼道歉、表达谢意等，教授给日语初学者。语用惯例语形式与功能较为固定，虽然教学对于习得语用惯例语显示出了一定的优势，但即使没有专门的教学干预，学习者也能习得（Takahashi，2010a）。并且，这类研究主要是针对初级学习者开展的，他们较低的语言水平使得研究者无法真正了解教学对学习者语用能力发展的影响。

（4）语用含意。Bouton（1994）和 Kubota（1995）对语用含意的研究表明，教学完成的当下被试确实能够理解教师所举的例句，但教学之后，被试仍然不能推测新例句的含意。也就是说，学习者似乎只记住了教学材料中的例句，却未真正理解合作原则以及违反合作原则所产生的各种含意类型，即他们不会将学到的理论应用到新的语境中。这可能是因为教学时间很短（只有20分钟），而语用含意的推导涉及复杂的认知、社会语用因素。

教学内容的选择反映了研究者对语用能力的不同理解。以上研究分析表明，语用教学不仅内容的类别有限而且研究也不够深入，考察的仅仅是静态的、孤立的语用特征。语用能力的动态性特征要求未来研究将交际互动能力纳入语用教学，探讨复杂的语篇组织能力的教学方式。我们认为基于会话分析的语用教学体现了语用能力的互动性特征，具有极大的研究价值。另外，专门考察教学对语用意识的作用也具有越来越重要的意义。

4.5 语用教学的方式

不同类型的教学方式是否会产生不同的教学效果，这一问题可以说是课堂语用教学的关键。虽然研究表明只要有教学的参与，不管何种教学形式都会对语用能力的发展产生积极的效果，但不同教学方式所产生的作用程度是不同的，人们总是希望能够找到一种使得教学效果最优化的方式。

4.5.1 显性语用教学与隐性语用教学

Kasper 和 Rose（2002a）沿用 DeKeyser（1995）的标准把语用教学分为显性教学和隐性教学两种方式。显性教学具有两个特点：（1）明确的规则解释构成教学内容的一部分；（2）明确要求学习者注意某一种形式，并对元语用规则进行讨论和总结。隐性教学不强调课堂上的元语用规则解释，而是通过各种教学活动（如输入强化、修正练习等）使学习者发现规则。可见，与后者相比，前者包括额外的元语用信息的学习、语言输入以及互动机会（Kasper & Rose，2002a；详见 Rose & Kasper，2001）。

大量的实践和研究证明课堂教学和学习者意识对二语习得有积极作用，显性的语言教学能导致更快的习得速度和更准确的语言使用（如 House，1996；Rose & Ng，2001；Soler，2007；Takahashi，2001；Tateyama *et al.*，1997 等）。House（1996）考察了语用教学中显性教学相比隐性教学是否更有效果。这项研究在德国高水平的大学生英语学习者中展开。学生们被随机选择并标记为 A、B 两组，然后分别接受了为期 14 周的不同版本的语言交流课程（由同一位本族语教师教授）。其中一个版本的课程包括显性元语用信息，另一个则不包括。两种课程的目的都是为了促进学生语用能力的发展。研究调查了学生们对习惯用法的功能以及语境分布的意识是否能够提高他们的语用熟练程度。数据是在课堂教学过程中搜集的，通过角色扮演在教学前、教学中、教学后都对学生们语用能力的发展进行了测量，结果表明接受显性教学的一组学生从中受益颇深。

Soler（2007）对比了显性教学和隐性教学对西班牙英语学习者请求言语行为语言形式习得的作用。显性组接受了请求行为相关的元语用信息的讲解，然后识别节选对话中的请求例子并对此作出评价。隐性组接受以输入强化来提升主动意识的任务（如以粗体或大写的形式凸显请求及其相关社交语用因素），但没有明确的元语用信息讲解。后测数据表明，两个教学组都比控制组表现好，但这两个实验组之间并没有显著性差异。不过，3 周后的延迟测验发现，显性组较好地保持了其所学的请求行为及其相关语用特征。朱炼红（2008）通过对显性教学组、隐性教学组和控制组进行为期 8 周的语用教学实验指出，与隐性教学相比，显性教学教授语用知识更有效，可以加快语用知识习得的速度。

Takahashi（2010a）较为详细地回顾了显性教学与隐性教学之争。她综述了自 20 世纪 80 年代以来二语习得中语用层面的教学干预研究，并将这些研究分为 3 组：关注显性教学有效性的研究（26 项）、关注隐性教学有效性的研究（2 项）以及显性隐性教学效果对比的研究（21 项）。结果发现：(1) 显性教学的有效性及稳定性得到了极大的验证，进一步强调了元语用信息解释在促进二语语用发展中的关键作用；(2) 在延迟测验中表现出强持久性的教学手段通常都要求学生付出一定的认知努力（如让参与者对比他们自己的表现与目的语表现间的差异或者让学习者自己发现目的语语用规则等）。Takahashi 认为 Soler（2007）的研究结果（即显性语用教学优于隐性语用教学）可以归因于显性组学习者付出了更多的认知努力。

然而，并非每项研究的结论都支持显性语用教学法，也有部分研究验证了隐性教学的作用。隐性教学以 Krashen 提出的理论为基础。Krashen（1985）认为语言习得实现的条件是学习者能够理解语言输入，学习者通过情境理解这些语言输入，就能够自然地发展语言能力。语言输出并不是语言习得中的必要环节，而只是语言能力发展导致的结果。学习者只要具备语言能力，迟早都会实现语言输出。在使用外语时，学习者的能力主要来自习得的知识，学得的显性知识通过监控对第二语言产出起作用。有时，显性知识的这种监控适得其反，如学习者在语言产出中过多地参照语言规则反而会影响流利性，降低学习者的信心等。Kubota（1995）发现语用教学后测中隐性组学习者理解话语含义的能力高于显性组学习者（虽然这种优势在延迟测验中消失了）。Fukuya 等人（1998）以及 Fukuya 和 Clark（2001）的两项研究也没有证明显性教学优于隐性教学：后测结果显示两个实验组在语用特征的使用上并没有显著性差异。

与简单地接触目的语相比，尽管显性教学和隐性教学是语用教学的不同形式，但两者之间仍存在一定的关联。在语用教学中，显性教学强调在教学过程开始时提供相关的元语用知识，即不同语境中某一语用特征的各种用法和功能，以引起学习者对学习目标的充分注意；而隐性教学则强调通过示例、交际活动等使用过程达到对语言规则的掌握。但是，语用教学中，显性教学并不等于孤立的规则讲解，它既包括教师通过解释用法提供明确的目的语元语用信息，也包括通过课堂互动或纠正性反馈等引起学生对语用特征的注意，提高学生的语用意识。因此，我们认为，显性教学和隐性教学在实际教学中并没有非常明确的界限，显性的程度需要视教学目标的难易程度以及学生水平等因素而定。而隐性教学的成败很大程度上依赖于学习者对语用形式的注意程度，或教学在多大程度上提高了学习者对目的语用法和功能的意识。简而言之，显性教学一方面突出提供元语用信息、强调语境中语言形式和功能的匹配，不同于单纯地把语用知识融入交际过程或语言使用过程的隐性教学模式；另一方面还强调交际活动和互动的重要性，而非独立的语法规则讲解。已有研究者提出，显性与隐性教学并非是两个完全不相关的极端，实施显性与隐性教学的各种条件之间应是一个连续体（Jeon & Kaya，2006；Takahashi，2010a）。

4.5.2 演绎语用教学法与归纳语用教学法

演绎语用教学法指教师先提供二语语用信息，然后学习者分析例子；归纳语用教学法指学习者自己分析语用材料，找出或发现目标语使用的语用规则（Ishihara & Cohen，2010）。

Rose 和 Ng（2001）发现，只有演绎组学习者的恭维回应取得了积极的教学效果，这说明演绎教学法对社交语用水平的提高是有效的。学习者的归纳式自我发现法虽然对语用学习有作用，但由于各自学习风格的不同，学习者获益的程度也不尽相同。Martínez-Flor 和 Fukuya（2005）认为显性教学主要就是演绎教学，他们对建议主行为动词和缓和语的教学结果似乎说明演绎法略优于归纳法。Takimoto（2008）的研究也表明演绎教学法对建议语用语言和社交语用知识的习得效果总体上略优于归纳法，因为后者在听力后测中的表现不如前者。只有 Kubota（1995）对语用含意的研究表明归纳法对学习者语用意识的提升效果优于演绎法。Takimoto（2008）也发现，当归纳法与意识提升和结构输入任务相结合时，它与演绎教学一样有效。并且，通过归纳法获得的语用知识甚至可能比通过演绎法获得的语用知识储存的时间更长、在即时交际中更易提取。另外，有些项研究虽没有明确说出使用的是哪种教学方式，但笔者认为它类似于归纳法。如 Witten（2002）先将言语行为的基本情况告知被试，然后采用输入强化的方式，让被试看影视片段，找出其中出现的言语行为，并注意西班牙语第二人称单数的使用情况。这类研究的教学内容涉及复杂的交际互动，其目的并非简单地传授某一语用知识，而更注重提升学习者的语用意识。"语用意识提升法是一种归纳法，能够有效地帮助学习者意识到语言形式是如何在特定语境中恰当使用的"（Narita，2012：1）。

目前有将近 80% 的语用教学研究是在显性和隐性教学方式的名义下进行的。但正如上文所言，显性教学和隐性教学在实际教学中并没有非常明确的界限，显性程度要视教学目标的难易程度以及学生水平的高低等因素而定，而隐性教学的成败很大程度上依赖于学习者对语用形式的注意程度。对于涉及个体心理、认知以及社交因素等复杂语境变量的会话教学，我们认为使用归纳和演绎教学方式的区分要比显性和隐性的区分更为合理。

4.6 语用教学模式

随着语用教学一系列基本问题的不断明确，越来越多的研究者开始关注如何组织具体的课堂教学，包括确定教学对象，选择教学材料、教学方法与手段等（请参考 Bardovi-Harlig & Mahan-Taylor，2003；Houck & Tatsuki，2011；Ishihara & Cohen，2010；Ishihara & Maeda，2010；Tatsuki & Houck，2010 等）。

就如二语习得研究者曾宣称的（如 Kasper & Rose，2002a），单一的可理解的输入并不能保证学习者的习得和输出，互动和输出的机会、对相关输入的注意程度和有益的反馈都会对语用知识的习得产生影响。Schmidt（1995）认为仅仅接触社会语言恰当的输入还不够，对具体语用语言特征和语境特征的注意，是语用输入变成有效的习得而后成为恰当语用表现的必要和充分条件。他也提出了一种通过采用提升自我意识的认知方法来教授语用学的显性教学方法。显性教学意味着抓住和提升学习者对目标语具体语用方面的注意力和意识。Rose（1994）谈到语用教学的现实目标是提升学生对语言中语用功能的意识，而不是把这些复杂规则全部教给学习者。Kasper（1997b）也注意到语用教学的主要目标是提升学习者的语用意识以及给他们提供在目标语中互动的机会。戴炜栋、杨仙菊（2005），何自然（1997），刘绍忠（1997b）也指出应对不同语境以及恰当运用语言的敏感和意识是语用能力的两个非常重要的方面。Rose（1994）引进了视听互动活动，他的研究表明，运用语用意识自我提升的教学方法对于学习者语用能力主要方面的提高有明显的优势，而且不管是本族语老师还是非本族语老师都可以运用这种方法。

我们在上述观点的基础上以言语行为为教学对象提出了显性课堂语用教学的 4 个阶段：（1）教师提供元语用信息；（2）提供真实语境输入；（3）功能练习；（4）及时反馈。

在实施语用教学前，可以对学生的语用能力进行一次诊断性测试。教师在评测结果的基础上设计教学内容和教学过程。

（1）元语用信息讲解

确定教学目标后，教师首先提供必要的元语用信息，使目的语的语用特征更加凸显，从而引导学生注意这些语用特征，提高他们的语用意识。元语用信息应该包括语用语言知识和社交语用知识两个方面，涉及言语行为的语言表现形式、语境特征以及社会文化特征等。教师提供相关言语行为的讲义、讲稿，讲解它们的具体功能和用法。在提供元语用信息时，还应注意语用信息的质和量，包括语用信息的真实性和正确性以及提供多少元语用信息等。完成语用信息输入后，教师可提供或设置大量真实的语言使用示例和环境，如目的语影片或短剧等，培养学生的语境意识。

（2）真实语境输入

提供元语用信息和真实的语境输入都属于语用输入。Schmidt（1993）概述了对注意有巨大影响的 3 个因素，即频率、凸显和教学。在这两个阶段中教师陈述属于教学，影视片段学习目的在于使目标语言语行为突出，主要目的是促进学习者目标语运用的敏感性和增强他们的语用意识以便把语用输入变为语用知识。通过教师对元语用信息的陈述以及对话样本的试听，学习者语用知识得到积累，语用意识得到提升。

（3）练习

任务型语言教学是课堂环境下发展语用能力的有效方法（Schmidt，1993）。教师可以给学习者布置任务以便使学习者对一定的语用形式、功能和社会背景产生注意力。两人对话（角色扮演）、小组活动、教师—学生对话都可以提供互动的机会。就如 Kasper 和 Rose（2002a）认为的那样，互动能力应该同时是二语语用习得的过程和目的。向学习者提供大量的互动机会不仅是教师必须做的，而且这也体现了课堂环境的优势。Bardovi-Harlig 和 Mahan-Taylor（2003）认为课堂对于学习者来说是个理想的场所，在课堂中学习者能够观察到一些言语行为，而这些言语行为经常发生在现实生活环境中不同的人之间，同时课堂对于学习者来说是个安全的地方，学习者能在课堂上练习各种各样的语用行为。这些课堂活动对于学习者把已经掌握的语用知识转变成恰当的语用表现有巨大的作用，向学习者提供练习机会使他们能够发展控制策略。功能性的练习使学习者在受控的过程中把他们的语用知识转变成语用表现。学习者语用表现是否恰当取决于他们是否能够在一定语境中把他们的注意力转移到有意的解释，以及选择最令人满意的语言形式上。因此，为了促进英语学习者语用能力的发展，他们应该学习大量的英语语用知识，然后把已经学到的英语语用知识转变成他们的能力或者练习过程中真实的语用表现。这就是为什么 Kasper 主张向语言学习者提供丰富的学习机会以便促进他们的语用发展或二语/外语的学习（Kasper，1997b）。事实上，把语用知识转变成能力的过程是对英语语用知识转变成真实语用表现过程的控制，这种控制过程的实现是通过向学习者提供充足的练习机会实现的。

（4）反馈

作为课堂教学必不可少的步骤，反馈在语言习得中的作用不可忽视。教师必须经常提供给学习者有关他们学习情况的反馈。反馈可用不同的方式提供给学生。教师尤其应该重视纠正性反馈和课堂讨论（包括学习者之间的反馈）的作用。纠正性反馈是一种有效的后续活动，它把学习者的注意力再次放在了元语用规则上，而且它加强了学习者的语用意识。纠正性反馈主要指的是教师的反馈，可能会采用改写、重复或者显性改正的形式。

国内对语用教学的研究才刚刚起步，多集中在对语用失误和语用能力的现状调查和原因分析上（如辜同清，2003；何自然、阎庄，1986；洪岗，1991；孟梅、刘秦亮，2000），很少涉及不同的教学方法在语用能力培养中的作用，更缺乏长期的对语用习得规律的研究。虽然有研究者强调在教学中提高语用意识（如何自然，1997；洪岗，1991），但是尚未有人提出系统的、有效的课堂教学措施。另外，尽管不少研究提出了语用教学的具体建议，如强调在课堂上融入语用教学、进行文化教学、重视语境因素等（何自然、阎庄，1986；洪岗，1991），教材中也不同程度地呈现了一些目的语语用特征，但是都没有明确强调元语用知识的重要性，更缺少对课堂语用教学实践的研究。

4.7 语用测试工具/语料收集方法

4.7.1 语用测试

Oller（1979）提出了语用水平测试（pragmatic proficiency test）这一概念，并且提出把具体的语言使用环境融入语言测试之中，测试题目应该促使考生结合语言外环境（extra-linguistic context）来处理语言内容和形式。Oller 认为语用水平测试必须满足两个条件。第一，必须能使考生用实际生活中出现的语言来处理试题中的语言。例如，在阅读理解试题中，考生应该把文章中的句子放在交际层面上来理解，而不是把每个单词的意义简单地相加起来。其次，试题中使用的语言也应该和日常生活中自然出现的语言相似。Oller 特别强调语言测试的自然性。但是这种标准在语言测试中是有问题的，因为它没有充分考虑到测试环境和测试本身就是不自然的这个事实。Clark（1978）则利用直接测试和间接测试这两个概念更好地表达了测试的自然性这一问题。Clark 认为，从理论上讲，确定一个学生语言水平最直接的方法就是一直跟着这个学生一段时间，观察该学生在诸如买车票、和朋友讨论问题、做生意等活动中如何使用外语来达到目的，并且对其表现进行评估。很明显，这种测试是不大可能的。因此，Clark 认为直接测试只能模仿日常生活中的语言使用环境，尽可能使考试接近实际生活中的情景。最近，研究者开始意识到语用能力习得是二语习得中不可分割的一部分，针对语用能力测试的研究也越来越多。

4.7.2 语用测试方法

Farhady（1980）从功能角度设计了一套选择填空试题来测试学生表达请求、建议、争执等言语行为的能力。试题的设计经过多个阶段的调查、资料收集以及试测。最后，每个情景的 4 个选项分别为：语用适当和语言准确的选项（答案），语用适当但语言不准确的选项，语用不适当但语言准确的选项，以及语用不适当和语言不准确的选项。结果显示他设计的试卷有较高的信度和效度，不同性别、专业、国籍以及母语的学生在这种考试中的成绩有明显的差异。之后，Shimazu（1989）设计了一套"美国英语语用能力"试题来测试学生有关请求的语用能力。题目的设计步骤、方法和原理基本上是仿照 Farhady（1980）进行的。结果显示他的试卷也同样有很好的效度。

Hudson 等人（1992：31-32）花了近 5 年时间设计出总共 6 种测试语用能力的方法：

(1) 书面话语填充（Written Discourse Completion Tasks，WDCT）

(2) 多项选择话语填充（Multiple-choice Discourse Completion Tasks，MDCT）

(3) 听说话语填充（Listening Oral Discourse Completion Tasks，ODCT）

(4) 话语角色扮演（Discourse Role-play Tasks，DRPT）

(5) 话语自我评估（Discourse Self-assessment Tasks，DSAT）

(6) 角色扮演自我评估（Role-play Self-assessment，RPSA）

后来他们对试卷进行过多次改进和完善，但他们并没有进一步去验证这 6 种测试方法的信度和效度。之后，Yamashita（1996a）对这 6 种方法的信度和效度进行了研究。根据多种统计分析的结果，这 6 种方法除了多项选择话语填充之外，都有很高的信度和效度。Enochs 和 Yoshitake-Strain（1999）也对这 6 种方法进行了研究。他们的研究结果显示，多项选择、听说话语填充和书面话语填充的信度和效度都不高，其他 4 种方法则有较高的信度和效度。

Roever（2005）则跳出 Hudson 等人的模式，设计了一套网络化测试语用能力的试题。他设计的试题包括 3 部分：第一部分测试学生理解英语会话含意的能力，第二部分测试学生理解英语习惯用语的能力，第三部分测试学生有关英语言语行为的能力。第一和第三部分采用多项选择测试方法，而第二部分采用书面话语填充方法。Roever 用定量和定性研究方法从多个层面对他设计的试卷的信度和效度进行检验，结果显示他设计的试卷有较好的信度和效度。但是 Roever 是通过网络收集的资料，他没有对收集来的资料的真实性进行过验证。不过，Roever 使用了定性研究，这在一定程度上弥补了网络收集资料这一缺陷。刘建达（2005）则探索了一套试卷设计和测试模式，研究了书面话语填充和多项选择话语填充在测试中国英语学习者的外语语用能力中的信度和效度。他设计了两套试卷，测试学生请求和道歉两种言语行为的能力。试卷的设计经历了情景选样、情景可能性调查、元语用调查、试测、选项验证等多个步骤。定量和定性研究的结果都显示他设计的试卷以及采用的测试方法均有较好的信度和效度。

4.7.3 几种常用的测试/语料收集工具

1）语篇补全任务

语篇补全任务（Discourse Completion Task，DCT）是中介语语用学研究中最常用的一项工具。在第二语言语用习得以及语用教学研究中，语篇补全任务是目前应用最广泛的数据采集方法。它是"一种书面调查问卷方法，先是一些简短的情景描述，然后是一个短对话，其中一部分给出，要求被试补全另一部分，要补全的那部分就含有待研究的言语行为"（Kasper & Dahl，1991：221）。

DCT 依据形式可以分为多项选择语篇补全任务（Multi-choice Discourse Completion Test, MDCT）和书面语篇补全任务（Written Discourse Completion Tasks, WDCT）两种。MDCT 是一种受研究者控制的诱发测验：被试先阅读一段情景描述，然后从备选项中选出从文化和文体角度最适合给定语境的选项。WDCT 也要求参与者阅读对某种情景的描述（包括场景、参加者、社会关系等），但是与 MDCT 不同的是，WDCT 要求参与者写下他们在这种情况下会怎么说。因此，WDCT 是开放式的，它会产生一个参与者生成的语篇反应。Kasper 和 Blum-Kulka（1993：61）指出，MDCT 仅能够测验被试有关某方面的知识，并不对他们的语言流利性和交际能力作出要求；而 Brown（2001）认为，WDCT 是产出性的，要求学生在交流中根据语境因素产出书面语言，这在理解和产出系统上对学习者有更高的认知要求。MDCT 用来测量受试者对特定言语行为的语用知识，WDCT 则是用来评估受试者语言产出的恰当性。

DCT 是一种可以控制的诱发方法，能满足进行跨文化对比研究的需要，它能够让研究者控制情景变量，快速有效地收集大量数据。最重要的是 DCT 能够让被试产出模式化的回应，即前后语境迫使他们不得不做出待考察的言语行为。因此，研究者认为这种方法虽然不像面对面的互动交际那样能够提供最真实的信息，但是它能向学习者提供具体语用特点方面的语言语用知识和社会语用知识。

2）角色扮演法

角色扮演（Role Play, RP）是一种情境模拟法，指"在某个预先设计好的社交框架或情境中，参与者被赋予相应的角色，并依据这些角色关系做出一些特定的行为"（Crookall & Saunders, 1989：15，转引自 Kasper & Rose, 2002a：86）。按照交际者参与程度的不同，角色扮演分为闭合式与开放式两种（Kasper & Dahl, 1991）。在闭合式角色扮演中，针对某个待研究的交际行为有一段情景和角色描述，被试需在此情景下作出对该情景和角色的回应。也就是说，有一个角色的话语已经被提前限定了，被试所产出的只是自己单方的话语。在开放式角色扮演中，也是先有一段情景描述，对角色及其关系作一定介绍，并用相应的语言手段交代出交际双方需要完成的任务。不同的是，它并不对任何一方的言语提前有所限制，也不对交际的过程和结果作预先限定，参与者双方可以在该情境中依据自己的角色产出自己认为合适的任何话语。这不仅极大地增加了交际的真实性，而且也使收集到的语料更加丰富和详实。

相对于多项选择式的 DCT，RP 测验学习者产出的效果更好，能更好地测试出学习者真正使用语言的能力。尤其是对开放式角色扮演来说，它给学习者发挥的空间更大，因而能更好地全面考察学习者的语言应用能力。并且，最重要的一点，正如 Kasper 和 Rose（2002a：87）所言，"通过对角色进行限定，也可以让我们考察一些语境因素，如 Brown 和 Levinson（1987）在其礼貌理论中提到的权势、距离以及强加程度等是如何影响交际行为选择与实现，以及这些因素的作用是如何随着会话商讨而发生变化的"。无论是 MDCT 还是 WDCT，都不能像开放式角色扮演那样既考虑到诸多语境因素，又给予被试足够的发挥空间。

使用哪种方法评测学习者的语用能力和研究者对语用能力的理解密切相关。语言测试领域的研究人员仅仅是提供了各种各样的测试方法，而没有指出对语用能力的不同理解。在实际研究中，研究者应根据自己的语用能力框架以及实际的教学实验，制定符合本研究的语料收集方法和测试工具。

4.8 结语

总而言之，国内外的相关研究都为教学在二语习得中语用层面的研究作出了很大贡献。但是大部分国外的研究都是在英语语言环境中进行的，或者从理论角度讨论发展学习者语用能力的必要性和可行性，而在外语环境下的课堂语用教学的实证研究却是相当少见的。在国内，同样也缺少课堂中语用能力发展方面的研究，而且很少有研究意在寻找适当方法以便指导英语课堂语用教学。未来研究应在以下几方面作进一步探讨：拓宽和深化语用教学内容；寻求更加灵活多样的教学方式与手段；借鉴和吸收其他学科的理论成果，构建更加科学、合理的研究框架；综合考虑语用对象、教学方式和学习者 3 方之间的关系；重视语料收集与评估方式的多样化，并尽量确保语料的真实性等。作为语言教师，应该把研究发现应用到实际语言课程设计中，制定出更好更多的培养学习者语用能力的教学方案。

第二部分　教学篇

会话含意教学

言语行为教学

语用预设教学

话语标记语教学

语言礼貌教学

会话组织教学

语言模因教学

第五章　会话含意教学

5.1 引言

　　会话和听力理解能力是语言交际能力的重要组成部分。教师在教学过程中通常会发现这样的现象：学生掌握了大量的词汇和语法结构，语音、语调亦相当正确，但在实际运用英语，特别是同英美人交谈，需要弄懂对方话语的意思时却有很大困难。其中很重要的一个原因就是学生听到的往往是话语的字面意义，而不知道对方话语的真正含意。所以说，是否正确理解话语的含意关系到是否真正理解了讲话人话语的真实意图。会话含意的理论是语用学中的重要理论之一，它帮助说话者表达隐含意思，听话者透过字面意思去理解说话者的真正意图。语言使用的现实表明，孤立于语境之外使用的语言，其意义在很多情况下极难确定，必须借助语言外的知识，如语境和背景知识，才能确定说话人意图表达的意义。我们认为，教师在教学过程中有必要讲解会话含意理论的基本知识，强化学生的推理意识，以帮助学生正确理解隐含的意义以及谈话人的观点态度等。本章内容旨在简单介绍含意理论的基础上，指导教师如何运用该理论进行会话和听力的实际教学。

5.2 关于"意义"的基本概念

　　"意义"的定义较难界定，目前现有的定义种类繁多，不同层面、不同角度的分类产生了多种不同的"意义"。下面我们将简单介绍几组常见的"意义"。

5.2.1 自然意义与非自然意义

　　美国语言哲学家 Paul Grice（1957：57-58）将意义分为自然意义（natural meaning）和非自然意义（non-natural meaning）。自然意义是不涉及语言使用者意图的意义，而非自然意义则体现说话人的意图。试比较以下句子：

(1) These spots mean measles. （Grice，1957：57）

(2) Jack's silence means refusal.

例（1）中的"那些斑点"自然地意味着"他得了麻疹"。不管说话人的意图如何，"斑点"的存在就意味着"麻疹"，因此传达的是自然意义。其中 mean 这个词关涉的是两种事物之间的联系，这种联系是不可分割的，且与说话人的意图无关；在这个例子中，"X（过去）意味着 p"和"X（现在）意味着 p"都蕴涵着 p。而例（2）中 Jack 用沉默来表示他对某事持有消极态度，他的"沉默"显然带有说话人的意图，因此传达的是非自然意义。其中的 mean 一词关系到某些声音或语言记号与某些事实之间的联系，而这样的联系是由一个语言共同体或一个说话人所确立的；在这个例子中，"X（现在）意味着 p"和"X（过去）意味着 p"都不蕴涵 p，具体地说，Jack 的沉默有可能意味着他拒绝某事，也有可能意味着他接受某事。

5.2.2 句子意义与话语意义

意义可分为句子意义（sentence meaning）和话语意义（utterance meaning）。句子意义是语义学研究的对象，而话语意义则属于语用学的研究范畴。

胡裕树（2002：313）认为，句子是语言的基本运用单位，在交际和交流思想的过程中，词和词组只能表示一个简单或复杂的概念，句子才可以表达一个完整的意思。句子意义指的是"抽象的语言结构未被具体使用时的意义，它属于语义学的研究范畴"（Huang，2009：11）。

与句子不同，话语指的是特定的语言使用者在特定的场合对语言的具体使用，它可以是一个词或词组，也可以是一个或多个句子（Huang，2009：11）。Lyons（1995）认为，话语既可指过程（言语行为），又可指产物（文本）。话语意义是指"说话人通过使用该话语而意图表达的意义"（Huang，2009：11）。例如：

（3）他是一台机器！

当句子由说话人在某一具体的场合下，为达到某种交际意图而使用时，该句子就由抽象的结构变成了具体的话语。句子意义与话语意义的核心区别在于：句子意义是抽象的、内在的、不受语境制约的；话语意义是具体的、依赖语境存在的。比如例（3）在不同的语境中有着不同的意义，诸如：

a. 他总是不停地工作。

b. 他工作效率很高。

c. 他很冷酷无情。

d. 他很古板。

e. 他不会动脑子。

f. 他在大喘气。

……

由此可见，话语意义比句子意义要丰富得多，它会随着语境的变化而不同。

5.2.3 语言意义与语用意义

意义又可分为"语言意义"和"语用意义"。语言意义是语言所固有的意义，是人脑对客观事物和现象的总体或者关系的概括认识。简单地说，语言意义是语言的字面意义。

"语用意义"则是相对于"语言意义"而言的，也叫作"话语意义"或"语境意义"。我们知道，话语是指人们在具体的交际环境中所表现出来的语言行为，所以语用意义（或话语意义/语境意义）自然就是在这种特定的语言环境中所表现出来的特殊的、引申的、临时的、隐含的意义。语用意义和语境因素密切相关，与说话人有着直接的关系，是超出语言字面意义之外的或不同于语言字面意义的意义。

从以上几个概念的定义和解释可以看出，话语意义、非自然意义和语用意义这3个概念其实指的是一个概念，只是学者们采用了不同的表述罢了。他们所指的意义，其实就是不同于句子或话语字面意义的意义，即结合语境（语言语境与社交语境）、背景知识及说话人双方而推导出的真实意图，我们可以将它统称为会话含意。本章将重点讨论如何运用语用学中的会话含意理论去指导学生识别、理解和推导出会话含意，并且能够把它灵活运用到会话当中。

5.3 合作原则与会话含意

5.3.1 合作原则简介

会话含意理论是语用学中的重要理论之一，是由美国语言学家 Paul Grice 提出的。Grice 认为，人们在现实生活的交谈中，并不总是坦白地说出自己想要说的话，而是常常含蓄地向对方表达自己的意图，但这不影响交际的正常进行。对此，Grice 的解释是，在会话中存在某种规则。具体来讲，在会话中为了保证谈话的顺利进行，谈话双方必须遵守一些基本原则；或者说参与者都在某种程度上承认会话中至少有一个彼此都接受的方向，交际者所说的话在其发生的阶段都应该符合当前所参与的交谈的公认目标或方向。Grice 把这种原则称为合作原则（Cooperative Principle，CP）。具体地说，合作原则就是要求每一个交谈参与者在交谈过程中所说的话要符合此次交谈的目标或方向，以使得语言交际有意义。合作原则包括 4 条准则：数量准则、质量准则、关系准则和方式准则。具体如下：

A. 数量准则（Quantity Maxim）：使所说的话正好满足当前交谈所需要的信息数量。

（a）所说的话包含的信息数量不应少于所需要的信息数量；

（b）所说的话包含的信息数量不应超出所需要的信息数量。

B. 质量准则（Quality Maxim）：努力使你所说的话是真实的。

（a）不要说自知是虚假的话；

（b）不要说缺乏足够证据的话。

C. 关系准则（Relation Maxim）：要求话语内容要切题，要有关联。

D. 方式准则（Manner Maxim）：要求说话要简要、有序，避免歧义和晦涩的词语。

这些准则的意义在于它们提供了一个解释会话中说话者意图的基础。因为人们普遍认为大家在交谈中是遵守这些准则的，会话中的听者认为说者讲的是实话，在提供足够的信息，所说内容与话题相关联，清晰有条理；也就是说，双方有合作的意愿。然而在现实交际中，为了交际的某种需要，人们为了合作又会使用一些语言策略和技巧故意公开违反合作原则中的一个或几个准则，从而使自己的真实意图隐含地表达出来。如果在言语交际中说话一方的话语在表面上违反了合作原则，那么听话者就要根据当时的语境推断出说话者此举的目的或隐含意义。Grice 把这种在言语交际中推导出来的隐含意义称为"会话含意"（conversational implicature）。

5.3.2 会话含意的产生与推导

Grice 提出了合作原则这一有关人类交际的总原则，但同时他又指出，在现实交际中人们并不都是严格遵守该原则的。事实上，违反合作原则的现象在日常交际中非常普遍。在具体的交际中说话人会根据具体情况，着重遵守某一准则或违反某一准则（实则是利用了这个准则），以含蓄的方式向对方表达自己的意思，听话人则会根据交际语境所提供的线索进行语用方面的分析、推理，得出话语的真正含意，即"会话含意"。会话含意即语用含意或话语的言下之意、弦外之音。

5.3.2.1 数量准则的违反与会话含意的产生

在人们的交际活动中，说话人有时候为了表达特定的含意，会故意少提供信息或提供看似多余的信息。听话人在遇到这样的情况时，往往需要透过字面意义，推断出说话人的真实意图。比如一个学生平时学习态度不够认真，学术能力和水平也很一般，毕业前报考博士研究生，要求导师写一封推荐信。老师对该学生印象不佳，但是又不便当面拒绝，因此只好写了几句：Dear Sir, Mr. Huang's command of English is excellent, and his attendance at tutorials has been regular. Yours, etc. 显然，该导师故意违反说话要包含需要的信息这一条准则，信中只简单提到该生的出勤情况，而对其科研水平和潜力却只字未提，其中蕴含的意思是他认为该学生不具备继续攻读博士学位的学术潜力和能力，对于这一点导师只不过不愿意直接说出来而已。

提供过量信息违背了数量准则的第二条，也就是说，说话人所提供的信息量超出了一般情况，给出一部分看似多余的信息。但事实上这部分"多余信息"会包含说话人特殊的含意。例如下面的对话：

(4) Father: How did Jimmy do his history exam?

Mother: Oh, not at all well. They asked him things that happened before the poor boy was born.

一般情况下，对于父亲所问的问题，母亲只要回答 Not at all well 就可以了。但是随后母亲又添加了额外的信息 They asked him things that happened before the poor boy was born，其目的是以一种轻松诙谐的口吻来缓解尴尬的气氛，达到一种幽默的效果。父亲在听到这样的信息之后，自然会明白其中的言外之意，会心一笑。

5.3.2.2 质量准则的违反与会话含意的产生

故意违反质量准则可以是提供自知虚假或不真实的信息，或者提供自知没有证据的信息。日常生活中的夸张、隐喻和反语等现象都具有这一特征。

我们来看这样的例子：

(5) He is made of iron.

这句话显然违反了质量准则，因为没有人是铁打的。但是说话人为什么要这样说呢？显然是有他/她的特殊含意的。也就是说，说话人想表达的是，他这个人意志坚强，具有铁一样的品质。再如，当 A 遇到困难时，朋友 B 不仅不帮忙，而且还落井下石，这时 A 说：He is such a good friend! 这句话的含意其实是说 B 这个人背信弃义，太不够朋友了。

5.3.2.3 关系准则的违反与会话含意的产生

根据合作原则的关系准则，人们在交际中，应该提供与问题相关联的信息，否则就会显得答非所问，文不对题。但现实生活中，人们为了传达特定的含意，通常会故意违反关系准则，从而产生特殊的交际效果。比如 A 请 B 去看了一场舞台剧，看完回来的路上发生了这样的对话：

(6) A: How did you like the performance?

　　B: It was a nice theater.

对话中 A 询问 B 对这场表演的看法，B 没有直接回答喜欢还是不喜欢，而是避而不谈舞台表演，说剧场很漂亮。显然 B 不是很喜欢那场表演，但是又不便直说，以免伤害到对方的面子，因此就转移话题，对剧场进行了一个积极评论。

再比如，小明早晨上课迟到了，进教室时老师已经开始上课了。这时候发生了如下师生对话：

(7) 老师：小明，你看看现在几点了？

　　小明：老师，我自行车半路爆胎了。

在这个对话中，双方都没有按照关系准则来说话，而是说了看似不相关的信息。比如，学生迟到时老师一般会问学生："你为什么迟到？"但老师并没有直接这样问，而是问学生："你看看现在几点了？"但是传达的含意却还是表示责备，达到了说话人预期的交际功能和效果。学生也很自然地可以通过当时的语境和背景信息推导出老师问此问题的含意，并且作出相应的回答。当然，学生的回答看似与老师的问题毫不相关，实际上却传达了"自行车坏了导致我迟到，不是我故意迟到的"这样的会话含意。

5.3.2.4 方式准则的违反与会话含意的产生

方式准则要求人们说话清楚明白，避免模糊、晦涩和歧义。然而日常生活中人们为了特定的需要，经常故意违反方式准则，从而产生特别的交际效果。比如一对夫妻带小孩出去玩，小孩子饿了，要吃零食，父亲说："咱们给他买点儿东西吃吧。"母亲说："好的，但是千万不要买 chocolate。"母亲之所以没有用汉语说"巧克力"一词，是怕孩子听懂后吵着要吃，因此特地用了一个英文词汇；丈夫一听，自然也就明白妻子的用意了。

再比如，两个朋友谈论一个年轻歌手在一场晚会上唱的歌：

（8）A：What did Mary sing last night？

B：She produced a series of sounds that corresponded closely with the score of "Home, Sweet home".

A问B歌手Mary昨天晚上唱了什么歌曲，B没有直接简单明了地告诉他/她Mary唱的什么歌，而是用相对复杂和晦涩的方式对她唱的歌进行了描述，其隐含的言外之意是说她唱得不够令人满意。

　　交际中故意违反合作原则某个（些）准则有利于表达交际者的意图，促进交际的默契。我们可以推断，如果我们大家都完全按照会话合作原则各准则说话，语言就会显得单调生硬，枯燥无味，失去应有的活力。无论是在口头或书面的言语活动中，传达言外之意（即会话含意）的现象是司空见惯的。交际双方不仅要能理解对方直接表达的意义，而且要能成功地把握对方话语的含蓄意义。会话含意推导必须结合语境和合作原则。Grice的会话含意理论对指导我们正确分析、理解会话含意，提高我们的会话水平和会话艺术意义十分重大。

5.4 会话含意的特征

　　Grice（1975）对会话含意的特征进行了总结，认为会话含意具有以下5个特征：可取消性（cancellability）、不可分离性（non-detachability）、可推导性（calculability）、非规约性（non-conventionality）和不确定性（indeterminacy）。

5.4.1 可取消性

　　可取消性指的是，在具体情况下，一个会话含意可以通过增加一个从句而被取消，或者通过上下文表明说话人放弃了原本可能的会话含意。例如：

（9）Jane: Do you want some tea?

John: Tea would keep me awake. (But, I do want to stay awake tonight.)

如果没有括号里的部分，我们可以推导出这样的会话含意：John不想喝茶。但如果加上了括号内的话语，以上会话含意就被取消了。

5.4.2 不可分离性

　　除了背景知识外，对会话含意的产生起作用的是说话人所说的话的内容，而非句法形式。一般来说，一个人不可能通过改变同一内容的不同讲法来改变会话含意。这个特点强调话语内容在推导话语含意中的作用。例如：

　　（10）Jane: Are you going to the movie tonight?

　　　　　John1: I will have a math exam tomorrow.

　　　　　John2: I will have a math exam tomorrow, won't I?

　　　　　John3: Won't I have a math exam tomorrow?

John 的 3 种回答虽然形式不同，但命题内容都一样，因此，Jane 可以推导出 John 的含意是：他不会接受看电影的邀请。

5.4.3 可推导性

　　所谓可推导，就是听话人可以一方面根据话语的字面意思，另一方面根据合作原则的各项准则，推导出相应的语用含意。Grice（1975：50）归纳出推导会话含意的 5 个要素：

　　(a) 词语、指称表述等的规约意义；

　　(b) 合作原则及其准则；

　　(c) 话语的语言语境或场合语境；

　　(d) 其他背景知识；

　　(e) 假定会话双方都知道以上 4 点。

5.4.4 非规约性

　　会话含意并不是话语的规约意义，因为会话含意是通过结合合作原则中的各项准则、话语的字面意义以及语境推导出来的。先有字面意义，才有会话含意。因此，含意不是字面意义，也不是字面意义的一部分。字面意义在话语中

是不变的,而含意却可能随着语境的变化而变化,甚至消失。例如:

(11) John: Would you like to invite me up for a coffee?

Jane: Oh … I'm afraid the place is in a terrible mess.

在这个对话中,Jane 想要传递的含意是:她不想邀请 John 喝咖啡。但这层暗含的意思并不是通过话语的字面意义表达出来的。(Jane 话语的字面意思是:恐怕我家里很乱。)

5.4.5 不确定性

不确定性指的是具有单一意义的词语在不同的语境中可以产生不同的含意,例如上文提到的例子"他是一台机器",在不同的语境中就可以产生不同的会话含意,这里不再赘述。

关于会话含意的特征,Huang(2009:34)进行了修正和补充。他提出的第五个特征为"可强化性"(reinforceability),有别于 Grice 的"不确定性"。"可强化性"指的是说话人可以在间接表达会话含意后再明确表达该意思而不给人重复、累赘的感觉。此外,Huang 还提出了自己的新见解——第六个特征,即"普遍性"(universality),这是指会话含意是一个普遍现象,用不同语言表述的话语,只要命题内容一样,都含有同样的会话含意。如:

(12) Some young people like pop music.

(13) 一些年轻人喜欢流行音乐。

以上两个话语虽然编码的语言不同,但表示的命题内容相当,因而它们所暗含的会话含意也一样,即"并不是所有的年轻人都喜欢流行音乐"。

5.5 会话含意理论在英语教学实践中的应用

会话含意理论可以运用在英语教学中,比如,可以运用会话含意理论来指导学生理解文本情境,提高他们的听力理解能力和口语会话能力。在英语教学中引入会话含意这一语用现象,可以让学生深刻理解说话者的深层含意,从而真正使学生准确、透彻地理解英语语言，同时提高学生灵活运用语言的能力和水平（张树筠，2001）。

5.5.1 传授会话含意理论知识，培养学生的语用意识

第一，教师在运用会话含意理论进行英语教学时，首先应该培养学生区分字面意义与会话含意的意识，让他们了解会话含意理论的基本概念和工作机制。在理解话语时，不能只停留在字面意义的解读上，而应该树立会话含意的语用意识。同时，教师需要让学生了解在日常会话中说话人双方所遵循的几个原则，告诉他们在面对违反常规说话方式的话语时，应该具有识别意识，不能按照字面意思去理解意义，而应该寻求其他方式来理解，以理解深层含意和说话人的真实交际意图。

第二，教学生关于传达含意的手段。在树立了学生关于会话含意的意识之后，教师还需要给学生讲解含意产生的触发机制，也就是说让学生知道会话含意是怎样产生和传达的。根据 Grice 的会话含意理论，在言语交际中如果说话者遵守了合作原则，听者只需在语音识别的基础上进行词、句法、语义等的分析，建立话语结构并理解话语意思。这时，话语的意义就是话语的字面意思。如果说话者明显违背了合作原则中的准则，这时听者就不能仅停留在对字面意思的理解上，而要根据语境和各种相关知识挖掘隐含意思，推断出说话者的真实意图。

第三，在树立了会话含意意识，并了解了会话含意的触发机制之后，还要让学生知道一般在什么情况下需要传达含意。因为在实际交流中，并非在所有情况下都需要透过字面意义去传达含意。由于语言表达的经济性，一般情况下，人们都会选择相对直接和简单的语言方式进行交流；但是如果遇到可能伤及自己或别人面子的情况时，说话人会倾向于采用委婉一些的方式来表达自己的观点。也就是说，只有为了在交际活动中保持彼此面子上的和谐关系或者其他特殊目的时，说话人才会付出特殊努力，采用一定的语言语用手段来传达特定的含意。比如在实施拒绝、请求、批评、抱怨等言语行为时，容易伤害到别人的面子，影响和破坏彼此的和谐关系，因此说话人一般会采用违反合作原则的某一条或几条准则的方法来传达特定含意，从而比较委婉地表达自己的意

思。教师需要提醒学生，在碰到类似的情景语境时，尤其要注意会话含意的理解和使用。

5.5.2 培养学生利用语境信息理解、运用会话含意的能力

一方面，需要准确把握语调与重音，帮助学生识别和运用会话含意。

在日常交际中，说话者常常使用不同寻常的语调或者重音来暗示他/她的话语不能按照寻常的方式去对待和理解，即"说话者利用音长、音高、音调等语音表现手段所体现的言外之意"（谌莉文，2005）。听力测试中常常出现这样的情况：当第一人提出一个问题或观点后，第二人立即重复第一人讲话的部分词句。尽管此时违反了方式准则，但依然遵循着质量准则和关系准则，因此这时第二人可能有两种含意：一是否定（尤其是重复部分的观点）；二是赞成。一般说来，如果重复部分用升调，往往表示否定；如果用降调，则往往表示肯定。比如：

(14) A: I bought a few books at the new bookstore. Would you like to have a look at them?

B: A FEW? It looks like you bought out the bookstore.

Q: What does the woman mean?

KEY: The man bought a lot of books.

(15) A: Hello, my name is Carlson. I believe you have a room booked for me.

B: CARLSON? Oh, yes, Mr. Carlson. It's a single room with a bath, on the second floor. I hope it will suit you, sir.

Q: What does the conversation tell us?

KEY: The man reserved a room some time ago.

以上例（14）中 B 回答中的重复部分（即大写部分）是用升调（后有疑问号），因此表示否定，后面一句的补充内容也进一步表明了女士的否定态度。例（15）中 B 回答中的重复部分用降调表示肯定，且与后面补充话题相符，听者通过其语调可以明白说话者的含意。因此，教师在教学过程中也需要培养学生对语音

语调方面的语境信息敏感性，从而帮助学生更好地理解会话含意。

另一方面，需要注重学生背景知识的积累，帮助学生推导和运用会话含意。

话语的隐含意义超越了其字面意义，听者需要寻找相关背景知识来对说话者的隐含意义作出正确而迅速的推断。请看下面这段对话：

(16) A: Do you like rugby?

B: I am a New Zealander.

在这组对话中，B 的回答违反了关系准则，单从语义上讲，rugby 与 New Zealander 毫不相干。这时，即使 A 能够清楚地识别 B 的每一个音，但是如果不知道橄榄球是新西兰人喜爱的一项运动，仍然无法推断出 B 到底是喜欢橄榄球还是不喜欢。因此，在英语教学中，教师应有计划地、系统地向学生介绍英语文化背景知识，鼓励学生在课外通过不同途径了解各国文化习俗，扫除因风俗习惯差异引起的听力理解障碍。

语言是一个符号系统，是文化信息的容器和载体（许国璋，1986）。因此，话语意义的理解在很大程度上依赖于对文化传统和风俗习惯的理解。在外语教学中，由于学生的母语文化和所学外语文化在价值观、世界观、文化背景、社会习俗和行为方式等方面的差异，会话含意常常成为跨文化交际中的一个障碍。比如以下对话：

(17) A: Why didn't you go back to work yesterday?

B: It was Blue Monday.

学生常常仅从话语的字面意义把 Blue Monday 理解成"蓝色星期一"，其实，英语文化中 blue 的含意是表示"情绪上的不快"。因此，在英语听力教学中，教师应有计划地、系统地向学生介绍英语文化背景知识，从而帮助学生更好地理解会话含意。

5.6 会话含意教学实例分析

以上我们分析了会话含意理论在英语教学当中的应用原则和方法。事实上，会话含意理论对英语听力和口语教学都有很大的应用价值，下面我们将分别进行实例分析。

5.6.1 会话含意理论在听力教学中的运用

英语听力作为一项语言输入型技能，在英语习得中占有很重要的地位，在各种英语测试中所占分值也较大。在大学英语四级考试中，听力测试所占分值的比重为 35%，大学英语六级考试中为 35%，英语专业四级考试中为 30%，英语专业八级考试中为 20%。可见，对学生进行听力能力的培养对提高学生英语测试的成绩具有非常重要的作用。

在传统教学中，听力能力被认为是一种被动的接受信息的能力。学生虽然被动地接收到一系列有声语言，但是在很多情况下，学生听到了会话之后却不能明白说话人的会话含意。因此，英语听力考试对于大多数学生，即便是英语专业的学生来说，一直是一个难点。实际上，听力是一个复杂的认知心理过程，需要听者积极主动地对已接收的信息进行思考、分析、判断和筛选，才能充分、有效地理解会话内容（张一宁，2005）。也就是说，学生需要在听到语言材料后运用语音、语调、语法、语用以及文化背景等方面的知识，推测判断出符合会话的正确答案。

因此，教师不仅要培养学生的听力基本技能，更要引导他们有意识地运用会话含意理论来理解说话人的真正意图。教师应适时适当地用简单易懂的语言讲授会话含意理论，从数量准则、质量准则、关系准则和方式准则这 4 个角度为学生提供一些相关的例子与练习材料。我们来看这样一个听力例子：

（18）W: Tom，can you come back home the day after tomorrow?

M: The railroad workers are on strike.

Q: What does the man mean?

教师可以按照以下教学步骤进行：

1）判断会话含意的产生与否。

首先让学生听一遍录音，让学生判断，对话语的理解是否需要涉及到会话含意理论。如果说话人遵守了合作原则，那就只要按字面意思理解即可；如果说话人故意违反了会话合作原则，就需要我们付出额外的努力，利用会话含意理论来正确理解说话人的意图。比如上例中，女士问了一个问题：Tom, can you come back home the day after tomorrow? 这时男士并没有给出是否能回家的准确答案，而是说了一句看似不相关的话：The railroad workers are on strike. 男士明显违反了合作原则中的关系准则，因此，学生必须能够意识到，说话人采用这种方式来回答问题，显然不能仅仅按字面意思来理解，而需要付出额外努力才能了解其真实的会话含意。

2）分析会话含意产生的原因。

判断会话中是否产生了会话含意之后，还需要引导学生去理解说话人之所以不直接回答，而采用其他形式回答的原因。上例当中，男士在回答问题时，他本可以直接回答 I don't know；但是如果直接这样回答，必然会显得突兀而不够礼貌，引起对方的不快。鉴于此种考虑，男士采用了间接的回答方式，让对方了解到客观原因，从而对自己表示理解。

3）推导会话含意。

在判断了说话人的话语产生了会话含意，并且理解了之所以产生会话含意的原因之后，还需要利用各种语境线索来推导出说话人的真正意图。也就是说双方在试图正确理解对方的话语时，有许多背景信息可供选择推理，但听话人只选择那些与说话人的话语相关联的信息（语言的和非语言的知识），从一个假定（presumption）推出另一个假定，直到得出结论，即说话人的真正意图为止。

在上例中，男士的回答虽然乍听起来与女士的问题不相关，但是可以肯定的是，他在与女士对话，必须假定他从本意上来讲是合作的。这时候我们要提醒学生，可以利用语境信息来填补未明示的隐含前提。根据上下文语境（女士的问题）我们可以知道，男士的回答应该是与他回家的时间相关的；再由我们的社会生活常识可以推断出隐含前提：铁路工人罢工会导致火车停运、时间推迟等后果，从而导致交通瘫痪，旅客无法乘坐到自己想乘坐的火车班次。所以经过一系列推断过程我们可以得出会话含意，即男士说道路工人正在罢工，从而让这位女士得出他不能确定何时回家的结论。

5.6.2 会话含意理论在口语教学中的运用

　　教师在给学生讲解会话含意理论的基础之上，树立学生的会话含意意识，然后再将这些理论知识运用到学生的口语教学当中，从而进一步提高学生的语用会话能力。

　　1）结合情境和例子，引导学生分析会话含意的产生。

　　教师可以先给出一些例子，引导学生分析说话人的话语方式。比如给出下面的例子：

　　（19）A: Rose and Mary are so good，aren't they?

　　　　　　B: Well，Mary is a good girl.

教师可以问几个问题供学生思考：A 提问时期待的是什么样的答案？B 回答时采用了什么样的方式，有什么特别之处？为什么要这样回答？在语用学会话含意理论的指导下，老师可以引导学生得出这样的结论：A 问问题的时候，期待 B 对 Rose 和 Mary 两个人给出肯定性的评价；而 B 的回答只包含了其中一个人，仅仅对 Mary 进行了评价，显然违反了合作原则中的数量准则。其原因可能是 B 对 Rose 的感觉不是太好，但是为了避免与 A 的观点发生直接的冲突而引起 A 的不快，B 选择了回避对 Rose 进行评价的方式来回答问题。很显然，B 的回答既委婉地表达了自己的看法，又尽量保持了礼貌，不冒犯到对方的面子。

　　2）运用会话含意理论选择合适的说话方式。

　　在分析了各种类似的例子之后，教师可以进一步引导学生逐步提高这样的意识：在不同的场合，面对不同的交际者时，可以采用不同的说话方式来达到顺利交流的目的并且产生巧妙的交际效果。然后，再给学生提供一些口语情境，让他们在不同的场合和面对不同的交际者时，能够选择正确的策略进行会话交流。

　　在树立了会话含意理论的应用意识之后，教师可以针对不同的情境，与学生一起探讨，在各种情况下可以采用什么样的语用策略来进行会话；或者说，具体可以采用什么样的语用学理论去帮助自己实现和提高自己的英语语用会话能力。比如设计这样的情境：One of your friends always likes to badmouth other people，which makes you feel uncomfortable. One day，she starts to talk about another friend Tina because of jealousy. She says: "Tina's new hairstyle looks awful to me, I don't know how she can feel so good about herself. " How would you respond to that?

教师可以让学生分成小组讨论：运用什么样的方式回答你的朋友，既不伤害到你们之间的友情，但是又能委婉地提醒她，老是背后说别人坏话是不道德的，对别人的优点要懂得欣赏，而不应该老是以妒忌的心态去评判别人？在选择回答策略时，提醒学生运用语用学中会话含意的理论。

等学生讨论完之后，分别让每组学生报告他们讨论的结果，让学生看看大家的回答怎么样，涉及到了哪些语用策略和会话含意理论中的哪个/些准则。然后教师再指出其中可能出现的问题，最后选择或总结出大家都比较认可的几个答案，作为较理想的推荐答案。

通过这样的讨论和分析，将使学生能够更好地加强会话语用策略的意识，更好地将会话含意理论运用到会话实践当中去。

5.7 结语

Grice 的会话含意理论一直以来都被学术界推崇为经典，后起的语用学学者对这一理论的争论、批判、阐释、修正和改造也几乎没有间断过。如何恰当地使用合作原则和会话含意，克服因文化差异而造成的言语学习及交流的障碍，培养学生的英语综合应用能力是每个英语教师都要认真思考的问题。将 Grice 的会话含意理论有针对性地引入大学英语教学中，从语用学的角度，培养学生发现问题及解决问题的能力，能够有效地促进其英语综合应用能力的提高。因此，在英语教学中教师要向学生讲解有关会话含意的理论，引导学生理解对话双方因违反合作原则而产生的会话含意，在听懂语言表层结构的基础上推断话语的真正含意，帮助学生提高听力理解水平，培养学生的实际语言运用能力。

附录：教学示例

教学示例 1：会话含意理论与英语听力教学

教学目的：通过对会话实例中会话含意与合作原则之间的关系进行分析，使学生能够更好地运用会话含意理论来提高自身的英语听力水平。

英语水平： 中、高级。

教学内容： 指导学生运用合作原则的准则来理解听力对话中的会话含意。按照合作原则的4个准则，分别给出不同的例子，逐一分析其违反的准则，然后推导出其会话含意。

准备内容： 教师需在前面课程中给学生讲解会话含意理论的基础知识及其工作机制，如下表所示。

合作原则准则	遵守准则的例子	违反准则的例子	违反准则时的会话含意
数量准则	Jane: What time is it？ Mary：It's 9 o'clock.	Jack: What time is it？ Tom: It's about 9 o'clock. The postman just arrived.	Tom 也不知道确切时间，但是他告诉 Jack 邮递员刚刚来过，而且邮递员基本上每天都在九点左右到达，因此推测出大概的时间供 Jack 参考。
质量准则	Jane: She is a beautiful and attractive girl.	Mary: She is a juicy and fresh peach.	Mary 说了一句看似明显不真实的话，因为人不可能是桃子；但其言下之意是形容这个女孩非常年轻、漂亮、可人。
关系准则	Jane: Our boss is such an annoying guy. Mary: Yes, I agree.	Jack: Our boss is such an annoying guy. Tom: The coffee tastes good.	Tom 没有直接对 Jack 的评价作出回应，而是说了一句不相关的话语，其潜在意义可能是不想与 Jack 讨论这个话题，因此故意顾左右而言他，委婉地表达了自己的态度。
方式准则	Tom: Let's get the kids something to eat. Jane: OK. But don't give them chocolate.	Jack: Let's get the kids something to eat. Mary: OK. But don't give them C－H－O－C－O－L－A－T－E.	Mary 在回应 Jack 的话时故意避开读出 chocolate 这个单词，而是拼出其字母，这样做的目的可能是避免让孩子们听懂她提到巧克力而吵闹着非要吃它。

教学步骤:

(1) 给出一个违反合作原则某一准则的听力会话,如:

Wife: Could you spare a few hours to help me clean the house?

Husband: Tommy said it's nice to play baseball on such a sunny Sunday.

(2) 将学生分成 2—3 人一组,让他们针对所给例子进行讨论:会话中说话人是否遵守了合作原则的 4 条准则? 如果没有,说话人违背了哪条准则? 然后教师请同学回答,并强调丈夫违反了合作原则中的关系准则,因为他没有直接回答妻子是帮忙还是不帮忙,而是说了句看似不相关的话。

(3) 接着让学生继续讨论如下问题:丈夫为何要违背关系准则,其产生的会话含意是什么? 然后请学生回答,并进一步强化正确答案,即:丈夫虽然说了句看似不合作、不相关的话,但是根据上下文语境,我们可以推断,他所说的话其实是委婉地拒绝妻子让他帮助打扫卫生的要求。

(4) 再给出违反其他准则的对话,让学生继续按照此步骤讨论,从而熟练掌握会话含意理论在听力理解中的运用。

(5) 给学生播放涉及到会话含意的运用的美剧片段,引导学生运用会话含意理论进行分析,从而进一步加强学生对会话含意理论的掌握,加深对交际中会话含意的理解能力。

教学示例 2: 会话含意理论与英语口语教学

教学目的: 在给学生介绍会话含意理论的基础上,设计会话情景,要求学生尝试采用违反合作原则中某一准则的方法来完成会话内容。经过多种情景的训练来强化学生的会话含意意识,从而进一步提高学生的英语会话水平。

英语水平: 中、高级。

教学内容: 在学习了会话含意理论和工作机制的基础上,进一步增强学生的会话含意意识,并通过观看相关视频材料,引导学生分析和总结在什么样的情况下需要用到会话含意手段。并设计相关场景让学生运用会话含意的手段和方法达到一定的交际目的。

教学步骤：

(1) 给学生放一段人物的对话涉及了会话含意的美剧视频。这时候让学生分小组讨论，分析人物说话时违反了合作原则的哪个准则，及其违反合作原则的原因和动机，最后推导出说话人的意义。

(2) 组织学生汇报讨论结果，并在需要的时候适当给予辅导和强化，让学生进一步熟悉分析的过程。

(3) 设计情景语境，让学生利用会话含意的方法巧妙地完成对话，从而进一步熟悉会话含意理论。比如设计一个情景：John has been having a crush for Mary (his classmate) for a long time but he is too shy to ask Mary out for a date. Mary knows that John is a nice guy, but she is not interested in him. One day, John musters up his courage and asks Mary out for a movie. Mary tries to turn him down in a tactful way. Create a dialogue based on this situation.

(4) 将学生分成两人一组进行讨论，看看在所给情境下，说话人双方可以采用违背合作原则的哪些准则来达到自己的目的。然后要求学生编出相应的对话。

(5) 让学生汇报本小组所编的对话，并说明自己的对话违反了哪条/些合作原则。

(6) 教师总结学生汇报的对话，挑出几组较好的对话，重点分析其中的巧妙之处，供全班学生参考。教师也可以给出相应的对话供学生参考、讨论，比如：

John: Hi, Mary. I happen to get two tickets for a new movie this weekend, are you interested?

Mary: Oh, sorry, John. I have a lot of homework to finish this weekend. Maybe you can get somebody else to be your company.

(7) 教师再给出其他需要会话含意机制的场景，让学生继续重复上面步骤的讨论和操练，从而进一步熟悉会话含意理论的工作机制，达到灵活运用会话含意理论的目的。

第六章　言语行为教学

6.1 引言

　　言语行为是语用学的中心话题，也是中介语语用学的重点研究对象，而言语行为实施能力更被认为是二语语用能力的主要衡量标准之一。例如，Taguchi（2011a）指出，有关语用能力的研究大体可归为 3 类：含意的解读、语用适切性的认识和语用功能的产出。其中，有关语用功能产出的研究又主要着眼于言语行为、称呼语、语篇特征和日常程式语。从文献数量等方面不难看出，言语行为一直都是语用能力发展研究关注的重中之重。从对近几年来 *Pragmatics* 和 *Journal of Pragmatics* 等语用学期刊进行的不完全统计分析来看，中介语言语行为习得的研究在言语行为研究里占据了大半壁江山。

　　一些研究（如孙亚、戴凌，2002）表明，中国英语学习者在言语行为（如告别、请求、询问、建议和道歉）层面经常发生语用失误。Thomas（1983）指出，本族语者通常会容忍非本族语者的语法错误，却习惯于将他们的语用失误归结为不礼貌和不友好。因此，如何在全球化的进程中帮助中国英语学习者克服言语行为实施失当的问题亟待我们解决。洪岗（1991）明确指出，外语教师在教学过程中应特别注意教授汉英两种语言在实施言语行为和理解言语行为方面的差异。黄洁（2009）在对我国言语行为能力发展和教学途径的讨论中也强调言语行为教学的必要性，并建议对如何实施言语行为教学的问题进行思考。

　　在这一章中，我们就言语行为的教学展开讨论。首先，我们简要介绍言语行为的相关概念。然后，我们将结合国内外近年来有关言语行为习得及教学的研究成果探讨具体的教学途径。最后，我们将提供言语行为教学范例，供广大教师参考。

6.2 言语行为的基本概念

6.2.1 言语行为的界定

言语行为理论源于语言哲学家 Austin（1962）"说话就是做事"这一哲学思想，并由其学生 Searle（1969）进一步发展形成。此前逻辑实证主义者一直认为，语句的功能仅仅在于陈述事实和描述状态，具有真值条件。言语行为理论的重要贡献之一便在于它推翻了"逻辑—语义的真值条件是语言理解的中心"这一传统认识（何自然、陈新仁，2004：60），认为有些句子说出来就是一种行为，只有恰当与不恰当之分，没有真假之别。该理论强调语言研究从关注脱离语境的客观语言形式和语法转向关注语言功能，从研究语言本身转向研究语言使用。言语行为的本质就是交际者通过话语来传达交际目的或意图。在日常生活中，我们不断地直接或间接、清楚或含蓄地通过说话来做事。当我们通过话语向他人提出建议或要求、表达同意或拒绝时，只要所说的话传达了一定的交际意图，达到了一定的交际功能，就是实施了言语行为。言语行为是说话人通过话语表达意义的基本功能单位，也是研究语言使用的基本单位（Cohen，2001；Wolfson，1989）。同一话语可以实施多种言语行为，而同一言语行为可以通过多个不同的话语实施，这一点我们在后面还会讲到。实施言语行为的通常是一个完整的语句或话语，但有时候也可以是单一的词语或短语。例如，OK 在恰当的语境下就可实施同意这一言语行为，又如仅用 Good 一词就可进行评价。此外，在对话中，不仅说话人说出的话语在实施言语行为，听话人的回答也是在完成言语行为。例如：

（1）A：好冷，能关下窗户吗？

　　　B_1：没问题。

　　　B_2：我手没空。

说话人 A 完成了请求言语行为，而听话人 B_1 和 B_2 则分别针对 A 的请求实施了同意和拒绝的言语行为。

Austin（1962）后来区分了言语行为的不同层次。在他看来，我们说话时实际上同时实施了 3 个次行为：其一为以言指事行为（locutionary act），其二为以言行事行为（illocutionary act），其三为以言成事行为（perlocutionary act）。以言指事行为可被简单地理解为言语表述行为，指说话人说出有特定意义和指称的、可以为他人理解的话语的行为。以言行事行为，即施为行为，与说话人的意图有关，指说话人通过话语实施特定的交际目的或达到特定交际功能的行为。以言成事行为指话语表达的效果，往往依赖于语境。在上个例子中，B_2 看似在陈述"手没空"这一事实，实则是对 A 的请求的间接拒绝。基于 B_1 的回答，A 的话语的成事行为是其请求得到顺从；基于 B_2 的回答，A 的话语的成事行为是其请求遭到拒绝。我们可以再通过一个例子来理解言语行为三分说。假设 A 对 B 说 I'm thirsty，B 听到之后为 A 端来一杯水。那么针对 I'm thirsty 这句话，以言指事行为就是 A 说出这个语句；以言行事行为是 A 请求 B 给他一杯水；以言成事行为则是 B 为 A 端来了一杯水这一结果。

我们通常情况下说的言语行为其实就是施为行为/以言行事行为，即说话人通过话语传达的意图和目的。这也应是外语教学的重点：如何帮助学生根据语境信息正确理解说话人话语背后的意图，以及要教授学生如何组织语言、选择策略，通过恰当的话语传达交际意图，实施言语行为。

6.2.2 言语行为的分类

最初，Austin（1962：150-163）根据施为动词将言语行为分为 5 大类，即裁决类（verdictives）、行使类（exerctives）、承诺类（commisives）、阐述类（expositives）以及表态类（behavitives）。此后，众多学者（如 Leech，1983；Searle，1975；Thomas，1995）对基于施为动词将言语行为进行分类的做法进行了批评。Searle（1975）作为 Austin 的学生，对该理论加以发展和系统化，在 Austin 言语行为三分说的基础上，根据命题内容、语言与世界的适应方式、相关责任者等把以言行事行为/施为行为分成了 5 类，即表述类（representatives）、指令类（directives）、承诺类（commisives）、表情类（expressives）和宣告类（declarations）。

1）表述类

表述类言语行为一般用于陈述某种状态或情况。属于这一范畴的言语行为有断言（assertions）和描述（descriptions）等。在这类言语行为中，语言与世界的关系为用语言适应世界，而这种关系的责任者为说话人。

2）指令类

指令类言语行为指说话人让听话人做出某种行动。此类言语行为包括命令（commands）、请求（requests）、建议（suggestions）等。在这类言语行为中，语言与世界的关系为使世界适应语言，而这种关系的责任者为听话人。

3）承诺类

承诺类言语行为是指说话人对将来某个行为作出承诺。相关言语行为包括承诺（promises）、威胁（threats）、宣誓（vows）等。其语言与世界的关系为使世界适应语言，而这种关系的责任者为说话人。

4）表情类

表情类言语行为指说话人通过话语表达某种情感状态或心态的行为。它包括的言语行为有祝贺（congratulating）、致谢（thanking）、道歉（apologizing）等。其语言与世界的关系为语言适应（精神）世界，而这种关系的责任者为说话人。

5）宣告类

宣告类言语行为是指说话人通过话语直接改变事物状态或条件的行为。它包括的言语行为有命名（naming）、祈福（blessing）、宣布（declarations）等。其语言与世界的关系为语言改变世界，而这种关系的责任者为说话人。

同一言语行为类别下还可以区分更具体的言语行为，例如指令类言语行为下包括命令、请求和建议等，可借助强加程度加以判断，如请求的强加程度就比命令弱。也可通过交际双方地位、权势和亲疏关系来进行判断。例如命令更适合由权势高的一方发出，而处于平等地位或权势低的一方则更适合采用请求或祈求。

6.2.3 间接言语行为

Searle（1975）对言语行为理论的贡献不仅仅局限于对言语行为的重新归类上。他还发现，有些话语实施的言语行为并不能从表面上加以判断。为此，他提出了间接言语行为（indirect speech acts）这一概念。简而言之，间接言语行为就是通过实施另一种言语行为来间接表达真实施为用意的行为。例如，晚饭时，A 对其好朋友 B 说：

（2）Can you pass me the salt?

这里，A 表面上是在询问，事实上是实施了请求言语行为。根据 Searle（1975）的定义，"请求"言语行为是"首要的以言行事行为"（primary illocutionary act），"询问"则被定义为"次要的以言行事行为"（secondary illocutionary act）。

对于何时使用间接言语行为，并不能一概而论，应考虑不同的文化价值观和交际文化的差异（Blum-Kulka，House & Kasper，1989）。Thomas（1995）指出，可以从以下几方面进行考虑：(1) 增加话语的趣味性使其更生动，或降低话语的趣味性来转移兴趣；(2) 增加话语的信息力度；(3) 避免不同目标相互抵触；(4) 出于对礼貌或面子的考量。其中最后一点也是最重要的一点，是我们在交际时应优先考虑的。

间接言语行为可进一步被分为两大类：其一为规约性间接言语行为，其二为非规约性言语行为。前一种指的是在特定的社会和文化背景下已固化为通过另一言语行为实施的某些言语行为，可通过特定的语言结构特征进行识别。例如 Could/Can you please …? 就成为了固定的请求言语行为程式。在恰当的语境下，当听到这样的话语时，听话人几乎可以直接将其理解为请求而非询问。后一种指的是没有固化为通过另一种言语行为实施的言语行为，听话人无法通过特定的语言形式特征判定说话人的用意，而是必须借助特定的语境，通过推理才能确定说话人的真正意图。

6.2.4 扩充的言语行为理论

Ferrara（1980）指出，在日常交谈中，人们通常不是孤立地、一个接一个地执行言语行为。相反，言语行为往往是以序列形式出现的。言语行为的内嵌或从属现象会影响整个言语行为序列（speech act sequence）的合适性。相应地，序列中的言语行为可以区分为主导性言语行为和从属性言语行为。例如：

(3) Would you please open the window? It's really cold in here.

上例中，Would you please open the window? 是主导性言语行为，其意是发出请求，而 It's really cold in here. 则是从属性言语行为，其意是解释发出请求的原因。

对于这种含有言语行为序列的语言交际而言，说话人在言语行为序列中不仅传达特定的施为目的，还会附上从属性言语行为用以增加施为目的成功的可能性。常见的辅助方式有说明原因或理由、扩展和解除戒备等。说明原因或理由指的是说话人向听话人解释实施特定言语行为（如请求、建议、邀请等）的理由、原因或动机，如例（3）所示。扩展类从属行为是针对对方潜在的反对或为难情绪而实施的，通过提供尽量多的相关信息来事先告诉听话人怎样做即可，以此避免对方拒绝或反对。例如：

(4) Would you please bring this paper to him? He is in his office now, just next door.

说话人在发出请求之后，马上说他现在就在办公室，并且很近，就在隔壁，以此说明这件事很轻松就可以完成。和扩展类一样，解除戒备同样是为了避免听话人潜在的反对或拒绝而实施的。不同的是，它主要是事先打招呼，通过自我贬低、自我批评、事先道歉或感谢等方式来解除对方心理上可能出现的不满或敌意。例如：

(5) I'm sorry. I hate to bother you, but could you help me with this exercise?

说话人在提出请求之前先承认打扰了对方，并为这种冒犯道歉，在此基础上再提出自己的请求。这样做往往容易得到对方的理解，从而增加请求被满足的机会。

6.3 言语行为教学

在前一节中，我们简要介绍了言语行为的基本概念。那么，在实际教学中应该如何安排言语行为的教学呢？本节将就此展开讨论。

6.3.1 言语行为的教学内容

开展言语行为教学，需要关注下列内容。

首先，在对某一特定的言语行为进行教学时，我们要尽可能全面地介绍可以用来实施它的语用—语言形式。我们需向学生强调句子结构和句子的施为用意之间并不是简单的一一对应关系。一定的施为用意可通过多个不同的话语实施。例如，请求对方关窗这一行为，视交际对方而定，我们就可以通过例（6）中5种不同的说法完成：

（6）a. You should close the window.

b. Why not close the window?

c. How about closing the window?

d. Could you please close the window?

e. It's cold in here.

在此基础上，再启发学生比较不同语用—语言形式之间礼貌程度等方面的差异。既然句子结构和句子施为用意之间并不是一一对应的关系，那么交际过程也就并非是简单的编码—解码过程。由此可见，无论是理解还是产出话语，语境都起了不可或缺的作用。我们在教学中应不断向学生强调语境的重要性，在讲解言语行为，给出不同语用—语言形式的示范时，最好都带上相应的语境信息，强调不同语用—语言形式要使用相对应的语境信息，如权势、亲疏关系以及事件强加程度等。帮助学生在语境中比较不同语用—语言形式间的语用差异，让学生不管在理解还是实施言语行为时都养成关注语境信息的习惯，进而帮助他们在实施言语行为时根据不同的语境选择恰当的语言形式。

与上一点密切相关的是，我们应该帮助学生识别间接言语行为。上面我们已经提到同一种言语行为可通过不同的语用—语言形式实现，不同的形式之间存在直接和间接之分。对于直接言语行为，由于施为动词的存在，二语学习者较易识别，但间接言语行为由于缺乏明确标志，学生辨别起来就存在一定的困难。尤其是在与英语本族语者交流的时候，若缺乏识别间接言语行为的能力，不能正确辨别言语行为，就可能出现交际失误。因此，培养学生识别间接言语行为的能力就显得非常必要。

与之类似，在教学中，我们还要帮助学生识别和使用规约性的言语行为。在介绍间接言语行为理论时，我们已经提到间接言语行为有规约性和非规约性之分。规约性的言语行为指的是在特定的社会和文化背景下在形式上已经固化的，可通过特定的程式化语言特征进行识别的某些言语行为。例如，在进行请求时，英语本族语者就常使用 Could you please …?。那么，在教学中我们就可以重点介绍这样的程式化语言形式，帮助学生建立这些语言程式与特定言语行为之间的联系。这样一来，我们可以帮助学生在与英语本族语者交流时根据相应的情景正确识别对方的施为用意，更加恰当地表达自己的施为用意，使他们交流起来更加自然。

其次，我们还应向学生强调相同的语言形式可以实施不同的言语行为。前面我们已经提到句子结构和施为用意之间不存在一一对应的关系，既然一定的施为用意可通过不同的语用—语言形式表达，那么同一种语言形式也可以用来实施不同的施为行为。试看下例：

（7）It's cold.

该句可以被简单地理解为对事实的陈述，但若结合不同的语境，则可被理解为完成了不同的言语行为。例如，如果交际双方同在一个窗户大开的房间，则很有可能是说话人是希望听话人关上窗户，实施了"请求"这一间接言语行为；如果说话人是看到听话人在大冷天只穿一件薄外套准备出门，则很有可能是"建议"他再多穿一点；如果交际双方是在候车室等车的陌生人，那么该句则很有可能是"寒暄"，为对话的开启作铺垫。

接着，我们还应该帮助学生了解不同文化中言语行为实施时的语用差异。一系列的研究比较了英汉言语行为的实施方式或者言语行为的文化属性（如

Chen, 1993；Lee-Wong, 1994；Liao, 1994；Liao & Bresnahan, 1996；Mao, 1992；Rue & Zhang, 2008；Skewis, 2003；Spencer-Oatey & Ng, 2001；Sun, 2004；Yeung, 1997；Zhu, Li & Qian, 2000；陈融，2005），发现不少言语行为在英汉语中具有不同的文化属性、由不同的方式实施。例如，针对请求的研究发现，汉语中直接请求并无不妥（Lee-Wong, 1994：511）；Skewis（2003）对《红楼梦》的研究也发现，尽管出现了礼貌标记语、程度降低语等礼貌策略，《红楼梦》中90％的请求都是通过直接祈使句完成的。同样 Li（2007）通过对20名中国在校本科生的调查也发现在权势关系相当或社会距离较近时，汉语倾向于使用直接请求。相反，英语中的请求却倾向于通过间接、缓和的方式实施（Blum-Kulka & Olshtain, 1984；Brown & Levinson, 1987）。与之类似，关于建议（如 Hinkel, 1994, 1997）、称赞回复（如 Chen, 2010）、邀请（如 Tseng, 1996）等众多言语行为的研究都显示英汉语中很多言语行为都具有不同文化属性、通过不同方式实施。这样的文化差异很有可能会导致语用失误，产生误解（戴炜栋、张红玲，2000；何兆熊，2000；何自然，1997）。在提到结合外语教学避免语用失误时，洪岗（1991）指出，要特别注意教授汉英语实现言语行为和理解言语行为的差异。因此文化差异也是我们言语行为教学的重点之一。

最后，我们还要培养学生识别扩展的言语行为的能力。在 6.2.4 小节中，我们提到言语行为不一定以孤立的形式出现，还可以以序列形式出现（序列中的言语行为分为主导性言语行为和从属性言语行为）。在真实生活中，言语行为经常还伴有前序列（pre-sequence）及后序列（post-sequence）言语行为。我们在教学中最好避免总是介绍孤立的言语行为。在介绍某种言语行为时不要只是给出单独的一句话，最好以会话的方式展示给学生，帮助他们发现完成某种特定交际意图的言语行为序列。例如，通过会话分析的方法描述和分析真实会话的组织特征，以便进一步揭示话语理解和语言交际背后的逻辑，帮助学生在实际应用中更自然、合适地达到自己的交际目的。这样，我们就可以帮助学生识别对话中完整的言语行为序列，帮助他们判断从哪里到哪里完成的是同一个言语行为，这个言语行为主要的施为用意是什么，以及哪些是从属行为，这些行为是怎么辅助主导言语行为实施的。

6.3.2 言语行为的教学手段

有关言语行为习得和教学的研究十分丰富，涉及到的言语行为也比较全面，如请求（如 Blum-Kulka, House & Kasper, 1989；Codina-Espurz, 2008；Fukuya & Zhang, 2002；Li, 2007, 2012；Martínez-Flor, 2008；Soler, 2005；Taguchi, 2006, 2011a；Takimoto, 2008, 2009）、致谢（如 Eisenstein & Bodman, 1986；Ghobadi & Fahim, 2009；Ohashi, 2008）、恭维及其回应（如 Billmyer, 1990；Chen, 1993；Golato, 2003；Rose & Ng, 2001）、拒绝（如 Da Silvia, 2003；Kondo, 2008）、建议（如 Banerjee & Carrell, 1988；Hinkel, 1994, 1997；Jiang, 2006；Li, 2010；Martínez-Flor & Fukuya, 2005；Matsumura, 2001）、道歉（如 Bataineh & Betaineh, 2006；Blum-Kulka, House & Kasper, 1989；Cohen & Olshtain, 1981；Cohen & Shively, 2007；Trosborg, 1987）等，这些研究提供了不少值得我们借鉴的成果。在 6.3.1 小节中我们简要探讨了言语行为的教学内容，旨在解决言语行为教学教什么的问题。在这一节中，我们将结合这些国内外言语行为习得与教学的相关研究成果，进一步展开教学方法的讨论，系统探讨言语行为怎么教的问题。

6.3.2.1 通过语料展示帮助学生认识言语行为的文化属性

如何在教学中帮助学生认识言语行为在英汉语中不同的文化属性以及实施方式呢？ Martínez-Flor 和 Uso-Juan（2010）在对近年来一系列有关语用指示的研究进行回顾后指出，这些研究的一个共同点便是强调通过让学生收集、分析言语行为语料的方法，激励他们主动参与活动。这里，我们可以借鉴 Martínez-Flor 和 Uso-Juan（2006）以及 Cohen（2010）的模型。以建议言语行为为例，我们可以：

(1)首先让学生在现实生活、小说、电影、电视剧中收集汉语中出现建议的对话，并对语境进行记录。

(2)通过话语分析的方法带领学生分析汉语建议的社会语用以及语用—语言因素。

  (3)通过音频、视频等方式向学生展示英语中建议言语行为的实施方式。

  (4)通过话语分析的方法帮助学生分析英语建议的社会语用及语用—语言因素。

  (5)让学生结合语料，比较（2）和（4）中的英汉语建议各因素，总结建议在英汉语中实施的异同。

通过以上方式，我们可以让学生意识到某种言语行为在英汉语中具有不同的文化属性，可以通过不同的方式实施。然而只意识到不同是不够的。那么，如何帮助学生进一步得该言语行为在英语中恰当的实施方式呢？在后面几节中我们将针对该问题展开讨论。

6.3.2.2 通过突出元语用指示帮助学生建立形式—功能—语境链接

  迄今为止，对语用习得干预研究影响最深的二语习得理论是 Schmidt（1993，2001）提出的注意假设（Taguchi，2011a）。根据该假设，二语学习者必须首先在输入中注意到目的语的某些特征，然后才能习得这些特征。据此，Taguchi（2011b）总结指出，结合语用习得，学习者首先注意到相关的语言形式、功能含义和相关语境特征便成为了将语用输入转化为吸收的必要条件。因此，一系列研究通过不同指示方法来促进形式—功能—语境链接的形成。这些指示方法包括了显性的元语用信息指示、输入增强法、意识培养法以及语用—语言形式的重复等。Soler（2007）的研究就以请求言语行为为例，比较显性和隐性教学干预对二语语用习得的影响。研究发现，虽然显性指示和隐性指示相较于无指示控制组而言都有更好的效果，但在 3 周后的延迟实验中，只有显性指示实验组保持了习得效果。同样，显性的语用指示的优越性也在其他实验中得到证实（如 House，1996；Kakegawa，2009；Kondo，2008；Rose & Ng，2001；Soler，2005；Tateyama，2009）。

  为了进一步对显性和隐性指示效果作出比较，Takahashi（2010b）对 1980年以来在二语语用习得领域公开发表的 49 篇干预研究论文进行了回顾，得出了很多对我们二语语用习得与教学十分有启发的结论。首先，Takahashi（2010b）进一步证实了 Jeon 和 Kaya（2006）的结论，指明了显性指示的优越性，重申了元语用指示对语用发展的重要性。其次，如 Soler（2007）实验发现的显性元语用指示的强耐久性很有可能是因为二语习得者在这样的显性指示中投入了更多的认知努力（Takahashi，2010b）。

基于以上研究结果，我们在言语行为的教学中就可通过凸显元语用指示的方法来帮助学生建立英语中特定言语行为的形式—功能—语境链接。所谓的形式—功能—语境链接就是指某种言语行为在特定的语境下通过特定的语言形式完成。根据 Brown 和 Levinson（1987）的礼貌框架，语境又可进一步分解为权势关系（power status）、社会距离（social distance）以及强加程度（degree of imposing）。由于言语行为与语言形式间并无一一对应关系，为了帮助学生更加恰当地实施某种言语行为，我们必须同时介绍该种言语行为的语言形式所适用的语境信息，从而建立起形式—功能—语境链接。例如，进行请求言语行为教学时，首先我们可以简要介绍一下请求的功能，即通过该言语行为让听话人做某事，和建议相比，其强加程度更强，会对听话人的面子构成威胁。因此，选择请求策略或形式时应根据不同语境注意礼貌问题。例如，在介绍主言语行为时，我们可以向学生介绍以下形式—功能—语境链接：

1）当交际双方社会权势相当，熟悉对方（例如双方为好朋友），且请求事件强加程度弱（例如递一下书）时，可以使用由情态动词引导的间接请求策略，如：

（8）Can you pass me the book?

2）当说话人比听话人社会权势低（例如学生对老师），且请求事件强加程度较强（如推迟考试时间）时，最好使用更加委婉的规约性间接请求问句，如：

（9）I was wondering whether I can take the exam later.

这里我们需要注意的是，除了考虑对形式—功能—语境链接合适性进行介绍之外，我们还需要在一个语境下尽可能多地介绍合适的语言形式，帮助学生建立对应的语用—语言链接。不少研究者（如 Schauer，2004；Taguchi，2011a；Warga & Schoelmberger，2007）发现语用—语言形式的习得往往比社会语用合适性的习得更加缓慢。很多时候，学习者倾向于在一种语境下依赖于很少几种甚至一种语言形式来实现特定言语行为。因此，我们对语用—语言形式的介绍就显得十分必要。

当然，既然诸如请求这样的指令性言语行为会对听话人的面子构成威胁，那么说话人就应根据语境尽量采用合适的礼貌策略来缓和语气。除以上提到的采用间接言语行为之外，我们还可以向学生介绍其他礼貌策略，例如使用情态动词（如 can、may、will）、程度减弱语（如 perhaps、maybe）、礼貌标记语（如 please）和虚拟语气等。

此外，在 6.2.4 小节中，我们提到言语行为不一定以孤立形式出现，还可以以序列形式出现（序列中的言语行为分为主导性言语行为和从属性言语行为）。事实上，我们前面提到的形式—功能—语境链接和礼貌策略主要是针对主导行为的。所谓主导行为，是指除其他成分以外，可独立体现施为用意的最小言语行为单位（Blum-Kulka, House & Kasper, 1989）。因此，在考虑礼貌策略时，我们还可以向学生介绍由从属性言语行为构成的辅助语步（supportive moves）。例如，上面例（9）中，为了更加礼貌，我们可以加上从属性言语行为（如解释原因），变为（9'）：

（9'）I was wondering whether I can take the exam later. My sister is in hospital.

在此基础上，若学生能力允许，我们可以运用元语用指示结合话语分析的方法帮助学生进一步习得言语行为序列。就请求而言，教师可以强调，在真实生活中，除主言语行为（即请求）之外，还经常伴有前序列及后序列，并给出最简单的请求行为序列指示：

（10）A: Pre-sequence (optional)

B: Pre-sequence (optional)

A: Request

B: Grant the request

A: Post-sequence (optional)

B: Post-sequence (optional)

　　然后，我们可用 6.3.2.1 小节中提到的第（3）、（4）步中使用过的语料或其他音频、视频或阅读材料，带领学生进行话语分析，并将其同刚才介绍的序列对应起来，例如：

(11) A: Excuse me. Do you have a minute? (Pre-sequence)

B: Yes? (Pre-sequence)

A: Could you please help me with this exercise? I am quite puzzled. (Request)

B: Of course. Let me have a look. (Grant the request)

A: Thank you very much. (Post-sequence)

B: You are welcome. (Post-sequence)

在使用话语分析方法分析言语行为序列的同时，我们还可以帮助学生分析上一步提到的礼貌策略等内容。当然，根据学生水平，言语行为序列的教学不一定要与主要言语行为在同一个课时内完成。我们可以根据后面会提到的练习考察学生的掌握情况，灵活调整教学安排。

6.3.2.3 通过输入练习帮助学生巩固形式—功能—语境链接

　　除输入假设以外，近年来不少研究者也将输入加工理论（input-processing theory）（VanPatten，1996，2007）和现在二语习得研究中备受瞩目的议题——重复、练习和频率的关系（如 Collins & Ellis，2009；Dekeyser，2007）——引入到中介语语用习得研究中（Taguchi，2011b）。根据 VanPatten（2004）的输入加工模型（input processing model），加工指示起始于介绍目的形式—意义链接，而后是一系列的输入性练习。Takimoto（2008）将其运用到英语作为二语请求的习得中，发现这种基于理解的指示对语用理解和产出都有积极效果。为了进一步测试输入加工练习的效果，Takimoto（2009）考察了重复输入加工练习对英语请求习得的影响。他运用可接受性判断测试和语篇补全测试比较了不参加任何练习、重复同样练习和重复类似练习的 3 组受试。结果显示，参加输入练习的两组习得效果比不参加任何练习的小组好；尽管参加输入练习的两组在理解层面，即可接受性判断测试中未表现出显著差异，但进行产出，即语篇补全测试时，重复同样练习组表现明显优于重复类似练习组。Takimoto（2009）认为，这样的结果很有可能是因为重复同样的练习让学习者参与了更深层次的认知加工；当面对同样的练习内容时，他们有更多精力用于记忆和注意需要习得的形式。

Li（2012）同样采用了 VanPatten（2004）的输入加工模型，研究汉语作为二语的请求言语行为实施情况。实验中，受试首先接受了同样的元语用指示，构建形式—功能—语境链接，然后进行口头语篇补全测试和语用听力适切性判断的前测。随后，受试被随机分为对照组、普通练习组以及双倍练习组。在接下来的两天中，普通练习组和双倍练习组分别进行数量不同的输入加工练习，然后与参照组一起进行后测。结果显示，在语用听力适切性判断测试中，3 组没有明显差异。Li（2012）认为，这很有可能意味着对于判断请求言语行为的合适性而言，元语用指示已经足够了。对于请求产出而言，在口头语篇补全测试中，相较于对照组，普通练习组和双倍练习组均取得明显进步，且双倍练习组优于普通练习组。Li（2012）将这种进步归功于元语用指示之后的输入加工练习。同时，该实验也进一步证实了重复或者增加练习量对语用产出的积极作用。

上述研究中，受试接受的练习均分为两类：一类为参考练习（referential activity），一类为感知练习（affective activity）（Li，2012；Takimoto，2008，2009；Wong，2004）。在参考练习中，学生先接受语境描述，然后对交际双方的权势关系、社会关系和事件强加程度等语境因素进行判断，最后再选出合适的请求形式。紧接着，在感知练习中，学生先接受语境描述，然后听或阅读相应对话，再对其合适性进行评分。

基于以上研究，在我们进行言语行为教学时，我们可以在元语用指示之后，为学生安排相应的输入加工练习，以此巩固目的形式—功能—语境链接。例如，在 6.3.2.2 小节中，我们通过元语用指示向学生介绍了平等权势、强加程度弱语境下的请求形式，以及下级对上级、强加程度强语境下的请求形式。那么，紧接着我们就可以让学生进行这两种语境下的参考类和感知类输入加工练习。例如，进行参考输入性练习时，我们先给出一个语境描述：

Lily and Christina are good friends studying in the same university. Lily was ill and missed one class. So she wants to borrow Christina's notes.

接着我们让学生对语境因素进行判断，例如，强加程度如何（选择 relatively easy 或者 relatively difficult）。当学生作出正确选择之后，我们再次展示语境信息，并给出一段对话，在请求部分让学生在 a、b 选项中作出选择，例如：

(12) Lily: Hi, Christina.

Christina: Hey, Lily. You come to class today. Much better?

Lily: Ya, much better. Thanks. I missed the last class. (a) Could you please lend me your notes? (b) Lend me your notes.

Christina: OK. Here.

进行感知输入性练习时，我们同样先给出语境信息：

April and Meredith are good friends and roommates. April is in the shower but forgot to bring the towel. She wants Meredith, who is washing clothes outside the bath, to hand her the towel.

接着我们给出对话：

(13) April: Hey, Mere. Are you there?

Meredith: Ya. Sup (What's up)?

April: (a) Would you please hand me my towel? I forgot to bring it in. (b) I ask you to give me my towel.

Meredith: Which one?

April: The red one, just beside yours.

Meredith: Open the door. Here you are.

让学生为 a、b 两个请求的合适性进行评分：

(a) least appropriate 1-------2-------3--------4--------5-------6 most appropriate

(b) least appropriate 1-------2-------3--------4--------5-------6 most appropriate

值得注意的是，目前而言，多少练习数量为最佳尚未有定论。因此，在我们的教学中，可以根据学生的语言水平、语用水平等灵活调整练习数量及重复次数。当然，为了提高学生的学习兴趣，在选择练习材料时，我们可以从学生感兴趣的电视剧或电影中截取视频、音频片段，或者根据他们感兴趣的话题选取阅读材料。

6.3.2.4 通过输出练习帮助学生检验、夯实言语行为习得效果

Martínez-Flor 和 Uso-Juan（2010）在讨论二语或外语环境下言语行为教学时指出，除了培养学生关于特定言语行为的语用意识之外，在教学中安排产出练习也十分必要，因为学生需要这样交际实践的机会。Bardovi-Hardig 和 Mahan-Taylor（2003）也指出，语用教学的主要目标是培养学习者的语用意识，而这样做是为了帮助他们熟悉不同的语用特征，并且在目的语中将所学内容加以实践。Olshtain 和 Cohen（1991）也提到，进行言语行为教学时，首先要展示所教言语行为最典型的实现方式，再对其所涉及的因素加以解释，最后应为学习者提供练习所学言语行为的机会。在前面几节中，我们已经介绍了培养学生文化意识，通过元语用指示和输入练习的方法逐步学习言语行为在英语中的实施方法。基于以上研究关于输出练习重要性的讨论，接下来，我们就可以进一步为学生安排输出练习，检验、夯实习得效果，同时也可以帮助学生更加熟练地运用所学知识。这里，我们可以再次借鉴 6.3.2.1 小节中提到的 Martínez-Flor 和 Uso-Juan（2006）提供的模型。在他们看来，输出练习可分为两种类型，即有控制的（controlled）和无控制的（free）。有控制的练习又可进一步分为口头练习和笔头练习。口头练习时我们可以考虑提供不同的语境信息（包括权势关系、社会距离和强加程度），让学生两两一组进行角色扮演（role-play）或者借用电子资源完成口头语篇补全测试（ODCT）。笔头练习时我们则可以考虑让学生完成传统的语篇补全测试（DCT），或者让学生根据不同事件（强加程度不同）互写电子邮件。若学生已能较好地完成有控制的输出练习，便可考虑让他们参与无控制的练习，例如采访英语本族语者，或者向老师发送电子邮件，实施不同的言语行为（例如请假、询问课程设置、咨询试题等）。

在完成练习之后，我们则可以根据练习方式的不同给出反馈。例如，如果是学生两两完成的角色扮演，我们可以让学生互相给出反馈意见；如果是笔头练习则可直接进行详细批注，如在回复学生邮件时对学生言语行为策略选择的合适性、语言选择、话语组织和礼貌等加以评价、修改，并同时给出修改的依据，以便学生进一步理解和调整。不管是同学之间的还是老师的反馈都有利于学习者的习得（Belz & Kinginger，2003；Taguchi，2011a）。

6.4 结语

"说话就是做事"（Austin，1962）。言语行为是我们日常生活的重要组成部分，而言语行为能力也被认为是二语语用能力的重要评判标准之一。本章讨论了言语行为的教学。首先介绍了教什么，即言语行为的基本概念，包括言语行为的界定、分类、间接言语行为和扩充的言语行为理论。随后讨论了言语行为怎么教的问题。基于众多有关言语行为教学与习得的研究，我们建议，首先可以通过意识培养活动来帮助学生认识言语行为在英汉语中的不同文化属性和不同实施方式。接着，用显性的元语用指示介绍主体言语行为，针对主要言语行为和辅助性言语行为礼貌策略的使用来帮助学生建立合适的形式—功能—语境链接；在学生水平允许的情况下，再利用元语用指示结合话语分析的方法介绍言语行为序列。随后，我们再通过输入练习的方式帮助学生巩固特定言语行为的形式—功能—语境链接。最后，通过输出练习加上反馈进一步帮助学生检验和夯实言语行为的习得效果。

当然，这里提供的教学方法不是完美的，也不是唯一的，只是为大家提供一个参考。在我们的实际教学中，还可以随时根据学生的水平、习得效果等众多因素对教学材料、步骤、练习难度、数量等作出灵活调整。

附录：教学示例

教学示例1：请求言语行为教学

教学目的：通过意识培养活动，帮助学生区分请求在英汉语中的不同文化属性及实施方式，再通过元语用指示、输入及输出练习建立及巩固请求言语行为的形式—功能—语境链接，进而帮助学生基本掌握请求言语行为在英语中的实施方式。

英语水平：中、高级。

教学内容：考虑学生日常生活可能出现的请求类型，进行两种形式—功能—语境链接的教学：A. 平等权势、关系亲近、强加程度小语境下的请求；B. 下对上、强加程度较大语境下的请求。例如：

A：Situation:

Lily and Christina are good friends studying in the same university. Lily is ill and has missed one class. So she wants to borrow Christina's notes.

Dialogue:

Lily: Hi, Christina.

Christina: Hey, Lily. You come to class today. How do you feel? Much better?

Lily: Ya, much better. Thanks. I missed the last class. <u>Could you please lend me your notes? You are always so kind.</u>

Christina: OK. Here.

B: Situation:

Shepherd is a graduate student. He and his supervisor Professor Simpson are attending a conference in another city. Shepherd has a presentation tomorrow, but his computer broke down. He wants to borrow Professor Simpson's computer.

Dialogue:

Shepherd: Excuse me, Professor Simpson.

Professor: Oh, Shepherd.

Shepherd: I'm sorry. Could I have a minute?

Professor: Yes, of course.

Shepherd: Er, I hate to bother you, but I was wondering whether I could ask you to do me a favor? My computer broke down, and I am going to present tomorrow. I would appreciate it very much if you could lend me your computer tomorrow.

Professor: OK. When do you need it?

课前准备：提前布置学生从小说、电视、电影或日常生活中收集 A、B 两种语境下的汉语请求语料，以对话形式进行记录，并同时标注语境情况。

教学步骤：

1. Warm-up：播放包含请求言语行为的两分钟的美剧片段（事前不要告知涉及的言语行为）。

2. Lead-in：带领学生讨论步骤 1 美剧片段中主人公在干什么，实施了什么言语行为。

3. 请学生们拿出课前收集的汉语请求语料，带领学生们运用话语分析的方法分析语料中的社会语用以及语用—语言因素。

4. 再次播放 warm-up 中的美剧片段，向学生展示英语中的请求方式。

5. Group work：让学生们两人一组，比照步骤 3，分析英语请求的社会语用及语用—语言因素。

6. 带领学生结合语料，比较英汉语中请求的相关因素，将屏幕或黑板分成两个部分，总结请求在英汉语中实施的异同。

7. 在黑板或屏幕上向学生展示教学内容中 A、B 两种语境下请求的主导言语行为实施方式（参见上页的画线部分）。

8. 带领学生完成请求的参考输入性练习。例如：

(1) 首先在屏幕上给出语境描述：Lily and Christina are good friends studying in the same university. Lily's ill and has missed one class. So she wants to borrow Christina's notes.

(2) 让学生对语境因素进行判断：

判断强加程度如何（选择 relatively easy 或者 relatively difficult）。

判断交际双方亲疏程度如何（选择 relatively close 或者 relatively distant）。

判断说话人相较于听话人的权势关系如何（选择 low to high、equal to equal 或者 high to low）。

(3) 确认学生判断的正误。当学生作出正确判断之后，我们再次展示语境信息：

Lily and Christina are good friends studying in the same university. Lily is ill and has missed one class. So she wants to borrow Christina's notes.

(4) 接着在语境描述下给出一段对话，在请求部分让学生从 (a)、(b) 选项中作出选择，例如：

Lily: Hi, Christina.
Christina. Hey, Lily. You come to class today. Much better?
Lily: Ya, much better. Thanks. I missed the last class. (a) Could you please lend me your notes? (b) Lend me your notes.
Christina: OK. Here.

9. 带领学生完成感知输入性练习。例如：

（1）先给出语境信息：

April and Meredith are good friends and roommates. April is in the shower but forgot to bring the towel. She wants Meredith, who is washing clothes outside the bath, to hand her the towel.

（2）接着我们给出对话，并让学生对 (a)、(b) 两个请求的合适性进行评分：

April: Hey, Mere. Are you there?
Meredith: Ya. Sup (What's up)?

April: (a) Would you please hand me my towel? I forgot to bring it in.

(b) Give me my towel.

Meredith: Which one?

April: The red one, just beside yours.

Meredith: Open the door. Here you are.

(a) least appropriate 1------2------3------4------5------6 most appropriate

(b) least appropriate 1------2------3------4------5------6 most appropriate

10. 向学生介绍扩充的请求言语行为（主要指请求的辅助言语行为）及请求实施序列。从孤立的句子形式的请求逐步过渡到话语层次的请求言语行为序列。

11. 再次完成参考输入性练习和感知输入性练习，形式类似步骤 8、9。

12. Group work：让学生 4 人一组，尽可能多地总结 A、B 两种语境下合适的请求语用—语言形式，然后将黑板或屏幕分为两部分，让每组依次给出两种语境下的请求形式，老师在黑板或屏幕上予以记录和补充。

13. 带领学生对步骤 12 中总结的语用—语言形式按照强加程度进行排序。

14. Pair work：让学生两人一组，参照黑板或屏幕上的语用—语言形式进行 A、B 两种语境下的角色扮演。然后请不同组学生进行表演，并给出反馈意见。

课后练习：请学生以自己的名义向老师发一封电子邮件，要求包含请求言语行为（例如请假、咨询习题、请老师发放学习材料等）。

教学示例 2：恭维及其回应言语行为教学

教学目的：通过意识培养活动，帮助学生区分恭维及其回答在英汉语中的不同文化属性及实施方式，再通过凸显元语用指示、输入及输出练习建立及巩固合适语境下的恭维言语行为及其回应模式，进而帮助学生基本掌握恭维及其回应在英语中的实施方式。

英语水平：中、高级。

教学内容：考虑学生日常生活可能出现的恭维类型，介绍恭维及其回应模式、出现的场合及功能，以及恭维涉及的话题。

1. 英语中恭维的功能通常包括：

    1）express admiration or approval of someone's work/appearance/taste;

    2）establish/confirm/maintain solidarity；

    3）serve as an alternative to greetings/gratitude/apologies/congratulations;

    4）soften face-threatening acts such as apologies, requests and criticism;

    5）open and sustain conversation (conversation strategy);

    6）reinforce desired behavior.

2. 英语中恭维可能针对的话题如：

    1）appearance/possessions (e.g. You hair looks beautiful!)

    2）performance/skills/abilities (e.g. Your have done a great work.)

    3）personality traits (e.g. You are so generous.)

3. 恭维及其回应模式：例如权势平等、彼此熟悉语境下的恭维及其回应：

Situation:

Lily and Christina，who were classmates in high school, are now studying in different departments of the same university. They haven't seen each other for a while. One day they meet on the campus.

Dialogue:

Lily: Hi, Christina. Long time no see.

Christina: Lily! How are you doing? Look at you! Isn't your dress beautiful?

Lily: Really? You like it?

Christina: I really love it! You look amazing in it!

Lily: Thank you! I like it too. I bought it on the net.

Christina: I should ask you for the website. Hey, do you hear from Mike recently?

课前准备：提前布置学生从小说、电视、电影或日常生活中收集汉语恭维及其回应语料，以对话形式进行记录，并同时标注语境情况，注意恭维及其回应的形式、策略、出现的场合和功能，以及恭维涉及的话题。

教学步骤：

1. Warm-up：播放包含恭维言语行为及其回应的两分钟的美剧片段（事前不要告知涉及的言语行为）。

2. Lead-in：带领学生讨论步骤 1 美剧片段中主人公在干什么，实施了什么言语行为。

   (1) 请学生们拿出课前收集的汉语恭维及其回应的语料，带领学生们运用话语分析的方法分析语料中的恭维的功能、针对的话题以及恭维及其回应的模式。

   (2) 再次播放 warm-up 中的美剧片段，向学生展示英语中的恭维及其回应模式。

3. Group work：让学生们两人一组，比照步骤 2 (1)，分析英语恭维的功能、针对的话题以及恭维及其回应的模式。

4. 带领学生结合语料，比较英汉恭维及其回应的相关因素，将屏幕或黑板分成两个部分，总结恭维及其回应在英汉中实施的异同。

5. 在黑板或屏幕上向学生展示教学内容中的恭维主导言语行为实施方式（参见上页及本页画线部分）。

6. 带领学生完成恭维的参考输入性练习。例如：

   (1) 首先在屏幕上给出语境描述：Lily and Christina were classmates in high school. They meet in the first winter holiday after they entered college.

(2) 让学生对语境因素进行判断：

判断交际双方亲疏程度如何（选择 relatively close 或者 relatively distant）。

判断说话人相较于听话人的权势关系如何（选择 low to high、equal to equal 或者 high to low）。

(3) 确认学生判断的正误。当学生作出正确判断之后，我们再次展示语境信息：

Lily and Christina were classmates in high school. They meet in the first winter holiday after they entered college.

(4) 接着在语境描述下给出一段对话，在恭维部分让学生从 (a)、(b) 选项中作出选择，例如：

Lily: Hi, Christina. Long time no see.

Christina: Hey, Lily, Nice to meet you.

Lily: (a) You look great.

　　　(b) Could you please let me tell you how beautiful you are?

Christina: It's so nice of you!

7. 带领学生完成感知输入性练习。例如：

(1) 先给出语境信息：

April and Meredith are good friends and roommates. April has bought a new dress and is showing it to Meredith.

(2) 接着我们给出对话，并让学生为画线部分的恭维及其回应的合适性进行评分：

April: Mere, I bought a new dress today.

Meredith: Show it to me.

April: Here it is.

Meredith: (a) Isn't it beautiful? I like it very much.

April: (b) <u>Thank you!</u> Let me put it on and show you again.

(a) least appropriate 1------2------3------4------5------6 most appropriate

(b) least appropriate 1------2------3------4------5------6 most appropriate

8. 向学生介绍扩充的恭维言语行为及其回应（主要指恭维的辅助言语行为）实施序列。从孤立的句子形式逐步过渡到话语层次。

9. 再次完成参考输入性练习和感知输入性练习，形式类似步骤 6、7。

10. Group work：让学生 4 人一组，尽可能多地总结英语中恭维的功能、可以针对的话题，以及恭维及其回应实施的语用—语言形式。

11. Pair work：让学生两人一组，参照黑板或屏幕上的恭维及其回应策略和对应的语用—语言形式进行角色扮演。然后请不同组学生进行表演，并给出反馈意见。

课后练习：完成对话形式的恭维言语行为及其回应语篇补全测试。然后两人一组，互相给出反馈意见后再上交。

第七章　语用预设教学

7.1 引言

语用预设（pragmatic presupposition）是相对于隶属语义学范畴的预设而言的一个术语。presupposition 也可译为"先设"、"前提"，最早源于哲学家 Frege（1892）对于指称现象的研究，是哲学、逻辑学、语义学等领域研究的重要课题。随着语用学的兴起，尤其是 Levinson(1983)*Pragmatics*（《语用学》）一书的出版，正式确立了预设在语用学研究中的核心地位（为示区分，我们使用语用预设指称隶属语用学范畴的预设现象）。Levinson 指出，（除了言语行为外）（语用学中）关于（语用）预设的文献比关于其他任何一个话题的都要多（1983：167）。

本章主要介绍与预设相关的理论知识，探讨语用预设在外语教学中的运用。首先简要介绍预设的定义及其与相关概念的辨析、预设与语言结构的关系以及预设与语境的关系。然后从英语阅读理解、英语写作出发，探讨语用预设在外语教学中的运用。最后在附录部分提供与语用预设有关的教学范例，供广大教师参考。

7.2 预设的基本概念

7.2.1 预设的哲学背景

Frege（1892）最早注意到语言使用中的预设或前提现象。他指出，无论人们作出什么样的断言，必然存在着显而易见的预设，即在断言中使用的专有名词（简单的或复合的）均具有指称。例如：

（1）Kepler died in misery.

句中的 Kepler 必然有一个存在的实体，该指称意义不属于句子的断言，而是该句子的预设。该预设在对应的否定句 Kepler didn't die in misery 中仍然存在。

Frege 的预设理论包含以下 3 个命题：

- 指称语和时间分句均有所指，因此具有预设；
- 一个句子和它的否定句具有同样的预设；
- 如果一个句子或断言是真或假，其预设必须为真。

Russell（1905）持不同意见，他在讨论有关描述语的时候指出，句子（2）由 3 个并列的命题组成：

(2) The king of France is wise.
   (a) 有一个个体 x 存在，x 为法国国王；
   (b) 不存在一个个体 y，y 是法国国王且 y 不同于 x；
   (c) x 是聪明的。

也就是说，the king of France 的指称存在性和唯一性与句子的主要意义具有同样的地位，均属于该句子的断言内容。这一分析可以解释宽域否定（wide-scope negation）中 the king of France 不存在的问题，即预设被取消的问题。

Strawson（1950）的观点与 Frege 的观点基本一致。他认为，应当区分句子（sentence）和陈述（statement），句子本身并无真假值，只有陈述才可真、可假。他认为陈述 The king of France is wise 和 There is a king of France 存在着一种特殊的、不同于逻辑蕴含的关系——预设，后者是前者具有真假值的前提条件。

Levinson（1983：172）认为，预设理论具有一个显著的优点，即它能够解释人们对语言的直觉：当人们说出 The king of France is bald 时，Somebody is bald 为话语的前景断言（foreground assertion）；而 Somebody exists 只是该断言所依赖的背景假设（background assumption）。预设的特殊性引发了大量的研究，关于预设的主要分歧在于：预设是影响话语真值的语义现象还是制约话语合适性的语用条件（Abbott，2004：127）？

7.2.2 语义预设和语用预设

Strawson（1950）对预设的研究吸引了语言学家的关注，而此前，语言学家则一直注重研究各种语义关系。对句子语义结构的观察和分析表明，句子语义结构中包括 3 种不同类型的意义：断言意义（asserted meaning）、蕴涵意义（entailed meaning）和预设意义（presupposed meaning）。

断言意义是句子表述的目的，由句子整体结构体现出来；蕴涵意义是建立在断言意义之上的一种逻辑推断，是表述意义的必然结果（Yule，1996）；预设意义是隐含于句中某些词汇或结构中的背景意义，是句义得以建构和理解的基础，以及表述得以进行的出发点。蕴涵是众多语义关系中非常重要的一种，可以定义如下：如果在任何使 A 真实的情况下，B 也都真实，那么 A 语义上蕴涵 B。例如，语句（3）蕴涵语句（4）：

（3）That person is a bachelor.

（4）That person is a man.

在此基础上，（语义）预设也可以看作是两个语义命题之间的关系：如果 A 真实，B 也真实，如果 A 不真实，B 仍然真实，那么 B 是 A 的预设。例如，The king of France is bald 预设了 There is a king of France。蕴涵与预设的区别就在于第二个条件：当 A 句不真实的情况下，B 仍然存在。这就是语言学家用来判断预设的"否定测试法"，即预设不会被否定取消（constancy under negation）。

但是，人们很快发现关于预设的语义学理论解释力不够，尤其是对预设的可取消性（defeasibility）和复杂句的投射（projection）问题无能为力。原因就是语义学所研究的是与表达形式相关的固定的静态意义，而预设并非总是固定的和静态的。预设同样属于语用学，它不只是两个句子或两个命题之间的语义关系，至少不全部是逻辑关系（Levinson，1983：199-204；刘强，2005）。

从 20 世纪 70 年代开始，学者们开始关注预设的语用属性（如 Stalnaker，1991；Wilson，1975），甚至经常使用"语用预设"以示区分。何兆熊（2000）、何自然（1988/2002）以及何自然和陈新仁（2004）从文献中概括了 3 种语用预设的定义。

第一种看法认为，语用预设是一种语用推理，是指那些对语境敏感的，与说话人（有时包括说话对象）的信念、态度、意图有关的前提关系（何自然，1997：68），是说话人对其言语交际意图所作的设想。以（5）为例：

(5) Sam has (not) stopped beating his wife.

说话人在说这句话的时候已经具有 Sam was beating his wife 的设想。

第二种看法认为语用预设是施行一个言语行为所需要满足的恰当条件（Fillmore，1971）或是使一句话具有必要的社会合适性所必须满足的条件（Keenan，1971，转引自何兆熊，2000）。例如：

(6) John criticized Harry for writing the letter.

(7) Tu es degoutant. (You are disgusting.)

(6) 预设了 Harry wrote the letter 这一事实。(7) 的前提条件是听话人是一只动物、一个小孩或者社会地位低于发话者的人，或是发话者极为亲密的朋友。

第三种看法认为语用预设是交际双方所共有的知识，或者说是背景知识（Stalnaker，1991）。这种知识包括交际双方与一般人共有的、与一定的语境相联系的知识，在某些特殊语境中只为交际双方共有的知识，与一定事理相联系的知识。例如：

(8) John has a sister.

该语句预设着说话人和听话人都认同的共有知识：John exists。Jackendoff（1972，转引自何兆熊，2000：283）指出："我们将把'句子的前提'用以表示说话人认为他和听话人所共有的句中的知识。"

由此可见，语用预设和语义预设之间存在根本的不同：语义预设是与句子或句子的命题联系在一起的；语用预设则是与说话人联系在一起的。Yule（1996）明确指出：词或短语不拥有预设，只有说话人才拥有预设。语义预设主要基于孤立的句子层面，语用预设则是在语境层面上结合对说话人意图及有效实施言语行为的条件的讨论展开的，是说话人假定听话人知道的、能促成言语行为顺利实施的适切条件或知识（何兆熊，2000；何自然、陈新仁，2004）。

7.2.3 预设触发语

语用预设作为一种隐含于话语中的意义，其深层来源是说话人的主观设定，其表层来源是话语中的特定词语或特定结构。这些可以产生预设的语言单位被称为预设触发语。Karttunen（1973）收集了 31 种预设触发语，Levinson（1983）选择了其中的 13 种，主要类型及例子现摘录如下（例句中的符号 >> 表示预设）：

1) 限定描述语（definite descriptions）

除了专用名词之外，限定描述语还包括由定冠词 the，指示代词 this、that，以及名词所有格修饰的名词等，如 John、this house、John's wife。

（9）John saw/didn't see <u>the man with two heads</u>.

　　>> There exists a man with two heads.

2) 叙实性动词（factive verbs）

叙实性动词包括 know、realize、regret，以及一些形容词短语（如 be odd、be aware、be sorry that 等），这些动词/形容词短语的宾语或宾语从句所反映的是已经发生了的事实。如下例：

（10）John <u>realized</u>/didn't <u>realize</u> that he had made a mistake.

　　>> He had made a mistake.

3) 含蓄性动词（implicative verbs）

含蓄性动词的预设是由这些动词的词义决定的，这些动词往往包含两个语义成分，如 manage 包含"设法去做"和"做成"两个意思，forget 包含了"该做某事"和"实际没做"两层意思。如下例：

（11）John <u>forgot</u>/didn't <u>forget</u> to lock the door.

　　>> John ought to lock the door.

4) 表示状态改变的动词（change of state verbs）

表示状态改变的动词包括 stop、finish、start、continue、leave、arrive 等，这类动词预设的是状态变化前的情况。如下例：

（12）John <u>stopped</u>/didn't <u>stop</u> beating his wife.

　　>> John had been beating his wife.

5) 表示反复的词语 (iteratives)

这类词语的共同点是都表示某个动作的反复或某种状态的延续，预设某个动作曾经发生过或某个状态曾经存在过，类似的词语有 again、restore、back、return、repeat、too 等。

(13) He promised/didn't promise to ring <u>again</u>.

　　>> He had rung before.

6) 判断性动词 (verbs of judging)

判断性动词往往有一定的标准，而且总是对已经发生的事情表达说话人自己的观点，所预设的往往是判断的标准或者所发生的事实，如 accuse、criticize 等。

(14) Peter <u>accused</u>/didn't <u>accuse</u> Smith of forgery.

　　>> Peter thinks forgery is bad.

7) 时间状语从句 (adverbial clauses of time)

时间状语从句或者短语往往预设着该从句或短语表达的是已经发生的事实。

(15) <u>After his father died</u> he stepped/didn't step into a large fortune.

　　>> His father died.

8) 断裂句 (cleft sentences)

断裂句包括 it is … that/who 和 what 两种。这两种结构都用来强调句中的某一个成分，因此必然有一个意义较宽泛的预设。

(16) <u>It was/wasn't Henry who</u> kissed Rosie.

　　>> Someone kissed Rosie.

9) 含有重读成分的隐含强调句 (implicit clefts with stressed constituents)

(17) Linguistics was/wasn't invented by <u>CHOMSKY</u>!

　　>> Someone invented linguistics.

10) 表示比较或对比的词语 (comparison and contrasts)

比较结构通常含有重音、小品词或比较结构标记。进行比较必然有一个比较的基础，这个基础就是比较的预设。

(18) Carol is/isn't a <u>better</u> linguist than Barbara.

　　>> Barbara is a linguist.

11) 非限制性定语从句（non-restrictive relative clauses）

非限制性定语从句是对先行词的一种解释、说明，它不受从句之外的主句动词的否定的影响。非限制性定语从句的真实性不会改变，属于整个句子的预设。

(19) Hillary, <u>who climbed Qomolangma in 1953</u>, was/was not the greatest explorer of our day.

　　>> Hillary climbed Qomolangma in 1953.

12) 反事实条件从句（counterfactual conditionals）

与事实相反的从句恰好预设着这个虚假条件的反面为事实。

(20) If I <u>had not burnt the cake</u>, we would/would not be having it for tea.

　　>> I burnt the cake.

13) 问句（questions）

提问总是有一定的预设：一般疑问句通常预设着两种可能性中的一种；特殊疑问句预设着能够替换特殊疑问词的存在量词。

(21) Is there a professor of linguistics at MIT?

　　>> Either there is a professor of linguistics at MIT or there isn't.

(22) Who is the professor of linguistics at MIT?

　　>> Someone is the professor of linguistics at MIT.

以上分析表明，预设与语句结构有着密切的联系，分别表现在 3 个不同的语言层次上：语义、句法和音系（何兆熊，2000），其中 1）—6）属于语义层次，7）、8）、10）—13）属于句法层次。此外，预设还可以通过一定的音系手段实现，如9）。预设触发语的提法似乎给人一种误解：预设是由语言形式产生的。但其实这还要看人们如何定义预设。大多数语用预设的定义都是跟说话人、语境等因素联系在一起的，是说话人的主观假定，具有语境敏感性。这说明预设具有二重性，既有逻辑语义的一面，又有语用的一面（何自然、陈新仁，2004）。因而这些预设触发语应该被理解为潜在的预设的语言表达和表达说话人预设的语言手段。

7.2.4 预设的特点

对预设的早期研究注重其逻辑语义方面。随着研究的深入，人们发现了更多的反例：预设在一定的情景条件下会被取消。语用预设和会话含意相似，都属于语用推理，因此具有可取消性。预设的可取消性是指某些预设触发语本该触发某一预设，但在当前语言语境中、较远的话语中或有着相反假设的环境中却没有触发该预设（其实，用可取消性描述这一现象并不准确，因为并非是说话人在取消这一预设）。如下例：

（23）At least John won't have to regret that he did a Ph.D.

通常情况下，regret 预设着它的补语部分表达的内容（即 John 读过博士）是存在的，但如果该句发生在交际双方都知道 John 没有读过博士这样的语境中，那么该预设就不存在了；相反，如果大家都知道 John 读过博士，那么该预设依然存在。还有一个经常被讨论的例子：

（24）She died before she finished her thesis.

通常情况下，before 预设着其从句部分表达的内容是存在的，但在这个例句中，该预设的内容不存在，这是由人们的百科知识（人死后不能做任何事情）决定的。预设的可取消性还与一定的语言语境有关，如下例：

（25）John doesn't regret inviting the dean to the party because in fact he never did so.

该句中 regret 所预设的内容被后半部分取消了。这就是语言学家进行了大量研究的投射问题（projection problem）：预设在复合句中的存在问题。

Levinson（1983：204-205）归纳出预设的两大特点：适切性（appropriateness/felicity）和共知性（mutual knowledge/common ground）。背景假设的共知性可以解释预设在默认条件下的保留和一定情景下的取消，但很多学者（Atlas，2004；Burton-Roberts，1989b；Levinson，1983；Stalnaker，1991）都意识到了"共知性"过于极端，说话人话语中的预设并不一定是双方共知的信息。预设常常用来传递新信息。陈新仁（1998）也指出，预设具有单向性、主观性和隐蔽性。所谓单向性，指预设是由说话人单方面作出的，如 Mey（1993）所说："会话预设的所谓共享或共有知识并非总是给定的，事实上，只有通过会话我们才能建立起这种知识，并予以补充、修正。"所谓主观性，指预设本身不具备必然的真实性或正确性，预设可以是客观事实，也可以是说话人心目中认为的事实，还可以是假定的情况。所谓隐蔽性，指预设对于原句来说是隐含的，而不是明说的。预设的可取消性正在于其主观性和隐蔽性。预设的这些特点常常会被广告商所利用，如电蚊拍广告"专利产品，仿冒必究"预设着"（可能）有人或厂家仿冒本产品"。该广告利用预设达到其宣传效果，传递给读者新的信息：该电蚊拍质量很好，有人仿冒（陈新仁，1998）。

这些分析说明，预设虽然与语言形式有关，但毕竟不是语言形式的必然产物，而是说话人的一种主观假设；现实话语中的预设应当以完整的句子为单位，从整体上进行分析，而不能肢解出一部分，说它有预设，然后被另一部分取消（何自然、陈新仁，2004：149）。预设具有在默认条件下保留、特定条件下可能会消失以及传递新信息的复杂特点。在一般情况下，预设是交际双方共同假定的，但常常会被说话人策略性地利用以传递新信息，从而体现出单向性、主观性和隐蔽性的特点（陈新仁，1998）。

7.3 预设与外语教学

很多学者已经意识到预设在外语教学过程中的重要性。语言教学不是孤立的词、句的学习，而是要强调语篇内外的衔接与连贯。近年来，语言教学越来越多地强调外语的交际功能，预设关系也逐渐被更多的学者运用到外语教学过程中。黄次栋（1986）认为预设作为一种意义，关系到读者对语句的正确理解。温洁（1993）用大量的实例说明了在对外汉语教学过程中应该让学生具备相应的预设知识，才能避免病句的出现。此外，很多学者在听力（徐宏琳，2005）、阅读（胡春华，2005；冀婷婷，2006；刘伊俐，2002）、写作（曹军，2005；匡骁，2009；邵党喜，2003）、翻译（韦忠生，2007）等方面就语用预设的教学进行了讨论。限于篇幅，本节仅从语言学习中的书面输入（阅读）和输出（写作）两个主要方面探讨语用预设的教学问题。

7.3.1 预设与阅读

尽管阅读教学一直是外语教学中的重点和难点，但学生在阅读理解过程中依然有着各种各样的问题。施庆霞（2001）指出，学生借助于概念意义的语言知识不难理解明示信息，而对于暗含话语信息的理解却往往感到很难。这些问题越到高年级越突出，严重地制约了学生阅读理解能力的提高。李勇忠、李春华（2004）指出，学生早已对我们老一套的逐词逐句的语法翻译法不满意了，教师和学生在阅读方面投入了大量的精力，可产出却令人失望。从每年的四、六级考试阅读部分的得分情况就可见一斑。总分 40 分，能得 30 分以上的人极少。其原因是多方面的，一些教师的教法不当是主要因素。我们不应该停留在逐字逐句的对字面意思的理解上，而更应让学生从整体上把握语篇的连贯性，找到语篇中能激活认知脚本的话语信息，准确地理解语篇。

从文献中我们了解到，以往对预设的研究局限于句子层面，但很多学者（如 Caffi，1994；van Dijk，1981）已经意识到在语篇层面研究预设的重要意义。朱永生、苗兴伟（2000）探讨了语用预设的语篇功能，认为预设对于语篇的组织和连贯性起着非常重要的作用。预设并不只是孤立地存在于单句中，在复杂句或较长的现实语篇中往往会形成错综复杂的语篇预设。"语篇预设是作者/说话人所进行的一种复杂的宏观推理活动，其结果就是呈现在我们面前纷繁复杂、多种多样的语篇"（魏在江，2011）。作为读者，我们要从反方向推断说话人/作者通过语篇向我们传递的信息（高彦梅，2004）。高彦梅（2004）将语篇预设分成语篇内预设和语篇外预设两种。语篇内预设包括指称预设、关系预设、人际预设和信息预设等。语篇外预设因素包括说话人因素、听话人因素、语篇形式因素和交际环境等。我们则主要从基于语言形式和基于非语言形式的两大类预设来讨论阅读教学。

如何借助预设知识来准确理解语篇作者所传递的信息？我们认为，在外语阅读教学中，可以通过以下 3 个方面来帮助学生准确理解原语篇的信息：学习目的语中各种基于语言形式的显性预设；了解基于非语言形式的各种隐性的文化预设；区分预设的一般性使用和策略性使用，培养学生对语篇的赏析与批判能力。

7.3.1.1 掌握目的语中各种基于语言形式的显性预设

基于语言形式的显性预设是指那些与语言结构有着密切联系的预设，这些语言结构被称为预设触发语。写作者为了突出主要信息内容（通常为与主题有关的新信息），往往将已知信息以隐含方式表述为预设内容，并以此作为信息传递的背景，达到主题鲜明、语篇结构紧凑的效果（曹军，2005：113）。出于简洁性和经济性的考虑，发话者/写作者可以将受话者已经了解或被认为是没有异议的信息处理为预设信息（冀婷婷，2006）。在语篇建构过程中，发话者/写作者为确保语篇信息流的畅通，会依据自己对受话者的知识状态所作出的假定来安排信息，而这一假设则会体现在语篇的组织方式上。在外语教学过程中，应该培养学生对各类预设触发语的敏感性，在解读语篇时自觉使用自己的预设知识，准确获取语篇作者所传递的隐含信息。请看下例：

（26）… 12-year-old <u>Michael Dell</u> sat on the beach, painstakingly putting together a trotline, a maze of ropes to which several fish hooks could be attached … afterward Michael reeled in the trotline, and on the hooks were more fish than the others had caught all together!

Michael Dell has always been fond of saying, "If you think you have a good idea, try it!" And today, at 29, he has discovered the power of <u>another</u> good idea that has helped him rise in just a few years from teen to tycoon …

（杨利民，2011：62）

这是外研社《现代大学英语·精读》第三册第三课中文章开头的一段话，文章主要描述 Michael 在创业方面的各种成功的经验。文中的专有名词 Michael Dell 作为预设触发语，指向语篇之外的现实世界中 Dell 电脑的创始人，激活读者心目中有关 Dell 的各种联想。作者并没有详细介绍 Dell，是因为在构建该语篇时已经预设读者是知道 Dell 的。语篇不仅构建现实世界，更多的是构建虚拟世界。当文学语篇表征虚拟世界时，作者往往运用预设来表征虚拟事物的存在，并以此来确立一个虚拟世界。读者在解读语篇时也是通过语篇中的预设来假设虚拟世界的存在，并把自己置于虚拟世界中，从而对语篇作出理解（Short，1996：232，转引自王守元、苗兴伟，2003）。

除此之外，更多的预设内容指向语篇的上下文，实现语篇信息的连贯和组织。朱永生、苗兴伟（2000：26）讨论了语用预设的语篇功能：语用预设在语言交际的信息流中发挥着重要作用，因为发话者在发出一个语段时往往同时表达断言信息和预设信息。断言信息构成信息流中的新信息，而预设信息则是信息结构的起点，传递发话者对共知信息的假设或交际双方共同接受的信息。如例（26）中还使用了一个非常关键的预设触发语 another，该词是一个反复性词语，预设着某个行为曾经发生过或某状态曾经存在过。在这段话中，作者想要强调的是 Dell 有很多好的想法，并付诸实践。another 这个词起到连接上下文的作用，它的预设指向文章开头所描述的 Dell 使用 trotline 钓鱼的点子，并引导读者寻找下文中获得"同等学位"的另一个想法。作者用一个片段讲述了 Michael 童年时表现出来的机智和聪明，这是该语篇信息的起点，接下来文章介绍了 Michael 少年、青年时代更多的想法。了解 another 在语篇中的预设功能，对理解整个语篇具有重要的作用。

学习和了解预设触发语对于识别语篇中的指称关系、理解语段之间的联系、获取语篇连贯性和语篇主题等具有非常重要的作用。在第二语言学习中，教师应当引导学生不仅学习单个词语的意义或句式结构的语法功能，还要理解某些语句所预设的信息及其在整个语篇中对于信息组织的功能。只有这样，学生才能活学活用，准确理解语篇作者所传递的意图。

7.3.1.2 了解各种基于非语言形式的隐性预设

基于非语言形式的隐性预设，相当于 Grundy（1995）所讨论的语用预设，即背景预设。背景知识在阅读理解中的重要性已被大量研究证明。亓鲁霞、王初明（1988）的实验表明，背景知识和语言难度对被试的理解会产生不同程度的影响，其中背景知识的作用最为突出。只要被试具备与文章内容相关的背景知识，即使语言偏难，理解也能得到保证。"语篇是否被接受并不取决于它对真实世界的所指正确与否，而是取决于特定语境中接受者对它的信任程度和认同程度"（de Beaugrande，1983，转引自刘伊俐，2002：67）。也就是说，人们对信息形式和内容的理解相当程度上依赖于是否了解相应的文化预设。对话语理解的语用学研究表明，理解话语不仅仅在于知道该话语的字面意思，还必须具有相应的逻辑推理能力、百科知识等，这就是众多研究语用预设的学者（如Grundy，1995）所提出的广义上的非语言性语用预设。

书面语篇的特点在于它可以跨越时空的距离，作者在构建语篇时面对的是并不在场的读者，他的共有知识是建立在他对期待中的读者的假设之上。因此，在"阅读"这种特定的交际场合下，读者如果不具备作者以为他应具备的各种背景知识，就无法准确理解文章内容。由于对语篇中预设的隐含的、特有的文化知识无法识别，缺乏自己认同的预设，读者会感到文章不连贯，因而无法准确地获得作者想传递的信息（刘伊俐，2002）。请看下例：

(27) Humphrey Bogart as Charlie, the solitary sailor, tries to invoke the "only human" excuse when he attempts to explain his prior drunken evening by saying that it was, after all, human nature. Katharine Hepburn as Rosie, the missionary, peers over her Bible and aptly retorts, "We were put on the earth to rise above nature."

（杨利民，2011：224）

这是《现代大学英语·精读》第三册第八课中的一段话。该文主要讲述人们对于"人性"的理解。文章涉及哲学、社会学等不同流派对人性的解读，学生只有具备较为广泛的知识才能理解作者试图在语篇中传递的意图。在该例中，作者引用一部电影里两位主人公的话语来说明人们在认识"人性"上的冲突。文中 Charlie 的话语表明，人类自愿降格为动物，用"我仅仅是人"来为人类自己的丑恶行为开脱。Rosie 的话语代表了基督教对于人性的理解，背后有着圣经的故事背景：上帝创造了人类，使人类比动物高级，因而人类应该有着较高的道德行为。读者如果缺少对于基督教文化的了解，便不能理解作者在此表达的不同群体对人性理解的差异。

基于非语言形式的语用预设也可以理解为含意（implicature）推导中所需要的隐含前提。隐含前提是听话人从记忆中检索出来的或者通过记忆中的假定图式进行构建的。作为含意或暗含的一部分，隐含前提可以导向与关联原则相一致的话语理解（Sperber & Wilson，2001：194-195）。在具体的语言或社会文化环境中，同一个话语可能有不同的预设，从而对话语的最终目的产生不同的影响。预设可以通过语言上的明确标识（如预设触发语）表示出来，但有时没有预设触发语，这就需要语言使用者运用语用或认知推理来推导出话语中隐含的语用预设（魏在江，2006）。这种没有语言触发语的预设类似于这里讨论的背景语用预设。但我们认为，从记忆中检索或临时构建的预设/隐含前提需要听话人付出不同程度的努力，由于受社会文化等因素的影响，作为推理前提的背景预设往往具有多样性和不可预知性，从而影响话语的合适性以及隐含结论的推理。

7.3.1.3 区分预设的一般性使用和策略性使用，培养学生对语篇的元语用分析能力

元语用理论来自 Leech（1983）的元语法（meta-grammar）思想。他认为，语法规则的产生有其语言外的动机，也就是元语用动机。教师在外语教学中应该培养学生对于语言使用的元语用分析能力，运用自己的语用知识对目标语言或目标信息进行标示、评述等。语用预设的语篇功能在于，发话者根据自己的假设将双方所认同的信息以隐含的方式表述为预设命题，并以此作为信息传递的背景信息或前提。从这种意义上讲，语用预设表达的一般是语篇世界中已经确立的"事实"或合乎情理的事态（王守元、苗兴伟，2003）。由于预设信息表达的是语篇世界中毋庸置疑的事实或常识，如果预设信息与语篇世界中的一

般事理发生矛盾，就会产生预设冲突（presuppositional clash）（Short，1996：236）。也正因为预设的主观性和隐蔽性，在文学语篇中，作者才常常运用预设冲突来产生幽默或荒诞的文体效果。

在阅读教学中，应该培养学习者的批判性意识，除了识别出语篇所蕴涵的语用预设，还要有意识地对语篇进行元语用分析，分析语用预设的使用在语篇中形成的文体效果以及对读者造成的意识操控。请看下例：

(28) A lot of father's stories were about the Civil War. To hear him tell it he'd been in about every battle. He'd known Grant, Sherman, Sheridan and I don't know how many others …

My father said that he was the one who told Grant about Lee. An orderly riding by had told him, because the orderly <u>knew</u> how thick he was with Grant. Grant was embarrassed.

（杨利民，2011：33）

这段话节选自《现代大学英语·精读》第三册第二课。作者讲述了自己心目中的父亲形象：父亲喜欢跟朋友吹牛。作者在前文中很多地方都曾暗示读者这些故事都是父亲编造的，但在讲述他与美国内战时期北方将领 Grant 的交往时，作者却写到经过身边的那个下士知道父亲与 Grant 的感情是多么深厚。文中画线部分的 knew 是叙实性动词，预设了后面的宾语从句是曾经发生过的事实。这里的描述与上文作者的暗示形成了预设冲突，由此塑造了父亲这样一个可笑幽默的人物形象。

语用预设是一种语用策略，是说话人在一定的交际意图的驱使下所作出的语言选择，体现了说话人的元语用意识（魏在江，2006）。然而，由于预设信息的主动权仍然牢牢地掌握在话语发出者的手上，交际双方形成的共有场中扮演主角的是话语的发出者。如此一来，话语发出者的文化和意识形态就有可能强加于受话者（严轶伦，2007）。纪卫宁（2008）认为，语用预设的使用不仅是为了话语的衔接连贯和话语表达的经济性，也是传递作者的观点和世界观，以及影响和操纵读者的一种语言手段。语用预设具有表达意识形态的功能，在教学中，尤其是阅读教学中，教师不能把它仅仅当作是一种纯粹的语言现象，而应该注重提高学生对预设现象的批判意识，避免学生受其操纵和迷惑。

由此看来，外语教学不仅要培养学生对于语篇信息的把握能力，还要培养学生对语篇的元语用分析能力，对目标语篇进行标示、评述等。这就要求学习者不仅要学会识别用来传达语用预设的各种触发语，还要通过语用预设的分析理解语篇在特定文体、历史文化语境下所蕴涵的意义，了解话语的文体效果或意识形态意义。因此，关注语篇中的语用预设现象，培养学生的元语用意识，帮助学生从较深层次理解预设在建构语篇隐含信息方面的特殊作用，是外语教学中一个不可忽略的任务。

7.3.2 预设与写作

写作是外语技能中最难的一项，也是大学生在英语考试中丢分最多的一项（陈成辉、肖辉，2012）。关于写作的评估、反馈、教学等方面的研究非常多，但用预设理论讨论写作教学的相关研究却较为匮乏（匡骁，2009）。学习者在写作过程中遇到的问题很多，有语法/词汇问题、句子的逻辑关系问题、语篇信息的组织与连贯方面的问题等（李金红，2006：43）。在高级阶段的写作过程中，词汇、语法已经不是主要问题，写作者需要提高的是语言表达的简洁性、多样性和有效性，以实现语篇主旨的准确表达。语用预设的相关知识无疑可以帮助学习者实现这些目标。在写作教学过程中，教师可以：逐步引导学生利用各种显性预设触发语，有效实现语篇复杂信息的组织；引导学习者扩充和利用自己的隐性文化预设知识，强化语篇信息的连贯性和表现力；培养学习者的读者意识，发挥语用预设在写作过程中的元语用功能。

7.3.2.1 合理使用各种预设触发语，有效组织语篇信息

语用预设与语句/语篇的信息结构有着重要的关系，因为说话人/写作者总是依据一定的语用预设来确定语句/语篇的信息中心，安排整个语篇的信息结构。在言语交际活动中，交际者往往把自己所要传递的信息组织成一个个信息单位。一个信息单位通常包含已知信息和新信息两部分。在言语活动中，交际

者可以采用不同的方式来传递所要表达的重要信息。然而，无论采取何种方式来突出信息中心，交际者心目中总有着某种语用预设，并且也总是根据语用预设来选择表达信息中心的方式（张克定，1995）。一般说来，说话或写文章都是从已知信息过渡到新信息，这也符合人们认知的一般规律。在言语交际中，无论是英语还是汉语，都可通过语调、词汇和句式等各种手段来突出说话者要表达的重要信息（杨石乔，1999）。

　　在语篇生成过程中，写作者应该将预设信息作为文章信息流的起点引出新的信息，新信息继而转化为后续语篇中的预设信息。通过语用预设，文章信息的传递具有一个不断扩大的背景，使句与句、段与段之间紧密衔接，构成连贯的、结构紧凑的语篇整体（王守元、苗兴伟，2003：3）。写作者往往不需要把所有内容当作同等重要的信息处理，为了突出主要信息内容（通常为与主题有关的新信息），往往将已知信息以隐含方式表述为预设命题，并以此作为信息传递的背景，达到主题鲜明、语篇结构紧凑的效果（曹军，2005：113）。已知信息通常可以通过从属分句来表达，因为从属分句中传递的信息属于交际双方共有场中的信息，或者是交际双方可以想当然的信息（朱永生、苗兴伟，2000：27）。在建构语篇的过程中，写作者应该突出主要信息，将次要信息以预设的形式加以背景化处理，作为对主要信息的铺垫和衬托。即使有些信息不属于读者的已知信息，作者也完全可以在写作时将其内嵌于语篇中，仿佛这一信息已经是读者的已知信息（王守元、苗兴伟，2003：3）。这便是语用预设的策略性使用。请看下例：

(29) Despite the kind intention behind the displays of generosity, this Chinese habit is often the target of international media reports.

(*21st Century*，2013-1-29)

这是从一篇谈论食品浪费的文章中摘录的一句话，作者谈到了中国人在招待客人时往往为了面子，极尽慷慨，在饭桌上摆满了完全吃不了的食物。文章的主旨是批评国人在待客方面过度慷慨，因而在该句的信息安排中，将 the kind intention behind the displays of generosity 作为预设信息，用介词短语来表达。

　　在写作实践中，初学者常常会从头到尾使用一连串的单句。也有的学生为了写长句而刻意使用 and，不考虑其中的逻辑关系，将所有信息都同等对待，导致话语啰唆冗赘，结构松散，语言拖沓，主题不突出。请看下例[1]：

(30)　a. What school education gives us (is) not only our major knowledge but the ability to learn knowledge <u>and</u> this ability can let us do well in a job.

　　　b. School education, which gives us not only major knowledge but the ability to learn, develops our potential to do well in any future job.

(30a) 是一位学生在讨论"是否可以接受与专业不对口的工作"时提出的一个论据，该学生的观点是可以接受的。该句为复合句，包含两部分并列的断言信息：学校教育给了我们专业知识和学习的能力；这种能力使我们能够做好（未来的）工作。但是，作为一个主题句，该句信息重点不够突出，我们可以借助预设将次要的信息处理为非限制性定语从句(30b)，以突出重点信息。

　　由此可见，学习者应该进一步了解特定词汇、语法结构的语用功能，而不是机械地背诵单词和语法，要学会巧妙地利用语用预设，使文章逐步摆脱单调的单句表达以及避免刻板的信息合并，在语言表达上实现多样化。更重要的是，使用各种语用预设触发语，可以使语言表达简洁清晰，主题突出，从而有效地传递出语篇的信息重点。

7.3.2.2 扩充写作者自身的文化、背景预设知识，增强语篇的连贯性

　　合理利用基于语言形式上的显性预设能促进语篇信息在微观语言上的有效表达，这一点可以通过语言学习进行加强；而基于非语言形式上的隐性预设或背景预设往往有助于强化语篇宏观层面上的逻辑联系。邵党喜（2003）认为，学生先要筛选出与文章主题最相关的部分，然后再对读者可能具有的共有知识进行假设，以判断这些部分所属的信息等级并安排各个等级的信息在文章中出现的顺序，使读者在解读信息度较高的内容时，可以到文章的上下文中去寻找理据，从而实现信息降级，减少理解的难度。在决定了信息的等级之后，怎样以适宜的语言将其表述出来并衔接起来，是学生面临的又一个挑战。有些学生

1　如果没有特别说明，本章用到的例句均来自本人所教班级的学生习作。

试图使用一些从属结构进行语篇信息的设置，但由于学生对相关的文化预设不够明确，出现了一些语用预设误用的情况。请看下例：

(31) Asian Americans are the highest-earning group, which brings about their high levels of education.

该句从语法上看没有任何问题，学生似乎在尝试使用非限制性定语从句嵌入次要信息。但作者对于该语言结构的语用功能认识不足，由 which 引导的非限制性定语从句预设着后面的从句内容为真：高收入人群必然接受了高水平的教育。仔细一想，这一预设内容显然并非事实。

在语篇建构过程中，写作者所预设的信息常常是非语言性的，以隐性的方式存在，这往往会增加读者的认知负担。如果预设不当，就可能传递错误的信息，误导读者。隐性预设的不当嵌入主要与写作者自身的文化、背景知识欠缺有关。请看下面两例：

(32) The works of popular writers are always connected with love.

(33) If a man put on makeup, he just looks like a gay.

在讨论流行作家是否是好作家时，作者的观点是：流行作家不是好作家。(32)是作者列举的第一个原因：流行作家的作品大多是关于爱情的。这里显然存在一个错误的预设：与爱情有关的作品都不是好作品。(33)的作者讨论的话题是男人是否应该化妆。作者的观点是不赞同男人化妆，其中的一个分论点是：男人化妆后看起来像同性恋者。该句预设着一个错误的信息：同性恋者不受欢迎。现代社会对任何性别取向的群体都具有较高的宽容度，这样的预设显然应该避免。

上文中我们谈到，识别显性或隐性的预设信息有助于理解语篇的主旨。与此相对，当文章中出现的预设信息较多，超出读者的解读能力时，则不利于文章主旨的传递；当文章的预设前后不一致或者误用出现较多时，将会严重影响整个语篇的连贯性和论证的力度，请看下例：

(34) (a) It is obvious that if you graduate from a prestigious university, you will be likely to get more attention from the employers. (b) That is why

students all want to get a high mark at the college entrance examination. (c) So they can have the chance to admit to a so-called prestigious university. (d) To them, entering a good university means they stand on the threshold of a promising career after graduation. (e) But on the contrary, if your major is not needed in the labor market, your future career prospects may look dim even if you study in a good university.

作者在这篇文章中要论述 major 和 prestige 在选择大学时的重要性。选段开头，作者明确提出自己的观点：I prefer a prestigious university。前半部分作者的论述都建立在这样一个预设基础上，即（d）句："名校"必然意味着"好工作"。由该语用预设可以推导出相应的结论：好的声望是择校的标准。但在该段最后（e）句，作者却谈到了相反的一面：如果你的专业不符合市场需要，那么即便就读于一所好学校，未来就业情况也未必理想。这里讨论的语用预设为：好专业意味着好工作。读者推出的结论为：好的专业为择校的标准。该段落在论述上的不一致正是源于作者在语用预设上的前后矛盾。

　　如果说显性预设知识与语言能力有关，隐性预设知识则与学习者自身的文化背景知识储备有关。不当的预设设置往往会给读者的解读造成认知上的困难，削弱文章的表现力。学习者应该加强自己的多元文化修养，同时培养自己的批判性思维能力，才能提高写出的语篇在局部上的内在逻辑性，强化语篇在宏观上的连贯性，更好地传达语篇主旨。

7.3.2.3 培养读者意识，发挥预设在语篇构建过程中的元语用功能

　　预设的单向性和主观性决定了写作者在创作过程中的主动权，但如果写作者过分强化自身主观意图的传递，不考虑读者因素，则可能影响语篇信息的有效传递。邵党喜（2003）认为，在英语写作教学中，语用预设的作用就是帮助学生在写作之初就考虑文章目标读者的社会地位、文化背景、知识水平、思维模式等因素，从而确定自己与读者的共有场，构筑一个宏观的写作语境，并据此选择文章的语篇基调。这样一来，就可以尽量减少学生在写作中经常出现的诸如身份混乱、措词与文章语气不符、言不尽意等现象。匡骁（2009）也指

出，应该培养写作者的读者意识。读者意识指写作者在写作过程中设定读者对象（target reader/potential reader），设法与读者建立和维持一种畅通的交际关系以便实现写作目的的意识，或者指写作者在写作时想到读者的需要并设法迎合读者需要的心理因素。

　　写作者需要考虑与读者之间的社会关系，从而决定所构建的语篇是从自我的视角出发，还是从读者的视角出发，或是拉近与读者的距离，把读者看作是作者的同一群体。写作者常犯的一个错误在于身份混乱，导致人称代词误用。请看下例：

(35) What can you get from sports? The most obvious one is to build a better and a healthier life. As boys, besides, they enjoy the process of competing with others. I myself is an amateur ping-pong player. You can always get satisfaction from the sound "ping pong ping pong". You'll concentrate on only one thing. The feeling of being absorbed in one single activity is beyond words' description. What's more, because you can make direct conversation with others, you'll understand them more. You can not only strengthen the friendship with your old friends, but also make good friends with new people. I personally recognize it as the most beneficial advantage that sports give us.

该例中作者一共使用了4种人称代词：一开始使用了you，似乎在讨论问题时预设了读者的角度，但接下来又变成了特指男生的they，随后又转变为I，然后是you和I，最后又变成了us。视角的多变给读者的理解造成了极大的障碍，严重影响语篇信息的传递。

　　除此之外，在语篇信息的组织过程中，写作者需要对读者的知识状态进行评估。已知信息和新信息是言语交际中非常重要的两个要素。如果全部是已知信息，而没有新信息，则会使谈话或文章索然寡味；反之，如果全是新信息，而没有已知信息，则会使听者或读者不知所云（杨石乔，1999）。很多学生的问题在于对读者的知识状态评估有误，假定读者是一无所知的，因而在作文里提供了过多的不必要信息，即预设不够。与此相反，有些写作者会假定读者无所不知，因而写出的作文信息不全，造成读者理解的障碍，即预设过度。笔者在多年的写作教学中发现，预设过度是作文中常见的问题。如下例：

(36) So if they still give us money, they have the right（？）at the same time.

例（36）讨论的是父母对子女消费是否应该监督的问题，写作者支持父母应该监督的论断，但在具体的表述过程中却只说明了他们有权利，并未说明有权利做什么，这就容易导致误解。如果说这个句子尚且可以依靠上下文来理解的话，那么理解下面这个例子可能就要费点周折了。

(37) Adaptations of classical books are useful for children's comprehension of these books. The adaptations can condense the original ones into visible and vivid scenes, which can be easily remembered by children.

作者在讨论原著过度改编的问题。写作此文前学生先在课堂上进行了发散性讨论，然后自拟题目，自选角度作文。初看文章，写作者似乎是在讨论针对儿童读者进行的原著改编问题。再仔细看看，发现不是这样。经过与作者沟通，才发现她要讨论的是将书改编为电影的问题。该文的作者就是对读者的知识状态评估不够准确，以为读者对作者了如指掌，才造成了读者在理解过程中的问题。

写作过程中应该处理好作者与读者之间的距离关系。有的语篇需要从读者的视角来建构，有的则需要作者与读者一起来完成。视角预设不准确，或者频繁更换视角会让读者无所适从。此外，要合理评估读者的知识状态，不能预设读者一无所知，把很多次要信息当成断言信息；也不能预设读者无所不知，把大量的信息处理为预设信息，否则会给读者造成理解上的障碍。

7.4 结语

以上我们扼要介绍了语用预设方面的理论知识，然后从阅读与写作两个方面分别探讨了语用预设知识在外语教学中的运用。在阅读教学方面，教师可以通过以下3种手段来帮助学生准确理解语篇的信息：学习目的语中各种基于语言形式的显性预设；了解基于非语言形式的各种隐性预设；了解预设的一般性使用和策略性使用，培养学生对语篇的赏析与批判能力。在写作教学方面，可以逐步引导学生利用各种显性预设触发语，实现对语篇微观、宏观信息的有效组织；引导学习者扩充自己的隐性文化预设知识，强化语篇信息的连贯性和表现力；培养学习者的读者意识，发挥预设在写作中的元语用功能。

附录：教学示例

教学示例 1：预设在阅读教学中的应用

教学目的：通过讲解预设的基本概念和预设触发机制的特点，让学生在阅读理解中能够充分掌握预设的方法和手段，巧妙推断阅读文章中的句子意义和篇章意义，从而更准确、更深刻地理解阅读文章。

教学内容：给学生逐一讲解预设的基本触发语类型，并结合实例分析，让学生对预设的识别和理解达到一个感性的层次，并能够在阅读理解中灵活运用，以达到帮助理解的目的。比如，我们可以给学生介绍几种预设触发语：

触发语种类	例词	例句
限定描述语	定冠词 the；指示代词 this、that；名词所有格修饰的名词	John saw/didn't see the man with two heads. >> There exists a man with two heads.
叙实性动词 (factive verbs)	know、realize、regret；be odd、be aware、be sorry that	John realized/didn't realize that he had made a mistake. >> He had made a mistake.
含蓄性动词 (implicative verbs)	manage、forget	John forgot/didn't forget to lock the door. >> John ought to lock the door.

（待续）

（续表）

触发语种类	例词	例句
表示状态改变的动词（change of state verbs）	stop、finish、start、continue、leave、arrive	John stopped/didn't stop beating his wife. >> John had been beating his wife.
表示反复的词语（iteratives）	again、restore、back、return、repeat、too	He promised/didn't promise to ring again. >> He had rung before.
……	……	……

教学步骤：

(1) 给学生介绍预设触发语的基本类别，增强学生对预设知识的意识，并使学生掌握一部分触发语的种类和代表性词汇或结构。

(2) 针对每种预设产生的机制多举一些例子，并采用下划线、使用不同颜色等方式突出其中所包含的预设触发语，引起学生注意，并帮助学生一起理解这些触发语所表达的意义，从而使得学生对预设的概念有一个更深刻的认识。

(3) 再给学生一些包含预设的句子，不突出其中所包含的预设触发语。将学生分成 2—3 人一组，进行分组讨论，找出句子中包含的预设触发语，并讨论其所表达的意义。比如：I regret my impatience to get on with my career 这个例子中出现了一个叙实性动词 regret，所引发的含意是：作者在选择继续他/她的职业时过于匆忙，如果再有一次选择的机会，他/她可能会多在家里待一段时间，再开始职业生涯。

(4) 教师让学生分组报告讨论结果，对学生存在的疑惑或困难加以辅导、纠正，从而让学生对预设知识达到相当熟悉和熟练运用的程度。

(5) 给学生提供几篇大学英语四级考试中的阅读文章，让学生分组逐一讨论，分析文章中所包含的预设触发语，以及在语境中所表达的意义，从而准确地把握阅读文章的内容。

教学示例 2: 预设在写作教学中的应用

教学目的: 通过讲解预设在写作中的重要作用,让学生意识到适当运用预设的巧妙之处,从而尽量避免写作中存在的语言繁冗、缺乏连贯性、语篇结构松散等问题。

教学内容: 在介绍预设基本概念和基本类型的基础上,给学生举例讲解预设在写作中的具体应用情况,通过分析实例中存在的各种语言表达繁冗、句子结构松散、篇章连贯性差等问题,强化学生用预设方法来处理次要信息的意识,从而提高其写作水平。

教学步骤:

(1) 介绍预设的基本概念、种类和运作机制,并举例让学生体会。

(2) 举出一些例子,比如下面这个语篇结构松散的段落:

> ① Peter and Carl walk to school, ② and Bonnie follows them. ③ Bonnie is Peter's dog, and ④ she is a nice dog. She walks at Peter's heels, but she turns back at the butcher's shop. Now Bonnie may try to find her friends, or she may go home.

(3) 将学生分成 3—4 人一组,分组讨论其中可能存在的问题。

(4) 让学生分组汇报讨论的结果,教师进行总结,并进一步点拨,突出预设在写作中的重要性。比如上面例子中,作者想描写一只小狗 Bonnie 的行为动作,因此关于小狗动作的描写信息要比其他信息重要。而上例中把所有信息同等对待,使得篇章结构松散,动作描写不突出。

(5) 指出问题之后,让学生继续讨论,看如何使用预设的方式将次要信息处理成预设信息,作为读者的已知背景信息。

(6) 让学生汇报讨论结果,然后教师给出相应辅导和提示,如:可以把次要信息 (Peter and Carl walk to school) 通过从属分句处理为预设信息,作为读者已知的背景信息,从而重点突出主要信息 (Bonnie follows them);同样表达小狗属性状态的③④两个小分句,也可以通过预设的方式处理为次要信息（Peter's nice dog），为小狗的动作（follows them, walking at Peter's heels …）这一主要信息作铺垫。修改后的参考段落如下：

As Peter and Carl walk to school, Peter's nice dog, Bonnie, follows them, walking at Peter's heels until she turns back at the butcher's shop. Now, if she doesn't find her friends, she will go home.

这样处理之后，就可以使得语篇主题突出，篇章结构紧凑，中心明确。

(7) 提醒学生在写作时要树立区分主要信息和次要信息的意识，并尽可能地将次要信息进行预设处理，从而在一定程度上避免句式松散、篇章结构凌乱和条理不清的问题。

第八章　话语标记语教学

8.1 引言

话语标记语（discourse markers）是一种十分常见的话语成分，包括部分连词（如 and、therefore、because）、副词（如 actually、incidentally）、感叹词（如 well、oh）以及某些短语或小句（如 as a consequence、you know、I mean、if I'm not wrong）（何自然、陈新仁，2004：150）。这些词语、短语或小句在话语中起着特定的作用。Schiffrin（1987）从话语连贯的角度指出，话语标记语对话语的局部连贯起着重要作用。Lenk（1998）更进一步强调话语标记语在语用上的整体连贯作用。这样的话语标记语常被称为话语联系语（discourse connectives），如 moreover。Aijmer（2002）、Brinton（1996）、Östman（1981：39-40）则认为，人际功能是话语标记语的主要功能，表达主观意义和人际意义；同时，他们发现话语标记语也具有充当会话组织的语篇功能，能够标记事件和话轮。这样的话语标记语常被称为语用标记语（pragmatic markers），如 frankly。还有一些话语标记语，如 well，既可以充当话语联系语也可以充当语用标记语。对于这些具有不同功能的词语、短语或小句，我们这里统称为话语标记语。

近年来，随着越来越多的学者关注到话语标记语在二语习得中的作用，学习者使用话语标记语的情况也逐渐成为研究热点。Thompson（2003）发现话语标记语对听力理解有显著影响，在真实的大学课堂中，它的使用可以帮助学习者在头脑中建立一幅关于教师授课内容的"心理地图"。陈新仁（2002）则指出合理使用话语标记语的能力可以在一定程度上反映学习者的写作能力和语用认知意识程度。可见，话语标记语对学习者理解和产出话语至关重要。然而，现有对话语标记语使用情况的调查表明（如陈新仁、吴珏，2006；李巧兰，2004；王丽、王同顺，2008；王立非、祝卫华，2005），中国英语学习者在3方面还存在局限：（1）回避使用话语标记语，整体语用意识较差；（2）机械地使用话语标记语，且使用种类单一，存在语用石化现象；（3）混淆相似的话语标记语，存在母语负迁移的倾向。由于话语标记语编码程序信息，不构成话语的命题意义，基本无语义表征（Jucker & Ziv，1998：6），在传统的应试教育下，教师和学生往往对其不够重视（郭剑晶，2012）。单纯查找词典或讲解意义对话语标记语的习得也并无多大帮助（Wichmann & Chanet，2009）。

随着 Sperber 和 Wilson（1986/1995）关联理论的提出，在此框架下解释话语标记语性质和功能的文献不断涌现（如 Blakemore，2002；Bordería，2008；Schourup，2011）。然而，将其与二语教学相结合并提出具体教学办法的研究寥寥无几。我们认为，关联理论从认知—语用的角度出发，为话语标记语的习得提供了一个新的视角，可以有效弥补中国英语学习者存在的 3 点不足。这一章我们将重点讨论关联理论指导下的话语标记语教学。8.2 小节对话语标记语进行界定，并简要介绍关联理论的主要论点，把话语标记语纳入关联理论的视域下进行阐释；8.3 小节将关联理论应用于话语标记语教学，分别介绍了如何在关联理论的指导下通过演绎法和归纳法学习话语标记语，并指出了两种方法各自的适用范围；8.4 小节对本章进行了总结；最后附录部分给出了可供参考的教案，旨在为关联理论在话语标记语教学中的实际应用提供示范。

8.2 关联理论与话语标记语

8.2.1 关联理论

Sperber 和 Wilson（1986/1995）认为，交际是一个涉及信息意图和交际意图的明示—推理过程（ostensive-inferential process）。明示与推理是交际过程的两个方面。从说话人的角度来说，交际是一种明示过程，说话人总是尽可能明白无误地表达自己的意图，让自己的话语与当时的情境相关；从听话人的立场来说，交际又是一个推理过程，听话人总是设定说话人的话语与当时的交际目标相关，其信息意图可以通过话语所拥有的成分（即明示手段）与情境语境和认知语境的结合推导出来。在这一过程中，关联性是常项，语境是变项，是为了寻找话语关联而进行选择的结果。

8.2.1.1 关联性

关联性（relevance）是制约推理的原则，人们在理解话语时会在新出现的信息与语境假设之间寻求关联。根据这一原则，寻找关联、构建语境、推理加工的过程是要付出某种努力的，其目的是为了取得语境效果，从而达到使交际成功的目标：在同等条件下，语境效果越大，付出的语用努力越小，话语的关联性也就越强。

Sperber 和 Wilson 还提出，一个新的话语传达的假定与当前语境假定之间发生互动时可能产生 3 种语境效果：

1）强化已存在的假定；
2）与已存在的假定发生冲突或将之取消；
3）与已存在的假定组合形成语境暗含。

Sperber 和 Wilson 进一步指出，人类的认知往往力求以最小的认知加工努力，获取最大的语境效果，即寻求最大关联（maximal relevance）。然而，听话人在理解话语时，不仅只会关注、处理那些具有足够关联性的话语，而且会考虑到说话人的能力、意愿、偏好等因素，倾向于构建与这些话语具有最佳关联的心理表征。最佳关联（optimal relevance）实际上是一条交际原则，即说话人的明示话语与其能力和偏好一致，是在当前语境下最能传达其意图的方式，不会无故浪费听话人的语用努力。例如：

（1）A: Do you want some coffee?

　　　B: Coffee would keep me awake.

（Sperber & Wilson，1986/1995：34）

以上语境中，B 的回答到底是想喝咖啡，还是不想喝咖啡呢？这里，A 需要根据 B 话语中字面意义以及相关知识进行一系列的语境假定选择，并运用逻辑知识进行推理，其过程大致如下：

1）字面意义：Coffee can keep B awake.
2）逻辑推理：a. If B does not want to stay awake, then B does not want any coffee.

　　　　　　　b. If B wants to stay awake, then B wants some coffee.
3）语境假定选择：If it is sleep time, B means a.

　　　　　　　　If it is office time, B means b.

这一推理过程即显示了新的假定如何与某一被激活的已存在假定组合形成语境暗含，而激活已有假定需要考虑到话语和语境之间的最佳关联性。

8.2.1.2 语境

与传统的语境观不同，关联理论中的语境不再是静态的、客观的，而是与心理认知紧密相连的、动态的、交际的实体。在言语交际中，对话语理解起主要作用的是构成听话人认知环境的一系列假设，因此，关联理论中的语境不限于现实环境中的情景或话语本身的语境；言语交际中的语境不是双方事先知道的，也不是固定不变的，而是动态的，在交际过程中建构起来的。关联理论将语境看作是在互动过程中为了正确理解话语而从人们大脑中激活、提取的某个假定。理解每一个话语所需要的语境因素是不同的，因此，听话人要在话语理解过程中为每一个话语建构新的语境。从本质上看，话语理解涉及听话人对语境假设的不断选择、调整和顺应。例如：

(2) 甲：小朋友，这么早就放学了？

乙：今天没上学。

甲：为啥没去呢？

……

(何自然、冉永平，2009：310)

此例中，甲根据自己对乙的认知语境假设生成话语，然而他原来所选择的语境假设（即"乙今天应该上学"）是错误的。但这并没有影响交际的继续进行，因为乙的回答使甲获取了新信息，即"乙今天没有上学"。这一新信息与甲原来的语境假设相矛盾，这种矛盾即是一种语境效果。甲根据乙提供的新信息，需要对自己的语境假设重新进行调整和选择，于是出现了第二次询问，交际就这样进行下去。所以，成功的交际过程其实就是说话人与听话人不断根据话语所取得的语境效果去验证、调整，以及选择语境假设的过程。

总之，关联理论认为，话语理解是一个动态的过程，认知主体会利用推理机制，将话语的字面意义与可能隐含的信息加以综合，结合合适的语境假设，寻求话语之间的内在联系，从而选择其中符合最佳关联性假定的解释。

8.2.2 话语标记语

对话语标记语的定义，学界一直存有争议。在本章中，我们将话语标记语视为对话语联系语和语用标记语的统称：前者是连接两个及两个以上小句的词语，作用是突出语篇中话语单元之间的语义关系（Fraser，1996；Lenk，1998；Schiffrin，1987；何自然、冉永平，1999）；后者传达说话人对所在话语命题的态度或评价（Aijmer，2002；Brinton，1996；Östman，1981；Traugott，1995；冯光武，2005）。请比较例句（3）和（4）的画线部分。

（3）John: Some students went to the party last time. Did you go there?

Mary: No. I went to the hospital, <u>instead</u>, <u>because</u> I didn't feel well.

（*The Picture of Dorian Gray*, by Oscar Wilde）

（4）Absolutely, I can't say. <u>Frankly and faithfully</u>, I would if I could.

（*Our Mutual Friend*, by Charles Dickens）

例（3）中，instead 和 because 的主要功能是点明话语单元间的逻辑关系。instead 首先表明命题 went to hospital 与命题 went to the party 是相冲突的，because 随之点明 went to hospital 的原因。而例（4）中，frankly and faithfully 则更多地提示说话人坦诚的态度。

Brinton（1996：33-35）认为，话语标记语具有如下基本特征：

1）音系特征：

(a) 语音缩略，如例（3）中的 because 和例（4）中的 and 分别缩读成 'cause 和 nd；

(b) 声调上具有独立性，如例（3）、（4）中的标记语与其他句子成分之间都存在停顿。

2）句法特征：

(c) 通常位于句首，如例（4）中的 frankly and faithfully；

(d) 出现在句法结构以外或与句法结构的关系很松散（如常以逗号与其他成分隔开）；

(e) 具有选择性，去除话语标记语对句子结构没有影响。

3) 语义特征：

　　(f) 有很少或基本没有命题意义，如去除上例中的标记语不影响句子的
　　　　语义。

　　总之，话语标记语涵盖范围较广，类型多样且分类标准不统一。在本章
中，我们主要考察起衔接作用和具有态度、评价功能的话语标记语。

8.2.3 关联理论对话语标记语的阐释

　　基于关联理论，Blakemore（2002）指出话语理解过程中应区分两类信息：
概念信息（conceptual information）和程序信息（procedural information）。作为
编码程序信息的语言成分，话语标记语可以被认为是说话人为了实现最佳关联
并减少听话人语用努力而使用的明示标记。它引导话语含意的推导，并激发对
概念信息的整合理解，使话语整体得到更加确切的明示，从而帮助寻找最佳关
联的方向，对语义理解进行有效限制。例如：

（5）A: Mary is not coming.

　　　B_0: Her son is at home.

　　　B_1: So, her son is at home.

　　　B_2: After all, her son is at home.

　　　B_3: You see, her son is at home.

　　　B_4: But her son is at home.

上例中，B_0—B_4 的概念信息都是"她儿子在家"。B_0 没有使用话语标记语，A 需
要付出较多的语用努力来寻求话语和语境的最佳关联。B_1—B_4 则通过话语标记
语，制约了语境假设和认知效果的选择，使得话语更为精确，从而让 A 可以迅
速作出判定。具体来说，B_1 中的 so 提示后面表达的内容是由前面的内容与某种
语境假设（即儿子在家就不能来）结合而得出的结论，表示说话人对"Mary 不
会来了"的原因的推理。相反，B_2 中的 after all 则提示后面的内容与这种语境假
设是前面内容成立的前提，表示说话人对"Mary 不会来了"的一种解释。同样，
B_3 中的 you see 和 after all 一样表示"解释"，但 you see 提示后面的内容是新信息；

而 after all 提示后面的内容是旧信息，在前文中已经提及。B_4 的语境假设和 B_1—B_3 不同，B_4 中的 but 提示后面表达的内容与前面的内容触发的某种语境假设（即儿子在家就会来）相冲突，表示说话人对"Mary 不会来了"这一事实的不认可。

在书面语中，话语标记语同样被看作是寻找关联的向导，通过明确某些语境特征和语境效果指导解释过程。例如：

(6) a. The rent is reasonable. The location is perfect.

b. The rent is reasonable. In addition/Besides, the location is perfect.

c. The rent is reasonable. Moreover/Furthermore, the location is perfect.

d. The rent is reasonable, for/because the location is perfect.

（陈新仁，2002）

以上 4 种表达的概念意义是一致的，都传达了两个单位的命题内容。然而，它们所表达的两个命题内容之间的关系却不相同。(6a) 没有使用任何话语标记语，因而两个命题内容之间的关系比较隐晦。在 (6b) 中，in addition/besides 提示两个命题之间是并列关系，说明引入的命题是对前命题的一种增添。在 (6c) 中，moreover/furthermore 也提示增添关系，但这种添加更为重要，更值得听话人重视。在 (6d) 中，for 提示其引入的命题是对前命题的解释，because 则提示一种更强的因果性联系。总之，传达程序意义的话语标记语在制约、引导话语理解的力量上也有强弱之分。

由此可见，话语标记语对话语表达的命题内容不产生影响，而是通过明示促进话语的理解过程，一方面减少听话人/读者处理话语所付出的努力，另一方面增强话语/语篇的精确性，避免产生误解。这种对话语标记语本质的阐释有助于学习者直观、深刻地体会话语标记语在话语理解中的制约作用，提高他们的语用认知意识。

8.3 关联理论指导下的话语标记语教学

大量的实践和研究证明课堂教学对二语习得起着明显的积极作用，相比不强调规则解释的隐性教学，显性的语言教学能导致更快的习得和更准确的语言使用（如 House, 1996；Rose & Ng, 2001；Soler, 2007；Takahashi, 2001；

Tateyama *et al.*, 1997 等）。 Kasper 和 Rose（2002a）认为显性教学具有两个特点：(1) 明确的规则解释构成教学内容的一部分；(2) 明确要求学习者注意某一种形式，并对元语用规则进行讨论和总结。事实上，这两大特点也构成了显性教学的两种不同方式：演绎法和归纳法。演绎法是指教师首先教授具体规则，然后带领学习者将规则运用到实践中，生成相应的例句；归纳法是指教师引导学习者通过自身的语言使用经验，或者通过观察和分析例句，总结语言使用规则（Richards & Schmidt, 2002：146）。我们认为，关联理论指导下的话语标记语教学也可以使用这两种不同的方式。

8.3.1 演绎法：以语境效果为标准对话语标记语进行分类

演绎法首先要求教师教授具体的规则。在话语标记语教学中，具体规则即是明确话语标记语和功能间的对应关系。如前所述（8.2.1.1 节），一个新的话语传达的假定与当前语境假定发生互动可能会产生 3 种语境效果。根据这一论断，陈新仁（2002）将英语议论文中的常用话语联系语分别按 3 种语境效果分成 3 类，并将每种语境效果下标记语所体现的功能具体化。他还发现在写作过程中，学习者常会使用口语化的标记语。鉴于此，我们在他的分类基础上又增添了一重维度，即按口语和笔语对话语标记语进行了划分。同时，由于学习者经常机械地使用一套标记语，种类单一，我们尽可能多地搜集了同类标记语的多种表达法（如表 1 所示）。

表 1 话语标记语分类[1]

语境效果	具体功能	笔语	口语
强化	添加	in addition, as well, as well as, what is more, moreover	and, also, besides, by the way, for your information, too, speaking of, as for, on top of that
	列举	above all, last but not least, to begin with, first and foremost	first of all, next, then

（待续）

---

1 表中个别话语标记语（如 because、otherwise、meanwhile 等等）既可以出现在口语中，也可以出现在笔语中。

（续表）

语境效果	具体功能	笔语	口语
强化	递进	furthermore, moreover, to be sure, not only… but also	indeed, surely, really, without doubt, of course
	说明	in other words, that is to say	to put it differently, simply stated
	同类	similarly, in the same way, in the same vein	likewise
冲突	转折	however, despite, nevertheless, whereas, in spite of, nonetheless	but, yet, even so
	让步	though, admittedly, it is true that, in any case	anyhow, anyway, still, may
	选择	alternatively	either … or
	更正	in fact, as a matter of fact	actually, I'd rather, instead, you'd better, actually, not really
	对比	on the contrary, by contrast, in contrast, (on one hand …) on the other, in comparison, whilst	while, meanwhile, at the same time, mind you
暗含	原因	for this reason, on account of, thanks to, due to, owing to	because, because of, since, as
	推论	thus, hence, therefore, accordingly, all things considered	so, otherwise, or else,
	目的	for this purpose, to this end	
	总结	to sum up, in conclusion, in a word, on balance, in brief, on the whole, in a nutshell, by and large	my point is, the thing is, in short, all in all, generally (speaking)
	结果	as a result, consequently, in consequence, eventually	in this way, finally
	例释	take … as an example, a case in point, for one thing … for another, in particular, namely	for instance, for example, like, specifically

　　从表 1 可以看出，教师可以根据语境效果对话语标记语的功能进行划分，如由总到分，由粗略到具体等，话语标记语之间的差别也便一目了然。比如，(on one hand ...) on the other 和 for one thing ... for another 两者的区别在这一框架下就很明显：前者强调 on the other 之后的新假定与 on one hand 之后的旧假定之间存在对比或者相矛盾的关系；后者则是强调 for one thing ... for another 整体的新假定作为例子对旧假定进行阐释和证明，只不过新假定包含两个方面，且两个方面既不相对，也不冲突。

　　此外，我们不仅可以对不同的语境效果进行划分，还可以按语境效果的强弱对每种具体功能进行细分。比如话语标记语 but、however、nevertheless 三者的转折语境效果即形成了一个由弱至强递增的等级：but 连接的假定之间转折性较弱，however 适中，nevertheless 最强。也就是说，可以用 nevertheless 的时候，必然可以用 however 和 but；可以用 however 时，必然可以用 but；但反过来则未必如此。其他话语标记语也可以按类似的方法进一步归类。

　　教师在讲解规则以后，即可引导学习者在具体语言环境下使用标记语。可以把一组相同功能的话语标记语放在一起，让学习者判断使用的对错或者填写正确的标记语。仍以 but、however、nevertheless 为例：

（7）a. I am sure she is honest. Nevertheless, the papers are missing.

b. I am sure she is honest. But the papers are missing.

c. I am sure she is honest. However, the papers are missing.

（8）[in response to: Have you got my article?]

a. Yes, but the last page is missing.

b. Yes. However, the last page is missing.

c. Yes. ?Nevertheless, the last page is missing.

（9）[speaker, who is in shock, has been given a whisky]

a. But I don't drink.

b. ?However, I don't drink.

c. ?Nevertheless, I don't drink.

（Blakemore，2002：116）

总之，以语境效果为标准对话语标记语分类的好处在于：把标记语间的区别和语境联系起来，清楚明晰地罗列不同的话语标记语，有利于教师引导学生在实际语境下生成例句。值得注意的是，演绎法要求教师对规则了如指掌，即对话语标记语的功能及其细微差别有相当明晰的认识。但事实上，能够被清楚归类的大部分是狭义概念上的话语标记语，亦即体现命题间语义关系的标记语。其他如态度类标记语 frankly、感叹词 OK 等则可能具有两种或多种语境效果。针对这类标记语，我们认为使用归纳法进行教学可能更为有效。

8.3.2 归纳法：以关联性为基础探讨话语标记语的使用规则

归纳法要求学习者从真实语料中归纳出特定的语言规则。语料库的发展以及互联网的普及使得学习者接触地道的语言成为可能。相比枯燥地背诵规则，在老师的指导下自己归纳规则似乎更为有趣，也更容易掌握。

如前所述，说话人使用话语标记语作为明示的手段，听话人则假设话语具有关联性，通过标记语充实语境，从而理解话语。在归纳法中，学习者即是听话人，需要通过关联语境找到话语标记语的作用。下面我们以 frankly 为例展示教师如何运用关联理论指导学生归纳话语标记语的功能。例（10）和（11）代表了 frankly 在不同语境下的两种功能。

(10)（情景一：Zoe 在拷问 Mr. Craig）

> Mr. Craig: Laurel and I … our marriage is over. We wanted to split up for months, but we were stuck in that house.
>
> Zoe: You couldn't sell it?
>
> Mr. Craig: The value of the house had tanked. We couldn't afford to sell it, but now (the house was burnt down), with the insurance pay-out, we can both go our separate ways. Frankly, it's a relief.
>
> (*Lie to me* S1E10)

首先，frankly 的语义是"坦白地说"。通常情况下，我们已经默认人们说的话是真实的（Grice，1975），此时再用"坦白地说"来表示自我话语的真实性就显得多此一举，且没有增加任何有用的概念信息。然而，关联理论认为任何明示性的话语都传达关于自身具备最佳关联性的假定，不会无故浪费听话人处理话语的努力，因而当 Mr. Craig 强调自己的坦白时，他一定是认为有这个必要，而且很可能是因为对方怀疑他话语的真实性。从大环境看，拷问的情景本身就以怀疑一切为前提；从对话看，房子烧毁、离婚对一般人来说都是不幸之事，然而 Mr. Craig 用 relief 来表示他的感受实在有违常识，受到怀疑也在情理之中。因此，这里的 frankly 具有反预期的功能，代表 Mr. Craig 意识到自己接下来说的话与听话人的预期相反，但仍选择直言自己的真实想法。

(11)（情景二：Leonard 对 Howard 将被上级派往北极工作表示不可置信）

Leonard: Wait a minute. He offered to send you to the North Pole?

Howard: Yes. In fact, he was quite enthusiastic. He said, "Frankly, if I could send you tonight, I would."

(*The Big Bang Theory* S2E23)

情景二与情景一类似，也处于受到怀疑的场景中。依据上例的分析，话语标记语 in fact 和 frankly 都具有反预期的功能，因为 Howard 的整个回答都是对 Leonard 的怀疑的否定和反驳。然而，值得注意的是，这里 frankly 直接连接的两个假定之间并不是矛盾关系，而是相统一的甚至是递进的关系，由此加强了 Howard 反驳内容的可信度。因而，这里的 frankly 可以作为加强标记语使用。

通过这两例的比较，我们可以总结出话语标记语 frankly 的使用规则：

1）frankly 应用于受到怀疑的场景中，表示话语的真诚性；

2）若前后假定相矛盾，frankly 是反预期标记语；若前后假定相一致，frankly 是加强标记语。

总而言之，教师可以利用英国国家语料库、美国国家语料库，甚至多模态的英剧和美剧为学习者提供不同语境下的真实语料，然后让学生利用关联理论，假定话语与语境具有最佳关联，解读话语标记语的作用。这种方法的益处在于自我归纳规则有趣且易于掌握，其不足之处在于对每个标记语的研究都需要耗费一定的时间与精力。鉴于此，我们认为关联理论框架下的归纳法适合以下几种情况：

1) 解释常用的具有多种语境效果的话语标记语，如 you know 作为仅次于 I think 的最常用标记语（Aijmer，2004），既具有元知识标记功能（Schiffrin，1987），也可以提醒对方已知或应该知道的某种信息，以增加交际双方的认知共性（Jucker & Smith，1998）。

2) 解释区别细微、功能相近的话语标记语，如 sort of 和 kind of 都具有缓和功能，但 kind of 似乎语力较弱，在口语中更容易缩略成 kinda（Miskovic-Lukovic，2009）。

3) 解释可能存在母语负迁移的英汉话语标记语，如"请"和 please 都可以作为礼貌标记语，降低对听话人面子的威胁，但"请"在汉语中还蕴含着谈话双方存在社会等差关系之意，在亲近关系中反而并不常用，即使用了也不会显得不礼貌。然而，由于 please 在英语语言文化中并没有这一功能，因而在亲近关系中也需要使用（曲卫国，2012）。

符合以上情况的话语标记语，由于其功能难以在演绎法的表格中用简单规则概括和清楚表示出来，而脱离具体语境的讲解又过于抽象，不容易理解，因而更适合让学习者接触真实语料，通过关联语境来归纳它们的使用规则和差异。

值得一提的是，话语标记语的翻译问题也逐渐被人们所认识。如何准确地道地翻译话语标记语已成为关注的热点（如马萧，2003；李欣，2012）。我们认为，基于英汉比较的归纳法使得学习者能够认真思考两种语言文化之间的差异，为翻译作好前提准备。

8.4 结语

关联理论认为话语标记语不影响话语表达的命题内容，而是用于促进话语的理解过程，减少听话人的认知努力，增强话语的精确性。我们认为这种对话语标记语本质的阐释有助于学习者直观、深刻地体会话语标记语对话语理解的制约作用，从而提高他们在理解和产出话语时关注话语标记语的意识。同时，基于关联理论中的语境效果分类和关联性特征，教师可以分别使用演绎法和归纳法教授话语标记语。针对前一种方法，教师可以根据语境效果的 3 种类别对那些主要体现命题间语义关系的标记语进行分类讲解，并提供每种功能下的多个表达式，以此弥补学习者机械使用单一话语标记语的不足；针对后一种方法，教师可以提供大量真实语料，利用话语和语境间的最佳关联假定，推导话语标记语的功能，以此归纳功能相近的标记语之间的差别以及英汉标记语间的异同，防止学习者混淆相似的话语标记语或出现母语负迁移的现象。

当然，两种教学方法都有各自的优缺点。Jones（2011）提倡在教学时可以把两种方法结合起来。我们认为，关联理论视域下的演绎法适合大规模讲解语用效果清晰的话语标记语，而归纳法更适合深入探索和比较个别功能较多的话语标记语。不管结合与否，教师在教学过程中都应针对不同类型的标记语和不同的教学目的选择合适的教学方法。

附录：教学示例

教学示例 1：演绎法运用于话语标记语的听力教学

教学目的： 通过讲解大学英语四、六级考试听力中的常用话语标记语，鼓励学生在听力理解中关注话语标记语并通过其推导话语含意，培养学生利用话语标记语预测对话的能力。

教学内容： 在大学英语四、六级考试中听力部分出现的对话，大多数都以话语标记语起始，且话语标记语前后的信息往往是测试的重点。比如but、so、anyway 等表示前后话语逻辑关系的标记语就常出现。下面是听力对话中常出现的话语标记语，根据语境效果分成 3 类，每一类又根据具体功能进一步细分。

语境效果	具体功能	听力理解中的常用话语标记语
强化	添加	and
	递进	of course，really
	说明	I mean

（待续）

（续表）

语境效果	具体功能	听力理解中的常用话语标记语
冲突	转折	but, sorry, I'm afraid
	让步	still, after all, anyway
	更正	you'd better, I'd rather, actually, not really
	对比	meanwhile
暗含	原因	since
	推论	otherwise, so, unless
	总结	generally (speaking)
	结果	in this way
	例释	for example

注：这些话语标记语是近五年大学英语四、六级考试听力对话中出现频次较高的，更详细丰富的话语标记语归类可参考本章表1。

教学步骤：

（1）罗列每一类语境效果下的具有各种功能的话语标记语，注意概括简练，同一功能下尽可能涵盖多个话语标记语。

（2）选择一段听力对话的文字材料，包括听力原文和相应的问题，注明真题来源（以此加强学生的关注），仔细讲解话语标记语在制约话语间语义关系中的作用，从而解决材料中所提出的问题。

例题：

W:　We're taking up a collection to buy a gift for Gemma. She'll have been with the company 25 years next week.

M:　Count me in. But I'm a bit short on cash now. When do you need it?

Q:　What is the man going to do?

A. Take up collection next week.

B. Give his contribution some time later.

C. Buy an expensive gift for Gemma.

D. Borrow some money from the woman.

(2012 年 6 月，CET-6)

讲解：对话中，话语标记语 but 具有转折功能，表示前后假定的冲突；同时，由于 but 的语境效果较弱，前后假定之间就可能不是完全相反，可以是新假定对旧假定某些方面的否定。因而当男子询问什么时候交钱时，就可以得出"他仍然要加入买礼物，但在时间上延后"的结论，所以本题答案选择 B。

(3) 选择另一段含有话语标记语的听力对话，播放一至三遍（视听力难易程度而定），让学生写下听到的话语标记语及其语境效果和功能，以此提高学生对话语标记语的判断力。此过程可以重复，从包含一个话语标记语到包括多个，循序渐进。

(4) 再选择一段听力对话，播放对话至话语标记语处暂停，鼓励学生利用话语标记语对话语进行预测。然后再播放整段对话，检验预测是否准确。此过程可以重复，从包含一个话语标记语到包括多个，循序渐进。

教学示例 2：归纳法运用于话语标记语的翻译教学

教学目的：通过研究话语和语境的相关性，归纳和比较英汉两种不同文化中相关话语标记语的功能，鼓励学习者进一步探究其异同及背后深层的文化内涵，从而加深对所翻译的话语标记语的理解和掌握；同时，培养学生小组讨论合作的能力。

教学内容：归纳 Shakespeare 戏剧中频率出现较高的语气标记语 well 的语用功能，并和汉语中相对应的语气词作比较，最后得出较为贴切的汉语翻译。

well 的 3 种功能示例：

A. 承接话轮。

Corin: Mistress and master, you have oft inquir'd

After the shepherd that complain'd of love,

Who you saw sitting by me on the turf,

Praising the proud disdainful shepherdess

That was his mistress.

Cellia: <u>Well</u>, and what of him?

(As You Like It, Act Ⅲ, Scene 4,)

　B. 修饰语气（包括肯定、迟疑等）。

Cleopatra: Thou hast forspoke my being in these wars,

And say'st it is not fit.

Enobarbus: <u>Well</u>, is it, is it?

(Antony and Cleopatra, Act Ⅲ, Scene 7,)

　C. 礼貌标记。

Antonio: I am more serious than my custom: you

Must be so too, if heed me; which to do Trebles thee o'er.

Sebastian: <u>Well</u>, I am standing water.

(The Tempest, Act Ⅱ, Scene 1,)

教学步骤：

第一课时：

（1）结合 Shakespeare 戏剧中的对话，示范如何通过关联性解读话语标记语 well 的语用功能（解读过程参见 8.2）。

（2）将学生分成 3 组，向每组提供含有 well 的 Shakespeare 戏剧对话，但每组中 well 的功能各不相同，锻炼学生利用关联理论归纳话语标记语功能的能力；之后，每组再各找出两个他们认为最贴切的汉语翻译，比如：A 组找出"哦"、"嗯"；B 组找出"是"、"好"；C 组找出"对啊"、"算了"。

（3）各小组汇报成果，包括 well 的功能、语用理据和汉语翻译。

第二课时：

（1）课前，各小组通过北大语料库搜集其他小组提出的汉语翻译的语料

（每组两个，如 A 组搜集"是"和"对啊"；B 组搜集"哦"和"算了"；C 组搜集"嗯"和"好"），并提炼这些汉语标记语的语用功能。让小组交换查找是为了保证各小组对各标记语的功能都有所了解。

(2) 各小组汇报他们所搜集的汉语标记语的功能，然后判断这些翻译是否贴切。

(3) 教师对汇报作出评论，总结各标记语功能的异同，提出文化上的一些理据，并最终选出最合适的翻译。

第九章　语言礼貌教学

9.1 引言

礼貌是人类文明的标志，是各国文化共有的一种社会现象，具有普遍性 (Brown & Levinson，1978/1987)。John Gumperz 在给《礼貌现象：语言使用的一些普遍性》(*Politeness: Some Universals in Language Usage*) 写的序言中说道："礼貌是维持社会秩序的基础，是人们合作的前提条件"(见 Brown & Levinson，1987：xiii)。Brown 和 Levinson (1978)、Leech (1983) 等认为礼貌是人们在交际中避免冲突、缓和面子威胁的一种策略。只有当交际双方尊重彼此、维护对方的自尊心或面子时，交际才能顺利进行。否则，交际者之间必然会产生误会、反感、对抗等情绪，甚至会最终导致交际失败。

在外语教学中，教师和学习者必须致力于礼貌表达和礼貌知识的传授与学习，礼貌意识的提升以及礼貌策略在真实交际中的运用等。本章在扼要介绍中西礼貌理论、礼貌表达方式的基础上，探讨英语礼貌教学策略并提供教学示例。

9.2 礼貌理论

关于礼貌的研究始于 20 世纪 70 年代。自 Lakoff (1973) 的《礼貌的逻辑》发表以来，或许是由于礼貌的显著性 (Eelen，2001：2)，众多学者对这一研究话题进行了广泛的研究，成果十分丰富。根据 Thomas (1995) 的概括，人们通常研究与礼貌相关联的 5 种现象：(1) 礼貌是交际中的现实目的之一；(2) 礼貌是一种"敬重"；(3) 礼貌是一种语体；(4) 礼貌是一种话语表层现象；(5) 礼貌是一种语用现象。

语用学领域中的礼貌研究尽管研究方法和理论各异，但大致上有以下 5 种基本观点 (Kasper，1990)：(1) 社会规约观 (Social Norm View)，指的是特定文化背景下、特定时空的固有礼貌性礼节 (Etiquette)，主要是一种规定性礼貌，几乎无策略可言，因此，本文对此不作讨论；(2) 会话契约观 (Conversational

Contract View)，代表人物是 Fraser；(3) 会话准则观 (Conversational Maxim View)，实际上就是 Leech 的礼貌观；(4) 面子保全论 (Face-Saving View)，由 Brown 和 Levinson 提出；(5) Watts 等的新礼貌观。为了理清礼貌思想的脉络，帮助读者整体把握西方礼貌观，下面我们将主要介绍 Lakoff、Fraser、Leech、Brown、Levinson 和 Watts 等学者的观点。

9.2.1 Lakoff 的礼貌观

Lakoff（1973，1977）是最早研究礼貌的西方学者之一，她的礼貌原则主要有：(1) 不要强加/保持距离；(2) 给听话人选择；(3) 平等或同志般的友情。她还认为礼貌规则虽因文化而异，但其基本实质具有共性。

9.2.2 Fraser 的礼貌观

Fraser（1978，1990）、Fraser 和 Nolen（1981）提出了整体动态礼貌理论，认为交际双方一旦进入交际角色，就必须要承担一定的权利和义务。双方还要在交际推进的进程中不断调整彼此的权利和义务。尽管交际双方的权利和义务、社会地位、权势、角色、环境特征等契约是可以发生改变的，但有些契约还是保持不变的，如话轮转换、使用可理解的语言、要大声、要严肃、在教堂祷告时不得大声喧哗等。可见，礼貌意味着依照特定时空的契约要求行事，同时随着交际的发展和深入，双方应对相关的语境有一个恰当的评估，以便保证语言的得体性（刘国辉，2007：xv）。Fraser 还认为礼貌自身无法被传达，它只是一种被期待的言语表达效果，并非是会话含意。礼貌传达的缺失并不能被视为礼貌态度的缺失——在正常会话中，礼貌是由与交际相关的社会文化准则传递的。Fraser 的这一礼貌观得到了不少学者的认同。

9.2.3 Leech 的礼貌原则

Leech（1983）借用了经济学里的成本—效益分析（cost-benefit analysis）

讨论说话人和听话人的损益问题。在他看来，礼貌就是要让他人多受益，让自己受损；话语越间接，礼貌程度就越高。基于此，Leech 提出了礼貌原则，即（在同等条件下）尽量不表达自认为不礼貌的东西；（在同等条件下）尽量表达自认为礼貌的东西。同时他指出该原则包含 6 条准则，具体如表 1 所示：

表 1 礼貌原则的六条准则

准则	次准则
得体准则	a. 尽量少让他人受损；
	b. 尽量多让他人受益。
宽宏准则	a. 尽量少使自己得益；
	b. 尽量多让自己受损。
赞誉准则	a. 尽量少贬低他人；
	b. 尽量多赞誉他人。
谦虚准则	a. 尽量少赞誉自己；
	b. 尽量多贬低自己。
一致准则	a. 尽量减少自己与他人的不一致；
	b. 尽量增加自己与他人的一致。
同情准则	a. 尽量减少自己与他人之间的不和；
	b. 尽量增加自己与他人之间的同情。

Leech（1983）

得体准则和宽宏准则涉及到交际双方利益分配的情况，一般适用于指令类和承诺类的言语行为。请看下例：

（1）a. Can you help me?

　　 b. Have another sandwich.

　　 c. Could you please help me?

（1a）为请求行为，是要求他人有所付出，而（1b）则是劝他人吃东西，听话人会有所收益。所以，（1b）的表达要比(1a)更加礼貌。(1c)同样是请求行为，但由于表达更含蓄、间接，因而比（1a)更符合得体准则。

　　赞誉准则和谦虚准则主要涉及对自身和对方的评价，适用于表情类和断言类的言语行为，如例（2）：

(2)　a. Thank you for being so considerate.

　　　b. Oh, the meal is tasteless.

很明显，(2a)是对他人的夸赞，是礼貌的（反过来，若说话人赞誉自己，则有违谦虚准则，是不礼貌的），而（2b)则是对听话人的指责，对他/她的厨艺评价不高，是不礼貌的。

　　一致准则和同情准则用以评价说话人自身对他人的态度，适用于断言类言语行为。请看例（3）：

(3) A: The movie is impressive.

　　B_1: Yes, definitely.

　　B_2: No, it's not that good.

　　B_3: Well, I'm afraid it's not that good.

该例中，针对同样的话语，B_1 传达的是与对方一致的意见，符合一致准则；B_2 则是提出异议，不符合一致准则。因此，B_1 和 B_2 的礼貌程度就大为不同了。B_3 虽然也传达了异议，但由于使用了 well, I'm afraid 使异议得到一定的缓和，因而比 B_2 礼貌。

　　交际中，人们还要虑及对方的心情，对对方的经历和话语感同身受。请看例（4）：

(4)　a. I am sorry to hear that your dog has died.

　　　b. I am happy to hear that your dog has died.

针对对方宠物狗死亡的事实，(4a) 和 (4b) 的回应不相同。(4a) 符合同情准则，听起来是礼貌的，让人感到真切。但 (4b) 就不够礼貌了，宠物狗深得主人的宠爱，失去宠物狗对主人来说是一种损失，面对别人的损失，(4b) 非但没有表达同情，反而有冷酷无情甚至幸灾乐祸之嫌。

Leech 的礼貌原则及其相关论述受到了一些批评。比如 Leech（1983：83）认为，有些言语行为（如命令）具有内在的不礼貌性，有些（如提供帮助）则具有内在的礼貌性。何兆熊（2000：222-223）指出，内在的礼貌性和内在的不礼貌性就暗示了有些言语行为本质上是礼貌的或不礼貌的，这就忽视了在一定的情景中可能决定礼貌程度的环境因素，忽视了礼貌的得体性。考虑言语行为的礼貌问题时，不应忽视说话人的社会地位、身份和言语行为本身所具有的难易程度等因素。Leech 之后将上述 6 条准则重新表述成类似于语用制约的形式（2005：3）。其中有一条宏观礼貌策略（Grand Strategy of Politeness, GSP）：对于 O（其他人，主要是听话人）以及 O 的从属物，S（自我，说话人）表达或者暗含高度评价的意思；抑或贬低 S 以及 S 的从属物，以示礼貌。

9.2.4 Brown 和 Levinson 的礼貌观

Brown 和 Levinson 提出的"面子保全论"是目前西方最具影响力的礼貌语用模式，该理论源自 Goffman（1967）提出的"面子"概念，而这一概念又来源于远东地区的"敬重"（deference）和礼貌理念（Scollon & Scollon，1995：34）。Goffman（1967）认为，"面子"是社会交往中人们有效地为自己赢得的正面的社会价值，是一种公共形象，是一个人在交际中有效地呈现出的、扮演的、保持的个人形象。面子是由他人评价所支撑的，是社会"借"给个人的。如果社会认为某个个体不值得拥有面子，是可以收回的。所以，人们为了保住自己的公众形象，避免丢面子，就必须按照社会规约行事。

Brown 和 Levinson（1978，1987）在 Goffman 的基础上提出了"面子理论"，并将面子定义为每一个社会成员想要为自己树立的公共自我形象。与 Goffman 的思想相比，他们提出的礼貌策略似乎更清楚一些。他们认为，礼貌就是"典型人"（model person）为满足面子需求所采取的各种理性行为。这一礼貌概念本质上是策略性的，也就是说，是通过采取某种语言策略达到给交际各方都留面子的目的。故而该礼貌理论常被称为"面子保全论"（Face-Saving Theory，FST）。

"面子保全论"首先设定交际参与者都是典型人，即"一个具有面子需求的理性人"。典型人具有两种特殊的品质：面子和理性。他所具有的面子即是每一个社会成员欲为自己挣得的在公众中的个人形象。面子有积极面子和消极面子之分：前者是希望得到别人的赞同、喜爱；而后者则是不希望别人强迫自己，自己的行为不受别人的阻碍。Brown 和 Levinson 提出的礼貌策略包括：

1）直接性策略（bald on record strategy）。该策略适用于以下 3 种情况：情况紧急或面子需求不重要、面子威胁小（甚至无威胁）时；说话人的权势高于听话人抑或说话人能够赢得其他人的支持；损害听话人面子的同时不必担心自己面子的丢失。如"去睡觉吧，不要再熬夜了，伤身子"，这是建议行为，对听话人有利，所以这样的句式是可以接受的。

2）正面礼貌策略（positive politeness strategy）。正面礼貌策略是维护正面面子采取的策略，主要的子策略包括声称具有共同点、传达说话人与听话人合作的信息、满足听话人的某些愿望等。如 You must be hungry. Have lunch with me，这里说话人关注听话人的需要，是对听话人正面面子的维护。

3）负面礼貌策略（negative politeness strategy）。负面礼貌策略是基于回避的策略，主要的子策略包括利用规约性间接手段、不擅断、不强迫听话人、表达说话人不想强加的愿望、给听话人以补偿等。如 I'd be grateful if you would lend me your car，在此例中，说话人借车侵犯了听话人的面子，但说话人承认蒙受恩惠，则体现了对听话人的补偿，以抵消听话人面子的受损。

4）间接性策略 (implicating/off record strategy)。在 Brown 和 Levinson 看来，该策略的面子威胁是最小、最间接的。如想让他人关门时讲 It's cold here。

5）放弃实施威胁面子的行为（refraining from the act）。也就是说说话人不使用某一面子威胁行为以避免冒犯听话人，当然这一策略未必会成功。如想向他人借笔，但不诉诸于言语行为，只是当着听话人的面在包里寻找笔。

Goffman（1967）、Brown 和 Levinson（1978，1987）都将"面子"视作交际者的个人属性，认为交际者在交际中只是关注如何保护、提升自我形象。而此后的研究大多是将面子与礼貌或身份联系在一起。

9.2.5 Watts 等的新礼貌观

Watts（1992）、Eelen（2001）和 Watts（2003）指出礼貌研究中的分歧是由于研究者未能区分一级礼貌和二级礼貌。Eelen（2001）强调有必要将两者区分开来，而且研究工作应当侧重于一级礼貌，建构关于礼貌的社会理论。一级礼貌指的是"社会文化集体成员认识、谈论的各种礼貌行为方式"；而二级礼貌则是"一个更为技术性的概念，它只有在社会互动总体理论中才有价值"（Watts，1992：3）。换言之，一级礼貌是普通社会成员眼中的礼貌，是常识性的礼貌概念，如在日常生活中碰见熟人需要微笑、打招呼，这是社会成员都具备的常识；二级礼貌是一个科学概念，是研究者所认识的礼貌。也就是研究者对于某个特定话语的礼貌性、礼貌程度的判断和理解。为了更好地区分、理解一级礼貌和二级礼貌，请看例（5）：

（5）Erica: 你为什么总说我不用学习啊？

Mark: 因为你不就念个波士顿大学嘛！（停顿）想吃点东西吗？

Erica: 非常抱歉，我的教育程度没能让您满意。

Mark: 我也很抱歉，我买不起赛艇，那我们扯平了。

Erica: 我想我们还是做朋友吧。

Mark: 我不缺朋友。

Erica: 我就是客气下，我也根本不想和你做朋友。

（节选自电影《社交网络》，*The Social Network*，2005）

例（5）中 Mark 在和女朋友 Erica 闹矛盾，Erica 很生气，提出分手，用"我想我们还是做朋友吧"的说法中断男女朋友关系是完全符合惯例的，是礼貌的。这便是一级礼貌角度的阐释。而实际上，Mark 并没能正确理解 Erica 的分手意图。作为观众，我们完全可以视 Mark 为"怪人"，他不能理解女友的话的含意，不知如何与女友相处，但这却并不意味着每一个人的想法都会跟我们完全一样。这就是二级礼貌的阐释。

Watts 认为礼节行为（politic behavior）可发生在交往前，但它在交往中总是具有可磋商性。礼节行为是"制度化话语模式再现的一个部分"（Watts，

2003：19），不具有凸显性，往往不会引起交际双方的注意。而礼貌行为（polite behavior）是超出了人们所认为的当前社会交往得体标准的行为。Watts 还强调了语境在礼貌研究中的重要性，他指出，脱离真实言语互动语境就不可能对行为礼貌与否作出正确的评价（Watts，2003）。

9.3 英语礼貌教学策略

基于前节对礼貌理论的讨论，我们对西方经典礼貌观和新的礼貌理论都有了一定的了解，明确了其发展脉络。本节我们将讨论英语礼貌教学中的策略，供英语教师和学习者参考。

9.3.1 区分绝对礼貌与相对礼貌

首先，英语学习者要掌握绝对礼貌和相对礼貌的关系。根据 Leech 的观点，礼貌可从两个维度衡量：绝对礼貌和相对礼貌（Leech，2005：8-9；陈新仁，2009b：121-122）。绝对礼貌，顾名思义，就是绝对意义上的礼貌，只考虑语言形式，不考虑话语所处的语境。请看例（6）：

(6) a. Open the door.

　　b. Open the door, please.

　　c. Can you open the door?

　　d. Could you open the door?

在不考虑语境的情况下，例（6）中 4 种语言表征的礼貌程度不言而喻，随着其语言的间接程度递增，礼貌程度也呈递增趋势。可见，绝对礼貌的衡量是单方向的，主要取决于话语的词汇—语法形式及其语义。

相对礼貌的评价必须依赖特定社会、群体或环境的规约，话语是否礼貌取决于讲话的对象和双方的关系。请看上面的例（6d）。如该句的说话对象是陌生人、上级、长者，那么它是礼貌的；如对方是好朋友、下级、幼者，该句则显得过于礼貌，甚至矫情，得体性不够。可见，相对礼貌的评判是双向的，具有语境敏感性。

绝对礼貌和相对礼貌的区分对于学习者学习英语中的礼貌是很重要的。仅仅掌握英语中的绝对礼貌是不够的，无异于纸上谈兵。语言是灵活的，交际是动态的。我们不可能用一成不变的语言形式套用在互动的现实交际中，这样只会导致交际的失败，达不到预期的目的。因此，英语学习者首先应当掌握绝对礼貌的表征，在此基础上，再结合具体的语境因素，灵活、得体地展现言语礼貌。

9.3.2 以交际任务为载体，强化礼貌意识

英语教学中，首先必须重视的是培养学习者的礼貌意识。这里所涉及的礼貌意识并不仅仅是师生在教学活动中要注意自己言行得体的问题，更重要的是学习者自己要有意识地接触、总结、反思、汲取礼貌表达方式及其适用的场合等相关信息。教师应设法帮助学习者分析、总结英语中的礼貌表征方式、适用条件、相关注意点等，同时将这些信息传授给学习者，为他们提供操练机会并适时给予反馈。学习者应发挥自己的主观能动性，积极反思、操练并力图在实际交际中有意识地、恰当地运用所习得的礼貌知识。简言之，学习者应当在教师的指导下，积极地利用好一切可利用的时机学习礼貌知识，在交际中自主运用，实现礼貌。

其次，教学实践应以交际任务为载体。具体的交际任务总是与一定的交际场景、特定的交际目的相联系的，因此可以让学习者接触到贴近实际的交际，让他们参与进来并进行有针对性的学习、操练，有效地增强他们的礼貌意识，提升礼貌策略和语言表征的能力。教学中应给予学习者足够的操练机会，组织多种课堂活动，如角色扮演、讲故事、访谈等，帮助他们将已经获得的有效语用输入转换为输出。教师在此过程中应及时给学习者提供反馈，重视纠正性反馈和学习者之间的相互反馈。总之，教学中所设计的交际任务是学习者学习礼貌知识、掌握礼貌语言表征、提升语用能力的好载体，可以为今后学习者接触到的真实交际作准备。另外，我们知道，言语礼貌是一个比较复杂的现象和问题，它涉及到交际中的多种因素，如场景、信息内容、权力关系、社会距离、交际目标等（见 Kádár & Mills，2011：82）。再加之交际的互动性和灵活性，教师设计的交际任务不能固定化，单一的交际任务只能涉及某一方面、某一类型的交际实际，或许对其他的交际实际有一定的

参考价值，却无法涉及所有的交际场景，无法满足学习者对礼貌学习和操练的需求。教学中必须考虑到交际双方的相对权力关系、语用距离、交际场景等诸多因素，并对交际任务所涉及的种种变量进行调节，展现多种交际场景。这样，学习者就可以接触并熟悉多种多样的交际任务，也有助于学习者有效地应对灵活、互动的交际实际。我们以学习"请求"言语行为中的礼貌为例。教师可以设置不同的场景，如问路、请假、请求缓考、借车等。这些场景所涉及的请求行为实施难度不一，学习者必须明白，实施难度不同意味着请求的话语也必须作相应的调整；即便是同一个场景，其中语境变量的变化也必然会引起话语的变化。如在请求缓考这一场景中，老师性格、师生关系、场合的正式与否、考试科目的重要性等诸多要素都会对言语表述产生影响，需要交际者在言语上作出相应的调整。

最后，英语教学中应当重视文化因素。不同文化对礼貌的理解、礼貌准则和礼貌行为的实施都不尽相同。礼貌行为是一种由文化决定的社会行为（Watts，1992），旨在建立和保持一个社会群体中人际关系的平衡状态。如果只按照某一文化设定的礼貌准则来衡量另一文化中人们是否礼貌，往往会导致交际失败。因此，成功的跨文化交际不仅要求充分理解礼貌这一具有丰富文化内涵的概念在不同文化中的表现和特征，而且要求运用恰当的评判标准看待礼貌在不同文化中表现方式的异同，求同存异。此外，礼貌准则面临冲突时，不同文化中人的准则取舍倾向具有民族和文化的内涵（熊学亮，2007：167-168）。总的来说，英美人士崇尚直率，更注重"一致准则"；而中国人则更尊崇谦逊，更注重"谦虚准则"。比如因外貌或成就而受到他人赞扬时（情况又属实的话），英美人士可能用"谢谢"应答，忽视了"谦虚准则"；中国人可能会回以"不"、"哪里哪里"等，牺牲了"一致准则"。

9.3.3 比较分析中西语言礼貌异同

9.3.3.1 中西礼貌观

在看中西语言礼貌之前，我们先考察中西礼貌观。通过对比，我们不难发现，中国礼貌观更强调以下4点：（1）礼貌与个人品行、修养有内在的联系；（2）礼貌与社会秩序密切相关，因而贬己尊人是常见的礼貌表达方式；（3）礼貌作为维护社会关系的手段，与真实性不存在必然的联系；（4）礼貌更多地表现为社会联络与拉近距离的手段，强调热情。当然，随着时代的变迁、中国社会的进步、全球化进程的加速以及英语影响力的增大，中国的礼貌观也在悄然改变着。王西成和曾涛（2000）也指出，"贬己尊人"的内涵已大大改变。当今中国人在"尊人"的同时也强调"自我表现"与"自我能力"，并非一定要"贬己"。在受到别人恭维和赞美时，也会适时表示感谢，而非一味地谦虚或自贬。另外，不少很庄重、很正式的尊称和敬辞（如"鄙人"、"卑职"、"令郎"、"贵府"等）渐渐不再被使用。此外，中国的礼貌观还存在一定的地区差异，传统的中国礼貌观更适合于北部、西部地区，沿海较发达地区则更多地受到西方礼貌观的影响。实际上，中西方礼貌之间并无绝对的分界线，甚至所谓的集体性、群体性的东方文化和个人主义、平等主义的西方文化之间也没有绝对的分界线，只是程度上存在差异而已（Leech，2005：5-6）。

9.3.3.2 中西语言礼貌表征

礼貌可以通过微笑、握手、鞠躬等非语言手段实现，但主要还是凭借语言手段实现（庄和诚，1987：16）。语言礼貌指的是用特定语言手段实现的礼貌。对学习者而言，了解和掌握礼貌表征是得体交际的前提，语言礼貌体现在语音、词汇、程式和句法等层面上。

9.3.3.2.1 语音层面

借助语音手段表达礼貌首先体现在语调上。舒缓的语调便于对方听清，有助于创建轻松的交流氛围，礼貌程度也更高。另外，与老乡攀谈"用家乡话比用外地话要有礼貌"（张树铮，1991）。

9.3.3.2.2 词汇层面

礼貌在词汇层面可以借助礼貌标记语、模糊限制语和称呼语等来实现。

1）汉英礼貌标记语

总体上看，汉语、英语中对等或类似的礼貌标记语具有相同或相近的语用功能。但毕竟两种语言基于的文化不同，因而一些礼貌标记语在用法和功能上存在差异也就在所难免了。

a. "请"与 please

"请"传达对对方的尊敬之情，用以缓和请求的语气。说话人以较自然的方式放低自己的位置，抬升他人的位置，从而使话语变得礼貌（如"请你帮帮我"）。但"如果求人帮点小忙，比如借支铅笔、问个路、传个话、叫人来接电话，中国人常常不说这些客气话，特别是对亲属和好朋友……中国人相信对方知道自己的感激之情，因此不必多言"（邓炎昌、刘润清，1989：174）。另外，汉语还有"劳驾"、"请问"等变体。英文中，please 一词广为使用，可以降低强加程度（Wichmann，2004：1532）。英美人士总是不厌其烦地将其挂在嘴上：求人帮忙，大忙也好，小忙也罢；求助于陌生人如此，求助于朋友乃至家人亦是如此。

b. "对不起"与 sorry/excuse me/I apologize

因自己的不当或错误言行给他人造成影响或后果时，我们需要致歉。汉语中的"对不起"是常用的道歉语，表示对自己过失的遗憾、后悔并向受损害的一方道歉；与此相对，英语中常用 sorry/I apologize 等表达类似情感。汉语中，人们也会用"不好意思"，该词通常暗示羞于启齿的某一话题、要求，或对自己能力不足、行为不妥等略表羞愧（易敏，2005：95）。另外，英文中的 Excuse me 适用于打听消息、打断他人、请求让道、不自主地咳嗽或打喷嚏以及请求退席等场合，在类似场合，汉语都可以用"对不起"。

c. "谢谢"与 thank you

对别人的善意和帮助要表示感谢，这是汉语与英语的共同点。但汉语中"谢谢"的使用频次明显低于英语中 thank you 的使用频次。此外，汉语还有其他表达方式，如"谢谢"、"多谢"、"谢了"、"感谢"、"辛苦了"、"辛苦你了"等；英文则有 thanks、a thousand thanks、appreciate、many thanks 等替代形式。

d. "您"与 you

汉语中的"您"是第二人称单数的表敬形式，常用于下级对上级、晚辈对长辈、服务者对被服务者的言语交际中。但现代英语中已无"您"的对等表达了。

可见，欲在词汇层面预防语用失误，我们必须在交际中注意"请"/please、"谢谢"/thank you、"对不起"与 sorry/excuse me/I apologize 等表达的使用频次和适用场合，也要注意到英语中第二人称单数敬称的缺失，在实际交际中做到在特定的文化中运用恰当的礼貌表达。

2）模糊限制语

模糊限制语可以修饰话语中信息的真实程度、涉及范围等成分，也可用于表示主观性推测或提出间接评价（冉永平，2006：133），还可以用于维护社会关系，保全交际双方面子（周红，2008）。模糊限制语的使用使说话人显得更为礼貌、谦虚或得体，所谈内容也更易于被他人接受（陈林华、李福印，1994），在某种程度上体现出说话人的语用水平。请看例（7）：

（7）老师：小王，论文初稿出来了吧？

　　　小王：基本上写完了。

例（7）中，学生面对老师的询问，没有正面回应，而是使用了"基本上"这个变动型模糊限制语，既避免吐露实情，又在一定程度上维护了自己的面子。模糊限制语的使用情况因人而异：医生、律师和科学工作者经常使用模糊限制语；与男性相比，女性，特别是年轻的女子，偏好使用模糊限制语。

英汉模糊限制语的差异不大，因此学习者在这一方面不大可能产生礼貌语用迁移。

3）称呼语

Fasold（1990）认为语言称谓形式是言语交流过程中说话人用来指称交谈对象的语言项，规定了说话人所使用的话语意义与语境和受话人之间的关系。当然，称呼语还具有重要的礼貌标记功能。对称呼语的选择不仅能表明发话人的态度，而且能指示双方所处的某种特定的人际关系。称呼语具有内在的礼貌意义，是天然的礼貌标记语（肖旭月，2003：16）。

汉语和英语中的称呼语都很多，有时还比较复杂。两者在用法上有不少共同之处，但也存在差异。

a. 亲属称呼语

首先，汉语和英语中的亲属名称中有对等的，但并不总是一一对应。其次，汉语亲属称呼语可以扩展使用，如称呼邻居、熟人乃至陌生人（比如汉语中喜欢称跟自己祖父母年龄相仿的男性为"爷爷"）；英语中也偶见这种现象，请看例（8）：

(8) Then clatter, clatter up the stairs. Johnnie knocked at her door.

"Granny, granny," he shouted, "I've got your post."

（*The Present*，《大学英语·精读》第一册）

老妇人与 Johnnie 一家非亲非故，但因 Johnnie 一家常常照顾她，双方关系很近，所以小孩子称呼她 Granny。当然，与汉语相比，英语中亲属称呼语扩展使用的范围要小得多。

b. 对同龄人、长者的称呼语

汉语与英语中称呼同龄人（包括年龄相仿者）的方式也不尽相同。英语中，对同辈的兄弟姐妹、年龄相仿的人、父母辈的亲属都可以直呼其名，甚至孩子也可以用名字称呼年长的人（如父母、祖父母），如 Joe、Ben 等（邓炎昌、刘润清，1989：171），并无不敬。而中国人对平辈用名字称呼时，往往还会加上一些长幼标记词，如"二哥"、"大明哥"、"张兄"等；称呼长者时，则会加上"爷爷"、"奶奶"等亲属称呼。此外，"老"也可称呼长者，主要用于学术界和文学界，体现尊敬和推崇之意，如"老大爷"、"老王"、"王老"等。英语中"年老"是比较敏感的话题，不会有人用 old 来称呼长者，也不会有人喜欢被他人这么称呼。

汉英的相同点在于长者可以对幼者直呼其名。英语中，年长者可称呼年轻人为 son，宠爱关切溢于言表，"有倚老卖老之嫌，并无侮辱别人之意"（何自然，1988/2002：197-198）；汉语中则一般用"孩子"、"小伙子"等称呼。

c. 职业称呼语

这里的"职业"涵盖了较广的范畴，囊括了职务（如"处长"）、职称（如"教授"、"技术员"）和职业（如"律师"）等，还可加上姓氏，以示尊敬。但也有例外，顾曰国（1992：14）曾假设，王磊是瓦工，我们不大好讲："瓦工，这是你的刀。"即便加上姓氏"王"，仍是不妥。他指出有些职业地位较低，如用这些职业称呼，有失礼貌。但换成"王师傅"或"瓦工师傅"的话，礼貌程度就提高了。

d. 尊称与谦称

中国文化遵循"自卑而尊人"（顾曰国，1992：11），出于礼貌和尊敬，对他人多用"令、尊、敬、贤、高、大、圣、拜、奉"等；对自己则用"卑、贱、愚、拙、贫、小"等含有谦意的词（Gu，1990；顾曰国，1992；洪成玉，2002；马庆株，1997；周筱娟，2005 等）。英语中也存在类似表达，如称红衣主教为 Your Excellency、神父为"Father + 姓"等，Your humble servant 则用于谦称（选自 *Little Women*）。但无论是现代汉语还是现代英语，这些尊称和谦称的使用频次都不高。

与陌生人讲话，汉语和英语都会使用泛尊称用语。汉语中有"同志"、"师傅"、"老师"和"阿姨"等；英语常用 sir、mister、madam、mate、buddy 等尊称陌生人。

汉英称呼语之间存在较大差异，如对此无深入的了解和准确的把握，是很容易造成语用失误的；因此，学习者在外语学习和实际交际中应当给予足够重视。

9.3.3.2.3 语言程式层面

语言程式指的是交际中高频使用的、不具有可分析性、用于表达特定的人际或语用功能的结构。其特点在于它们在交际中是整存整取的，无需根据语法规则进行整合或分析（Wray，2002）。另外，程式也不具有能产性，不能再衍生出类似程式。这些程式包括条件分句和其他约定俗成的表达。程式既可以用于话语内部修饰，也可用于外部修饰，在语用上有特殊的功能（Nattinger & DeCarrico，2000），如社交互动、必要话题和语篇手段。

1）条件分句

Heringer（1972，转引自陈融，1989）指出，说话人使用条件句时，假定自己提的请求或建议是得到了对方的许可的，因此，对方就不会很介意了。请看例（9）和（10）：

（9）你不忙的话，帮我拿个包裹。

（10）Would you close the door, if you don't mind?

另外，条件句暗示"如果你不愿意的话，那也没关系"（陈融，1989），从而给对方更大的选择余地，减轻强加程度，增进礼貌效果。类似的条件句还有 if at all、if possible 等。英语条件分句中标记词 if 不可或缺；汉语的类似表达则不需要加"如果"。

2）其他语言程式

其他语言程式包括寒暄以及体现说话人态度等的表达，比如打招呼用"您好/你好"或 How do you do?/How are you? 等。未听清时，用"请再说一遍"/I beg your pardon。其他程式还有"你知道"、"你想想"/You know、"我想"/I suppose、"坦率地讲"/frankly speaking 等。

汉语和英语在程式层面差异不大，造成语用失误的可能性较小，但两种语言在此层面也有些微差异，需要加以注意。

9.3.3.2.4 句法层面

句法层面手段主要有时和体的语用操作、被动语态、虚拟语气、非人称化、疑问句和附加问句等。

1）时和体的语用操作

时和体的语用操作只存在于英语中，它指的是用过去时和进行体代替现在时。不少学者（陈融，1989；何自然，1988/2002：177-178；何自然、陈新仁，2004：220-221）对此都有论述。说话人借此将请求或建议在时间上推远一步，好像是在谈论过去的事情。例如，当说话人地位比听话人低或与对方不熟悉时，使用 I wondered whether… /I did wonder whether… 要比 I wonder 更礼貌。

进行体则强调动作的当下性，使得请求听起来好像是正在形成的、尚未确定的想法，仍有磋商的余地，减轻了强加色彩。因此，如双方情感距离较大，使用进行体可以显得更为礼貌。

2）被动语态

英语中被动语态的使用往往是出于避免直接提到对方、减轻话语的强加程度或维护面子的需要。当由于某种原因不便言明具体的人时，使用被动语态可以使得表达更加圆融得体，有时也可以借此表达某种微妙的情绪（连淑能，1993）。中文中为实现类似表达目的时则没有使用被动语态的必要。

3）虚拟语气

虚拟语气用于表示说话人的主观愿望或假想，所表达的是一个假定的条件，不一定是客观存在的事实。一方面，虚拟语气可以帮助免除说话人的某种责任，如例（11）：

（11）If I were you, I'd leave town straight away.

(Leech，1983：23-24)

该例可理解为"建议"言语行为。但说话人不必为此承担任何责任，因为事后他/她可推说是出于善意而建议的；另一方面，虚拟语气可给予听话人更多的选择空间。

4）非人称化/非人格化（impersonalization）

非人称化/非人格化是英语中常用的表达法，即出于基本礼貌的目的（Brown & Levinson，1987），将事物以客观的口气呈现出来。Leech 和 Svartvik（1975）指出，正式语体通常用非人称化的手法，避开 I、you、we 等人称代词，不直接指称自己及读者，如例（12）：

（12）a. It has been noted with concern that the stock of books in the library has been declining alarmingly. Students are asked to remind themselves of the rules for the borrowing and return of books, and to bear in mind the needs of other students. Penalties for overdue books will in the future be strictly enforced. (Leech & Svartvik，1975)

　　　b. 考虑其他学生的需要。今后凡借书逾期不还者，必将严格按章处罚。

由例（12）可见，英文中非人称化的手法客观呈现了图书馆的意见及其针对某些行为可能实施的处罚措施，但相对应的中文表述则未能体现英文中非人称化所展现的独特口气。

5）疑问句和附加问句

疑问句是实现语言表达间接化的手段之一。人们常使用问句的形式委婉地表达批评、建议、命令和请求等一些威胁面子的言语行为。请看例(13)和(14)：

　　(13) 你不觉得这有点过分了吗？

　　(14) Didn't you think this is going a bit too far?

此二例都是问句，表面上似乎在询问对方的看法，实为批评。另外，从言语行为的驱使程度来看，某一行为对听话人所产生的驱使程度越大，话语就越不礼貌。

　　就句法层面而言，汉语和英语的差异还是比较明显的，学习者应当加以了解以规避语用失误。

9.3.3.2.5 话轮层面

交际者也可以利用话语组织形式（如会话反馈语、前置语列等）实现礼貌。

1）会话反馈语

言语交际中打断他人是不礼貌的，但反馈语却是礼貌的。会话反馈语有 6 种常见形式：呼应语（如 m-hm）、回应表达（如 great）、重复、协助完成、非言语回应、简短陈述（如 that's great）等（Furo，2001）。甄凤超（2010）的研究显示，其中回应表达、非言语回应和呼应语出现的频次较高。

　　汉语和英语中的反馈语呈现出一定的差异。Tao 和 Thompson（1991：209-223）的调查显示，汉语会话中的反馈语频率比英语中要低得多，尤其以同步话语形式出现的反馈语更少。然而，以英语为主的华裔移民使用反馈语的频率比以汉语为主的移民要高得多。此外，英语反馈语似乎更多样。如英语中 m-hm 类呼应语可能有 uh、mm、uhu、mhm、aha 等多种变体，而汉语中呼应语数量很少，只有"嗯"、"啊"等。

　　从中国英语学习者的角度看，他们使用反馈语的频次低于本族语者（郑群，2012）。或受汉语影响，中国学习者在英语会话中虽然也使用 m-hm 类呼应语，但类别不及母语者多，大多为 mm、mhm。另外，中国女性英语学习者使用反馈语的频次高于男性（甄凤超，2010）。

2）前置语列

为了避免可能的尴尬或被拒绝，在实施言语行为之前，说话人先期会对言语行为的实施条件作一些试探。这种试探性的、准备性的话语就是前置语列。

前置语列主要是为了确定邀请、请求等言语行为对受话人来说是可行的，或者待宣布的消息值得他人的注意等（陈新仁，2009b：108）。倘若交际中缺乏前置语列，则显得突兀和失礼。中国英语学习者使用英语实施请求或邀请等言语行为时，有时会忽略或者不会使用这种前置语列，从而让听话人感觉话语唐突、强加程度高，缺乏对人的尊重和礼貌。

就规避语用失误而言，学习者主要应当注意汉语和英语在会话反馈语的使用频次和表征上的差异。

以上分析了中西言语礼貌的异同。教师在教学中应将这些知识传授给学习者，让他们熟知两种语言在礼貌上的异同点。

9.3.4 关注礼貌的建构性

最后，礼貌教学实践中还应当关注礼貌的建构性。礼貌不是一成不变的，换言之，礼貌不仅仅是规定性的，还有其建构性。学习者掌握了相关的礼貌知识并不意味着他们在礼貌方面已经合格了，可以胜任任何交际场台了。事实上，说话人和听话人运用语言进行交际，呈现出构思、发话、传送、接受和理解双方的信息、思想、情感、意向等的过程。此过程中需要每个参与者的积极参与和彼此间的互动。只有交际一方积极投入的交际不能称其为交际，更算不上是成功的交际。我们仅以称呼语为例，请看例（15）：

（15）林晓晓：（军靴）还有这么多学问？

王亚东：那当然，小姐。你逛街和登山的时候肯定不会穿同一双鞋吧？

（沉默）

林晓晓：王老板，你还是别左一句"小姐"，右一句"小姐"的，我听着不舒服。我叫林晓晓。你可以叫我小林或者叫我林晓晓，都可以。

王亚东：不好意思啊，那我叫你晓晓吧。

（摘自电视剧《我是特种兵2——国之利刃》）

按照常识，对某个特定的人的称呼语应该是固定的，但现实交际中往往并非如此，而是会有一个协商、达成共识的过程。在例（15）中，林晓晓依照礼貌规约用"王老板"称呼军用品店店主是合适的，因为两人是初次见面；同样，店主用"小姐"称呼年轻女顾客也无可厚非。双方所使用的称呼语都是符合社会规约的。但随着交际的开展，双方进行磋商并在交际末尾达成一致，双方对此都感到满意，关系也更加亲近了。英语中也是如此，如某人更情愿他人对自己直呼其名，就可以用比较诙谐的方式提示、建议对方，如：But I answer quicker to Bill。可见，不论是在汉语还是在英语中，称呼语都要兼顾到交际双方、交际场景、礼貌考量等因素，要灵活运用，才能确保交际的礼貌程度，让交际双方感到自在。

礼貌教学中应辅以实例，展示和分析实际语言使用中的礼貌表达、相对应的礼貌准则、适用的语境情况等信息，让学习者有直观的感知和输入。Shively（2010）指出学习者要接触真实的目的语输入。因此，在礼貌教学中，教师可先行讲解礼貌知识。显性的语用知识讲授效果更为显著，可以提升习得速度（Rose & Ng，2001；Takahashi，2001）。另外，语言信息输入的效果还受到复现频次和凸显度（salience）的影响，即输入语言项目的特征越明显，重复率越高，就越容易引起学习者的注意。从这个角度看，足够的凸显度和适量的重复也是礼貌教学中必须考虑到的问题。另外，外语学习者与本族语者无法持续进行交流的原因在于传统的教师和教材无法提供足够的恰当的语用输入（Bardovi-Harlig & Hartford，1996；Rose，1997a），可见，要使得学习者能够用目的语产出符合语用规范的言语表达，输入正确、真实的语言实例是十分关键的。输入的方法可以是多种多样的。如 Fujioka（2003：13-14）在教授英语中的请求言语行为时，带领学生分析、学习了影片 *Few Good Men*[1] 中礼貌和失礼的请求行为。我们也可以借助英文电影片段或短剧等语言实例为学习者进行讲解、分析，聚焦其中包含的真实交际中的礼貌，帮助他们了解其中的礼貌表征、非语言交际成分、习俗与礼仪、价值观念、交际者间的关系和权势等信息，培养和增强他们的语境意识，让他们充分注意到特定语境下语言形式和用法的匹配。显然，单纯的、抽象的、没有实例支撑的讲解是空洞的，难以引起学习者的兴

1　该影片的中文译名为《义海雄风》或《好人寥寥》。

趣，也很难取得令人满意的教学效果。当然，若因时间、经验或资源等原因，无法获取真实的语言实例（Denny & Basturkmen，2009），我们也可以使用本族语者角色扮演的语料（Denny，2008；Sachtleben & Denny，2012）。尽管这些语料不是真实实例，却也能体现本族语者隐性的语用规范（Golato，2003）。

总之，英语教学中教师需要帮助学习者区分绝对礼貌和相对礼貌；教学实践要以交际任务为载体，在实施教学任务的过程中，要操控、调节相关言语行为的语境变量，强化语言礼貌训练，增强学习者的语言礼貌意识；具体教学中还需要比较中西语言礼貌，帮助学习者了解中西语言礼貌表征的异同；最后，在教学实践中也要关注礼貌的建构性。

鉴于后文会提供礼貌教学的示例，我们在此仅概述礼貌教学的步骤。Martínez-Flor 和 Uso-Juan（2006）、胡美馨（2007）等对如何开展语用教学进行了探讨并提出了相应的教学步骤。前者倡导 6R（Step 1: Researching；Step 2: Reflecting；Step 3: Receiving；Step 4: Reasoning；Step 5: Rehearsing；Step 6: Revising）语用教学法；后者提出了包含 4 个环节的语用意识培养教学模式。在此基础上，我们认为礼貌教学大体上也包含如下几个步骤：（1）礼貌知识明示；（2）礼貌技能培养；（3）礼貌输出训练；（4）学习者反思与教师反馈。

9.4 结语

本章首先梳理了经典礼貌观以及礼貌观的新发展，然后探讨了英语教学中礼貌教学的策略，并为教学实践提供了具体可循的步骤，最后提供了礼貌教学的范例。希望通过研读本章，广大的外语教师和学习者都可以有所收益，从而更好地开展礼貌的教与学的工作。

附录：教学示例

教学示例 1：面对面交流中的礼貌

教学目的：通过分析英语会话中礼貌的语言表现形式，培养学生在面对面跨文化交际中的礼貌意识，增强学生对中英礼貌观及两者语言表征方式差异的敏感度，提高学生恰当运用礼貌策略成功进行面对面跨文化交际的能力。

教学内容： 简要介绍中西礼貌观，对比中西礼貌的差异，讲解分析英语会话中的礼貌表达方式，创设交际场景供学生角色扮演。

教学步骤：

1. 礼貌知识说明：中西礼貌观核心思想及其语言表征差异。

2. 礼貌技能培养：分析英语会话中的礼貌语言（如下面一则会话中画线部分）：

(1) 让学生两人一组先进行角色扮演，然后进行小组讨论，找出会话中的礼貌表达。

Asking for and Giving Information

A: Excuse me. I wonder if you'd mind answering a few questions. I'm doing a survey about foreigners studying in Britain.

B: Oh, I see. Well, no, I don't mind at all.

A: Oh, good. Where are you from, please?

B: I'm sorry. I didn't quite hear…

A: What country are you from?

B: The People's Republic of China. Shanghai, actually.

A: Could you tell me how long you've been here?

B: Yes, about 3 weeks.

A: I see, and how long will you be staying?

B: I'm not sure exactly, but I think about 2 months altogether.

A: And…er… may I ask how old you are?

B: Yes, of course. I'm thirty-four.

A: What kind of educational course are you doing here?

B: I'm on a language improvement course run by UNESCO.

A: Very interesting! How long ago did you start learning English?

B: Oh, I can't remember exactly, about 20 years ago I think!

A: Fine, well, thank you very much. Enjoy your stay in London.

B: Thank you. Goodbye.

(2) 讲解分析以上会话中的礼貌表达：礼貌标记语（如 please、thank you），模糊限制语（如 not exactly、not quite），礼貌程式语（I wonder if you'd mind...、Could you tell me...），会话反馈语（如 very interesting、I see）等等。

(3) 指导学生两人一组，改变对话双方关系亲疏、熟悉程度或地位高低、交际目的等交际变量，对上面对话的画线部分进行替换练习，以便让学习者更加全面地掌握礼貌用法并能自如应对各种交际场合。

3. 礼貌输出训练：让学生两人一组依据如下场景进行角色扮演。

Practice: You work on the editing team of the university's small monthly magazine. A British teacher has just arrived at the university. He/She will be staying for one year. You interview the teacher for your magazine.

4. 学习者反思与教师反馈：礼貌语言和策略的选择需要考虑不同场景中对话双方的亲疏关系、地位高低以及场合的正式程度。鼓励学生对比中英会话中礼貌表达的异同，从而帮助他们更加得体地进行跨文化交际。

课后练习：两人一组依据以下场景进行角色扮演，两组互相评价对话中的礼貌表达得体与否。

Practice: You are in Shanghai People's Park and you meet a foreign teacher from Great Britain there at the English Speaking Corner. You are eager to practice your English and you ask him some questions about himself.

教学示例 2：应用文写作中的礼貌

教学目的：通过分析英语书信中礼貌的语言表现形式，培养学生应用文写作中的礼貌意识，提高学生应用文写作的能力。

教学内容：讲解礼貌在英语书信各部分写作中的语言表征方式。

教学步骤：

1. 礼貌知识说明：

A letter usually consists of *Heading*, *Salutation*, *Introduction*, *Purpose*, *Conclusion* and *Ending*.

(1) The *Heading* differs with different addressees:

——to a close friend: the street address or just the city (if he/she is not residing in the same city) and date.

——to a casual friend: the street address, the city, the province/state and the country (if he/she is not residing in the same country) and date.

——to someone you may or may not personally know, that is, you are writing a business letter: the street address, the city, the province/state and the country, and date on the top right; then, below on the left, the addressee's name, title, name of institution, the street, the city, the province/state and the country.

(2) The *Salutation* can be as casual as you like in an informal letter, e.g., Dear John, Hi Mary and Hello Linda; but it can be very formal for business (formal) letters, viz., Dear Sir/Madam, Your Honor, Your Excellency, etc.; but generally the addressee's surname preceded by a title is used, e.g., Dear Mr. Smith, Dear Dr. Farmer, Dear Professor Wilson and Dear Ms. Jones.

(3) The *Introduction* is in response to a letter received: I was very happy…, Thank you for your…, I had been looking forward to…and you can imagine my pleasure when…, I hope you can forgive me for…, I'm sorry that…, After such a long wait, at last I…, Please forgive me for….

(4) The *Purpose* is the most important part of a letter in which you give information/make requests/ask for information/talk about yourself/express your opinion/pass on messages, etc.

(5) *Conclusions* of letters vary with different intentions: I hope this will not greatly inconvenience you. I look forward to seeing you soon. I wish you every success. I hope you'll get well soon. Please remember me to

your sister. I'll be waiting anxiously for an early reply.

(6)*Endings* vary with different addressees: Yours sincerely (an acquain-
tance), Yours (a close friend), Love (your mother), Yours respectfully
(your teacher), Affectionately yours (your aunt), Yours very truly
(someone you don't know personally).

2. 礼貌技能培养：

(1) 让学生分组讨论下面一则英文书信的各个部分，即 *Heading*、*Salu-
tation*、*Introduction*、*Purpose*、*Conclusion* 和 *Ending*；

(2) 帮助学生分析各部分的礼貌表达（画线部分）；

(3) 讨论写信人和收信人之间的亲疏关系、地位高低、熟悉程度和交际
任务等情境对礼貌表达的影响；

(4) 试图替换画线部分的语言，以掌握更多类似表达。

　　　　　　　　　　　　　　　　　　Technical Department

　　　　　　　　　　　　　　　　　　Xinming Electronics Works

　　　　　　　　　　　　　　　　　　Hankou

　　　　　　　　　　　　　　　　　　6 June, 2012

Dear Professor Black,

　　I hope you will forgive me for not writing you since I graduated a year ago.

　　I'm now an assistant engineer at the Xinming Electronics Works.
Our factory specializes in the manufacture of electronics equipment of
various kinds. As I am in charge of a new production line, I find it my
duty to renovate the equipment and instruments. You are in constant
contact with the most advanced information in this field. Furthermore,
you have always been an electronics expert. I was wondering if it
would be possible for you to forward to me some information on the
latest developments in this field. I would be much obliged if you could.

　　I look forward to hearing from you at your earliest convenience.

　　With best regards,

　　　　　　　　　　　　　　　　　　Respectfully yours,

　　　　　　　　　　　　　　　　　　Huang Dazhong

181

3. 礼貌输出训练：让学生进行英文书信写作训练，然后同伴互改。

Letter Writing—Asking for a Favor

Write a letter asking for a favor. Use the following information and cues.

Writer: Amy Brown, 171 Hemenway, Boston, MA 02115

Addressee: Her brother George Brown, Department of Journalism, University of Georgia, Athens, GA 30601

Introduction: Choose and complete any one from the following:

> I was very pleased to…
>
> I was glad to receive your letter…
>
> Please forgive me for…
>
> What a pleasant surprise to…

Purpose: Write according to the cues given below:

> proud of you//always industrious/devoted to specialty/journalism//sure/you/good journalist//thinking/reading books/psychology//get some/start from/very basic books//very happy

Conclusion: Choose and complete any one from the following:

> Please give my love to…
>
> I hope…
>
> I wish…
>
> I'm sorry about…

Ending: Choose any one from the following:

> Affectionately yours,
>
> Love,
>
> Sincerely yours,
>
> All my love.

4. 学习者反思与教师反馈：强化英文书信各部分写作的注意事项；掌握礼貌在英文书信中的表征方式；增强礼貌的情境意识，强调写信人和收信人之间的亲疏关系、地位高低和熟悉程度等情境影响礼貌的表达。

课后练习：Letter Writing—Making an Offer

Write a letter based on the following information:

Writer: Amy Stevens, English Department, Anhui University, Hefei

Addressee: Minnie Brown, Foreign Language Department, Xinan Institute of Technology, Kunming

Relationship: friends

Introduction: Here are some sentence frames you might use:

> I haven't heard from you …
>
> It was … when I last received …
>
> I have been looking forward to … but …
>
> I can't recall the exact date that … but …

Purpose: Here are some cues:

> teaching/modern British fiction/this term//gathering reference materials/since May//so far/collected quite a selection//remember you/fiction lover//interested/getting a copy/bibliography//let me know

Conclusion: Here are some sentence frames you might use:

> I hope you won't be too busy to …
>
> Do write …
>
> Please find time to …
>
> You know I love to hear … so …

第十章 会话组织教学

10.1 引言

会话组织受一定的会话规则支配，而非杂乱无章。英语会话组织具有自身的组织特点，需要英语学习者加以掌握。认识到这一点对搞好英语会话教学和培养学生的交际能力具有重要的指导意义。然而，我国众多的英语使用者缺乏会话结构及其组织方式的知识和意识，在英语会话中往往不能很好地遵循会话的规律和原则，导致交际失误或中断。本章通过介绍英语会话组织的特点和要素，提出会话组织教学的策略，并在章节末尾针对会话教学提供相应的教案供读者参考，以增强英语学习者对会话结构及规则的意识，提高其英语会话能力和交际的得体性。

10.2 英语会话组织的特点

与其他语种一样，英语会话组织有明确的交际目的，具有目的性；有一个统一的话题，具有连贯性；涉及若干交际参与者之间的相互配合、相互作用、相互影响，具有互动性；呈现出有规则的结构，具有结构性。

10.2.1 目的性

话语组织从某种程度上说就是语用组织，体现了说话人的交际具有目的性。McCarthy（1998）指出，交谈者是带有实际目的的交际动物，这些实际目的促使交际进行下去。另外，在语言哲学家看来，人类交际的基本单位不仅仅是我们所见到的词句，而且是需要完成的一定的行为，正是所谓的"以言行事"（Austin，1962）。请看例（1）：

（1）A: It's cold in here.

B: OK. I'll shut the window.

例（1）是一个比较经典的例子。A 说"这里冷"不仅仅是在陈述房间温度低这一事实，更重要的是，他想让 B 把窗户关上，不让冷风再吹进来。他借此向 B 发出信息，也就是言语行为。再从 B 的回应看，B 理解了 A 的意图并着手关窗。一旦窗户关闭，A 的交际目的就完全达到了。

10.2.2 连贯性

会话是一个连贯的有机整体，一般围绕着一个统一的话题展开、呈现出一定的顺序，而且前后呼应。黄国文（1988：11）指出，"连贯指的是语篇中语义的关联，连贯存在于语篇的底层，通过逻辑推理来达到语义连接；它是语篇的无形网络"，包含语言使用者的世界知识、他们所作的推理以及相关的假设、运用言语行为所进行的交际等。请看例（2）：

(2) He: Honey, the phone is ringing!

　　She: The dough stuck to my fingers.

　　He: OK, I'll go and get it.

例（2）中的几句话乍一看来让人不知所云，但如果我们结合话语发生时的语境因素，就不难明白其意思。当时，电话铃响了，丈夫欲让妻子接电话，提出了间接请求（电话铃响了，你去接个电话吧），但是不巧的是，妻子正在厨房忙活，手上沾满了湿面粉，无法接电话。于是，丈夫不得不亲自去接。可见，这些话语虽然表面意义不连贯，深层含意却是连贯的。

对于交际的参与者来说，由于当时的交际语境的诸因素为彼此所知，话语的连贯性以及话语的理解一般说来是不太费力气的。连贯实际上是听话人根据语境和语用知识来获取说话人的交际意图（胡壮麟，1994：180）。从这个意义上讲，听话者的理解越是透彻，就越能够掌握话语的连贯性（Stubbs, 1983：96）；对于除说话人和听话人以外的其他人来说，唯有重建当时的语境，才能保证对话语的正确理解。这里的语境含义较广，包含上下文（linguistic context）、情景语境（situational context）、认知语境（cognitive context）和社会文化语境（social-cultural context）。在理解的过程中，可以借助衔接手段，语义、语用、认知原则等。

10.2.3 互动性

会话是一种动态的言语活动，需要交际各方的参与才能顺利进行。倘若交际中只有一方积极参与，而其他人都不积极投入的话，会话就会变成"独白"，就不能称其为会话了。所以，会话活动需要交际双方或多方的参与，话语是作为过程的语言，是动态的（Steiner & Veltmen，1988），即会话活动具有互动性。另一方面，我们应动态地考察、学习、教授话语组织。动态研究关注内在的动机，也就是关注人们在动态交际中为何选择某种语言形式而不选用其他形式表达自己的情感或以言行事（Thomas，1991）。请看例（3）：

(3) A: Would you be able to go at three?

B: Well, three o'clock isn't possible. I have a meeting with Professor Li.

A: Oh, that's too bad.

例（3）中，在 A 的请求得到 B 的消极回答之后，A 又以 Oh 一词开头，不仅表达了未成功实现请求目的的遗憾之感，也体现了会话双方之间动态的互动。

10.2.4 结构性

会话结构是存在于句子以上层面的语篇组织方式，会话中的"顺序"呈现是研究的主要问题（McCarthy，1998）。从整体结构上看，典型的会话总是呈现开始、展开和结束 3 个阶段。请看例（4）：

(4) A: Excuse me. Hi!

B: Hi!

A: Can you tell me the way to the park?

B: Just go down the street. The park is three blocks away. You won't miss it.

A: Thank you!

B: It's OK.

例（4）是一个典型的问路的对话，可以分成 3 个阶段。首先是会话的开始阶段：A 吸引他人的注意并问候对方，将对方引入到下面将要发生的对话中。接着是会话展开阶段，这是交流的主要阶段，交际双方（或多方）传递信息和说明信息，进行实际交流。最后是会话的结束阶段，A 对 B 表示感谢，B 对 A 的感谢进行回应。

当然，我们说会话总是具有固定的结构，这并不意味着所有的会话都具备这 3 个阶段。现实交际是灵活的、协商的，或许交际中会缺少某个阶段，如开头或结束阶段，或者由副语言或肢体语言（如点头、挥手、微笑等）来实现。另外，不同的语言或文化也会对会话结构产生影响。比如中国人一般不会直接接受邀请，总是一再推辞，经过几番"邀请—拒绝"的回合后才会接受。这种会话模式外国人恐怕是无法理解的。但不管怎么说，中国人的"邀请"还是同样地可分成上述 3 个阶段，只是中间阶段内容更加丰富、"情节"更加曲折而已。

10.3 英语会话组织的要素

会话是人们利用语言进行交际的方式，对于外语教师和学习者来说，培养和提高学习者的会话能力及其理解能力是外语教学的一个重要目标。所以，会话教学就成为了外语教学中必要的一环。我们认为，外语中的会话教学应当涵盖话轮、话轮转换、相邻语对、开始语列、前置语列、插入语列、结束语列以及反馈、打断、重叠、沉默、修正等内容。会话教学应帮助学习者熟悉这些会话组织机制、了解它们的功能并且学会在外语中恰当地、有目的地加以运用，以实现自己的交际目的。

10.3.1 话轮

会话分析方法的奠基人之一 Harvey Sacks（1995）认为，话轮是会话的基本单位，显现了语流方向的转换，是正常会话的特点。说话人从开始到结束的话语即为一个话轮。构成话轮的语言单位可以是单词、短语、句子或更大的语言单位。如例（5）中简短的对话就包含了 4 个话轮：

(5) A: Did you like the movie?　　　(T1)

　　B: It was all right.　　　　　　(T2)

　　A: Who was in it?　　　　　　　(T3)

　　B: Shelley Long.　　　　　　　(T4)

(Richards，1990：69)

10.3.2 话轮转换

　　会话是说话人和听话人共同参与的过程，在此过程中，交际双方不断变换角色，轮流充当说话人。Sacks 认为，会话的一个核心特征就是每次只能有一人讲话——至少一人或不超过一人（1995，II：223）。Edmondson（1981）则指出，话轮有两个方面的意义：一是指在会话过程中的某一时刻成为说话人的机会；二是指一个人作为说话人时所讲的话。话轮往往具有 3 个功能：表明自身与前一话轮的关系、实现当前话轮的任务和引发下一话轮。

　　Sacks 等（1974）观察到人们说话时话轮转换时机的重要性，并从中总结出不少规律，如：说话人不断更替；话语有重叠，但时间短暂；话轮转换要把握好时机，既不使会话出现冷场，又不随便抢话；说话人讲话的时长事先并无规定；话轮的分配有一定的机制等。

　　Sacks（1995，II：223）的研究表明话轮转换机制中包含 3 种情形：（1）当前说话人指定下一位说话人；（2）下一说话人自选，自愿担当说话人角色；（3）如果当前说话人未选定下一个说话者，会话参与者也未自选，当前说话者可以（但并非是必须）继续说下去。

　　Oreström（1983：68）发现，如在话轮末尾出现以下情况，话轮转换的可能性最大（括号内为百分比）：

1）超音质，带有非平声核心的话轮单位的完成（96.3%）；

2）某一句法序列的完成（95.2%）；

3）某一语义序列的完成（95.2%）；

4）响度的降低（44.4%）；

5）沉默性停顿，紧接着话轮单位终止的停顿（40.8%）。

（转引自黄衍，1987）

下面是英语会话中常见的保持话轮的方式：（1）使用含有话语未完成标志的成分（utterance incompletor，如 and、but 等）以及未完成标记语（incomplete marker，如 if、since 等）；（2）使用含有 first、firstly、I'd like to 等的句子及句子组合；（3）采用加快语速、提高声音、增大响度的办法。请看例（6）：

（6）A: I will try to be brief, but there are three things.

例（6）中的 but 和 three 预先告诉听话人自己即将讲三点，帮助当前说话人保持话轮，将三点一一道来。

当然，交际中说话人也可以放弃自己持有的话轮，放弃话轮的主要表达有：停止发言的手势、声调降低（王得杏，1988）、称呼语、相邻对的第一部分、附加疑问句、套语（如 and you …，you see …，you know …；I suppose …，I wonder …，pardon，excuse me 等）及以上方式的组合（黄衍，1987）。请看例（7）：

（7）A: How much?

      B: Six dollars each.

例（7）是一个"询问—回答"的相邻对，A 通过询问让出话轮。

吴宗杰（1994）认为"娴熟的话轮替换是交际能力之一，也是一项非常复杂的技能"，它要求学习者能在观察话轮的同时，判断获取话轮的时机，同时还要掌握发展话轮、保持话轮及让出话轮的方法和技巧。这些是学习者能够自然会话的保障，否则即便掌握了大量的词汇、语句，学习者也无法在实际交际中应付自如。杨连瑞（2002）发现，中国学习者在取得话轮时常碰到障碍，容易慌乱，甚至会被迫终止表达。比如，碰到无法用英语表述的词汇时，学生就不知所措了。这时可以使用插入序列求助于对方保证交际的顺利开展。

10.3.3 开始语列

会话的开始往往由会话者和情境决定。无论是自然的日常会话，还是电话交谈，通常都以问候寒暄的方式开始。英语中寒暄语的例子有：How are you? 和 Nice day, isn't it? 等等（Richards，Platt & Platt，2000）。Malinowski 认为寒暄语是"一种言语，它仅仅包含一些问候话语，但却创造了一种联系纽带"（Malinowski，1923：315）。如例（8）和例（9）：

(8) A: Hi, John!

B: Hi, Mary!

(9) A: Hello?

B: Hello. Could I speak to Helen?

也有一些场合，人们不是以互致问候的形式开始会话，如问路时人们常以 Excuse me 开始。

10.3.4 相邻语对

相邻语对是会话结构的基本单位，常见于会话的开端和结尾，是由交际双方分别发出的一前一后紧密相连的话段，如例（10）：

(10) A: Congratulations!

B: Thank you!

在例（10）这一相邻对中，第一句为始发语，第二句为应答语，两者共同构成一个相邻对，其模式可以表示为：Q—A。自然会话中的常见相邻语对有：问候—问候、呼唤—回应、邀请—接受/拒绝、给予—接受/拒绝、抱怨—道歉/否认、恭维—致谢/谦辞、道别—道别等。

10.3.5 前置语列

交际中，说话人不直接明示自己的交际意图，而是在以言行事之前，运用一些试探性的、准备性的话语，探测实施该言语行为的条件。这种试探性话语即为会话中的前置语列，其作用在于确定邀请、请求等言语行为在听话人处是可行的，或者确定待宣布的消息值得他人的注意等（陈新仁，2009b：108）。会话中前置语列的缺失可能会导致话语突兀、失礼，也可能会招致面子的损伤。常见的有请求前置语列（pre-request sequence）、邀请前置语列（pre-invitation sequence）、结束前置语列（pre-closing sequence）等。我们以"请求前置语列"为例：

> (11) A: Are you free this afternoon?
>
> B: Yes. What's up?
>
> A: My computer collapsed. I was wondering whether you could come and help me fix it.
>
> B: Sure.

例（11）是请求言语行为，A 请求 B 帮自己修电脑，但他没有直接提出请求，而是先询问 B 下午是否有空，为后面请求言语行为的实施作试探。假如 B 的回答是否定的，那么，A 肯定不会提出请求了，抑或他会再次试探 B 其他可能的空闲时间。这样做是出于礼貌的考虑，可以避免损伤面子。这一前置语列中 A 询问 B 是否有空是出于对 B 的尊重，并没有强加"请求"的意思。如 B 有空，他很有可能会答应 A 的请求，这样 A 就实现了自己的交际目的。

中国英语学习者使用英语交流时，特别是施行请求或邀请等言语行为时，有时会忽略或不会使用这种前置语列，从而让听话人感觉话语唐突、强加程度高，缺乏礼貌。

10.3.6 插入语列

日常会话是灵活多变的，并不总是严格遵循着相邻语对的连接和组合。由于会话常被有意识或无意识地打断，相邻语对中就会出现插入语列（insertion sequence）或者旁插语列（side sequence），此时会话模式就变成了 Q[(Q1-A1)(Q2-A2) … (Qn-An)]A。由于这种嵌入的话轮不影响整个会话的进行，并且在大多数情况下，当嵌入的话轮结束后会话仍在被打断的地方继续向前发展，所以这类话轮被称为插入语列。在会话过程中，受话者有时为了提出疑问、提示、补充或要求澄清，必须打断发话者的话段，由此而产生的话轮就被称做旁插语列。请看例（12）：

> (12) Customer: I was coughing quite a bit. Can you suggest anything?
>
> Pharmacist: How long have you been coughing?
>
> Customer: Two days ...
>
> Pharmacist: This is a good cough syrup. Take two teaspoons before going to bed. If your cough doesn't clear up in a day or two, you should go to the doctor.
>
> Customer: I will. Thanks.

例（12）中，药剂师在顾客未说明咳嗽时间长短之前，并没有直接回答问题，而是通过一个插入语列（How long have you been coughing? Two days.）询问顾客并得到答复之后，才回答了顾客提出的问题。

10.3.7 结束语列

顾名思义，结束语列就是会话的结束语，往往由一些程式化的互致告别的表达充当，如例（13）：

> (13) A: See you soon.
>
> B: See you!

很多时候，会话的终结要由双方协同完成，当双方都认为交际任务已经完成时，就可以释放出信号（pre-closing signals），目的在于使得会话的结束不至于太突然，这种信号可称之为结束前语列。它往往包括一些标志着会话结束的话段，如：Well, it's getting late. I need to go home，或对前面会话内容的简要概括，或一些人际寒暄语，如：Give my best regards to your wife。而中国英语学习者在结束会话时时常会突然中止，不会使用适当的话语作铺垫以平稳地结束交谈。

10.3.8 话轮转换中的其他现象

理想状态下，说话人和听话人总是遵循会话规则，有秩序地轮流充当说话人，共同构建和谐顺畅的话语。但实际上，话轮转换中往往还会出现简短反馈、重叠、打断、停顿或沉默等现象。

10.3.8.1 简短反馈语

会话反馈语是对当前说话人的话语（其中的信息和观点）给予反馈，但不以获取话轮为目的，也就是说，下一话轮不发生转换，话轮仍由当前说话人享有或者由其他交际者接手。英语中会话反馈语可表现为多种形式，常见的有 6 类，即呼应语（如 m-hm）、回应表达（如 great）、重复、协助完成、非言语回应、简短陈述（如 that's great）等（Furo, 2001）。但是，反馈语所使用的词汇往往比较集中、有限。反馈语的功能主要有：表达注意力、理解或赞同（Rosenfeld & Hancks, 1980; Schegloff, 1982）；表示判断、同情（Ward & Tsukahara, 2000）；表达无聊、厌烦（同上）。请看例（14）：

(14) Guest: And to speak to what you're saying …

Host: Yeah.

Guest: I think it's being organized. When you're disorganized, you don't know where things are …

Host: Right.

Guest: You're rifling from drawers, rifling through closets, trying to find the thing that didn't go back where it belongs.

由例（14）可见，主持人用 Yeah、Right 等反馈语回应嘉宾的陈述。很明显，主持人这样做并不是要取得话轮，只是为了及时回应对方，以表达交际者的合作姿态以及对对方的礼貌。

甄凤超（2010）的研究显示被使用频数较高的反馈语为回应表达、非言语回应和呼应语。何安平（1998a）发现 yes 类、uhm 类以及 oh 类较多地用作反馈语。与英语相比，汉语中的反馈语有一定的不同。Tao 和 Thompson（1991：

209-223）的调查显示，汉语会话中反馈语的使用频率要低得多，尤其以同步话语形式出现的反馈语更少。另外，以英语为主的华裔移民在用英语会话或者汉语会话时使用反馈语的频率都比以汉语为主的移民要高得多。此外，英语中的反馈语似乎比汉语更为丰富多样。比如 m-hm 类呼应语在英语中可能有 uh、mm、uhu、mhm、aha 等多种变体，而汉语中呼应语数量很少，只有"嗯"、"啊"等。就中国英语学习者来说，他们使用反馈语的频次低于本族语者（郑群，2012）。中国学习者在英语会话中虽然使用 m-hm 类呼应语，但在类别上不及英语母语者多，多数为 mm、mhm，这可能是受到汉语习惯的影响。有趣的是，中国英语学习者使用反馈语还呈现出一定的性别差异：女性比男性更倾向于使用反馈语（甄凤超，2010）。

10.3.8.2 重叠

只有当交际者能正确把握话轮转换关联位置（Transition Relevence Points, TRPs）时，话轮转换在时间安排上才能够很完美。然而，如果下一说话人不等当前说话人把话讲完就开始发话，话轮的精确、有序的转换就有可能会被打破，这样就出现了话语的重叠。Jefferson（1973）称之为"终止性重叠"（terminal overlap），Schegloff（2000）则称为"短暂重叠"（rush-through）。话语重叠之所以会发生是因为下一说话人意识到话轮行将终止（Tanaka，2006），如果对终止的时间估计有误，两人的话语就会重叠。

重叠通常包含以下几种情况：（1）同时开始（simultaneous start）；（2）简单打断（simple interruption）；（3）插入打断（butting-in interruption）（黄衍，1987）。

姜望琪（2003：210-215）总结了几种可能引起话语重叠的原因，如会话中临时增加的非必要成分（称呼语、附加问句）以及当前话轮末的元音被拉长等。重叠会引起他人不悦，威胁他人的面子，是不礼貌的。当然，会话活动中很少会出现重叠现象。有统计表明，会话中重叠占全部会话活动的百分比不足5%（何兆熊，2000：308）。

有研究显示女性交际者使用 mm、yeah、um 等重叠对方的话语，多半是赞同或让对方继续话语，维系和谐的气氛（白解红，2000：95）。与此相对，男性重叠话语则常常是为了控制话轮转换。

10.3.8.3 打断

话轮中还常出现"打断"现象。"打断"是以一个会话者没有结束话轮而另一会话者就开始说话为标记的。也就是说，一个会话者为了获得说话机会而争抢话轮。"打断"违反了话轮转换规则，破坏会话模式，而且也违反了语言和社会行为规范（Brown *et al.*，1980），常出现在话轮转换关联位置处（Sacks *et al.*，1974）。West 和 Zimmerman（1977）认为打断是对说话人话语内在结构的深层侵扰和对当前说话人句法界限的侵入。根据说话者的交际意图和个人的交际策略，打断现象也会不同（Brown *et al.*，1980；李悦娥、申智奇，2003）。很多研究表明打断现象与控制、权力以及社会地位紧密相连。典型的例子包括男性更容易去打断女性，成年人更容易打断孩子，医生更容易打断病人，家庭中处于主导地位的配偶更容易打断处于较低地位的一方（李悦娥、申智奇，2003）。"打断"使当前说话人无法继续话语，使其面子受到威胁，是不礼貌的。按照努力的次数，"打断"可分成：成功的一次性打断、不成功的一次性打断、成功的多次性打断和不成功的多次性打断。

10.3.8.4 沉默/停顿

我们把当前说话人在话轮转换关联位置打住，而此时又没有其他人接手话轮的情况称为会话中的沉默。沉默是交际活动的最高形式，是表达或者传递心理感受和感情的纯粹方式，是一种有意义的空缺言语行为，对它的理解必须依靠交际语境，对它的描述断然离不开上下文（周民权，2010：4）。在具体语境中，沉默可表达肯定意义、否定意义、评价意义等。日常会话中的沉默包括中断(gap)、间隔(lapse)、意义沉默(significant/attributive silence)等具体现象(黄衍，1987)。请看例（15）：

（15）C: Have to cut the:[1] se Mummy　　　　　（T1）

　　　（1.3 sec）

　　　C: Won't we Mummy?　　　　　（T2）

1　表示发音的拖长。

(1.5 sec)

C: Won't we?　　　　　　　　　　(T3)

M: Yes.　　　　　　　　　　　　(T4)

(Atkinson & Drew，1979：52)

例（15）为上述类型中的意义沉默。在该例中，孩子已经选定 Mummy 作为下一个说话人，但其母亲始终保持沉默。她向孩子传达一个信号："我不打算马上回答你的问题。"接着孩子继续追问直至母亲有了应答。

会话中该轮到说下一句话的人不接过话茬就会引起沉默或冷场，这种局面令人尴尬。此时，当前说话人不得不打破僵局，他可以重复刚才的话语，或者询问其他人是否听到/听清自己的话，或者指名由某人接下去讲。实在没办法，他可借助搪塞语表达自己说话的意愿，填补一下由冷场造成的令人尴尬的空白（何兆熊，2000）。当然，沉默的时间越长，话轮发生转换的可能性就越大（Jaffe *et al.*，1967：79）。

10.3.8.5 修正

修正属于会话中人们最常用的插入语列之一，又被称为旁插语列（side sequence）。它是会话结构中的一个重要组成部分，是排除阻碍，维持、保护会话继续进行的必要方法。Schegloff 等（1977）对会话中的修正结构模式率先进行了研究，认为这个模式的结构由 3 部分组成：阻碍（trouble source）、发起修正（initiation）和修正结果（repair outcome）。根据是参与者自我还是他人发起修正和修正成分的组成，得出以下 4 种结构：（1）自我发起修正（self-initiation/self-repair）/自我修正（self-repair）；（2）自我发起修正（self-initiation）/他人修正（other-repair）；（3）他人发起修正（other-initiation）/自我修正（self-repair）；（4）他人发起修正（other-initiation）/他人修正（other-repair）（李悦娥，1996）。请看下面的例子：

（16）对小孩数数出现的错误提出修正

A: One, two, three/four, five, six/eleven, eight, nine, ten.

B: Eleven? … eight, nine, ten.

A1: Eleven, eight, nine, ten.

B1: Eleven?

A2: Seven, eight, nine, ten.

B2: That's better.

（Coulthard & Canldin，1985）

此例中的 B—A1—B1—A2—B2 是一组插入序列。在 B 两次提示后，孩子作出自我修正，属于他人引导/自我修正。

（17）（B 正在筒子楼公共洗漱间清洗刚刚买来的小龙虾）

A: Oh, you bought some lobsters?

B: Yes, but they are crayfish, actually.

B 购买了一些小龙虾，A 跟他聊天时，用 lobster 表示"小龙虾"。B（生物技术学院教师）对 A 选错的词汇作了修正，此例为他人引导/他人修正。

Schegloff 等（1977）认为修正是偏好自我的：偏好自我启动、自我修正。Norrick 认为 Schegloff 等人的自我偏好的观点不够全面，只适用于英美社会成年本族语者之间。他认为，由谁来修正是依据特定语境中各个人的修正能力来决定的，而不是 Schegloff 等人所解释的"自我更正偏好"（Norrick，1991：59）。

10.4 英语电话对话组织方式

1952 年，美国语言学家 C. C. Fries 推出了第一部基于电话会话（telephone conversation）的语言学著作。后来，Schegloff, Sacks 和 Jefferson 对电话会话结构作了一些有意义的研究。电话英语属于口语体，其整体结构同口语体一样，由开头（opening）、本体（body）和结尾（closing）3 部分构成。开头部分具有寒暄功能，其作用是为了建立电话联系，拉近交际双方距离，为本体部分的展开作铺垫。Schegloff（1986）总结出：在电话会话开始时，尽管说话的方式各种各样，先说话的总是接电话的一方。打电话的人要提出会话的第一个话题，通常是礼节性的询问，如 How are you recently? 或是其他类似的客套话。

当然，如果打电话者是在回一个电话，那么提出第一个话题的就将是接电话者了。电话会话的结束同开始一样不会突然出现，而是经过双方协调认可的结果。Schegloff 和 Sacks（1973）认为会话的结尾包括 3 个基本组成部分：结束系列（closing sequence）、前置结束系列（preclosing sequence）和话题界限系列（topic-bounding sequence）。在会话进程中，这 3 个组成部分的顺序刚好倒过来。话题界限系列表示双方对某一话题的交谈已经结束，其内容常见的有表示感谢，问候对方家人，安排活动，提醒对方约会的时间、地点等。接下来是前置结束系列，它表示双方一致同意结束会话，常包含用降调和拖长的声调说出的 alright、okay、so、well 这样的词语。最后是表示一次会话正式结束的结束系列，由双方交换以下道别语构成：Goodbye、Good night、See you 等。

10.5 会话组织教学策略

在中国的英语教学中，时常发现即便是高水平的中国英语学习者在英语会话中能做到语法、语音和词汇完全正确，但是在面对英语为本族语的会话者时，中国英语学习者仍会出现许多语用问题，如不能准确判断话轮转换关联位置（贾砚萍，1995），不知如何转换、保持话轮（Jin，1992；何安平，1998b；贾砚萍，1995；杨连瑞，2002），常常被迫处于令人尴尬的沉默之中（贾砚萍，1995；杨连瑞，2002）等。这是因为中国传统的英语会话教学材料只是通过编写对话来呈现语法规则，而不是再现真实生活中的会话，很少关注像话轮分配、话题转换以及社交寒暄这些语用技巧。本节提出了一些教学策略，旨在引导外语会话组织教学，帮助学习者在实际交际中灵活、恰当地运用会话组织顺利地、得体地实现交际目的。

10.5.1 聚焦会话组织方式，提升注意水平

Schmidt（1990）根据其学习葡萄牙语的经历提出了"注意假设理论"（Noticing Hypothesis），认为"注意是一个将输入转化为吸收（intake）的必要但不充分条件，没有注意的学习是不可能发生的"，旨在通过教师的有效课堂

干预，充分唤起学习者的注意力，对目标内容进行信息加工处理，增大由短时记忆进入长时记忆中的信息量，最终有效提高学习效率。教师可以在教学实践中明示、讲解、传授会话组织的结构和相关规则让学习者掌握，以为后续的操练打下基础。另外，教师在平时教学中应有意识地提升学生话语组织的意识和能力，让他们熟悉各种会话类型，掌握如何获取话轮、保持话轮和让出话轮的技巧。

Shively（2010）指出学习者要接触真实的目的语输入。教师可以结合真实的语言实例（如英文电影或短剧等）帮助学习者了解和熟悉会话组织成分和运行机制等，让学习者充分注意到特定语境下会话的形式和交际意图的匹配。脱离了实例，单纯的、抽象的、没有实例支撑的讲解不可能引起学习者的兴趣，不会取得令人满意的效果。除了课堂以外，学习者还可以利用其他学习场所有意识地学习、操练会话组织。在实践中，学习者可以接触真实的交际，对相关知识的体会更真切，学习的效果也会更好。

总之，我们认为，话语组织的教和学应该做到将功夫放在平时，既要实施专门的会话组织教学，又要在教授其他内容的过程中融入会话组织教学。从某种程度上说，后者更为重要。原因在于，受学时的限制，教师不可能花太多专门的时间进行会话组织教学。另外，将会话组织的精髓和实践与其他教学内容相结合，可以给学习者提供较为真实的交际环境，让他们在其中学习、提高。

10.5.2 给出会话任务，引导学生演绎

我们认为，教学最终是为了让学习者能够在实际交际中高效、合适地进行交际。因此，会话组织教学应该以操练任务为主，可采用任务型教学法施教。在任务型课堂中，学习者能够参与到具体的任务中，发挥自己的积极性和主动性，能够投入其中，在活动中提升自己的会话组织意识和能力。在课堂教学中教师可以引导学生参与大量的会话实践活动：如师生互动对话、学生一对一练习、小组练习、角色扮演等。在课余时间，师生共同寻找机会创设情景训练会话技巧，如参加英语角、设法多与英语本族语者交流互动，努力在自然的语言环境中领悟和运用会话技巧。

10.5.3 比较中英会话组织差异，开展讨论

由于文化价值体系的不同，中英会话存在一定程度的差异。唐德根、常圆（2004）指出，在跨文化交际中，不同的文化观念、民族特性和语言思维决定了英美会话属于高介入会话方式（high involvement style），而汉语会话则是高体贴会话方式（high considerateness style）。高介入会话方式是指在参与会话时所采取的一种语速和频率较快、话轮之间几乎没有停顿、对话双方或几方话语互相重合的会话方式。高体贴会话方式指的是在参与会话时所采取的语速和频率较慢、话轮之间停顿时间较长、避免重合、不打断、不强加的会话方式（Yule，2000：76）。比如，在英语会话中，无论会话双方是上司和下属还是长辈和晚辈的关系，经常可以见到打断的现象。因此，中国英语学习者在进行英语会话时，有必要更加全面地掌握话轮转换的方式以及英语会话组织机制。可见，在会话组织教学中，教师应帮助学生增强对中英会话方式的比较意识，并对两者的异同进行详细的讨论，从而让学生准确地了解英语会话组织的特点，成功地在跨文化交际中进行英语会话。

10.6 结语

本章从英语会话组织的特点谈起，系统分析了英语会话组织的结构、各个组成要素的形式和功能特征，并举例加以说明，同时结合中国外语学习者对相关要素的学习情况，指出会话教学的策略。在外语教学中培养学生的英语会话能力是提高其跨文化交际能力的一个重要方面。因此，教师应当注重学生会话技能的培养，教给学生会话组织的知识和策略，并创造良好的课堂交际环境，使学生在自然、得体的会话交际中掌握会话结构和组织规则，从而更加得体地进行跨文化交际。

附录：教学示例

教学示例1：两人会话组织

教学目的：通过分析两人会话组织的特点和要素，帮助学生掌握两人英语会话的结构，从而培养学生根据交际场景恰当得体地使用英语进行两人会话，以顺利实现交际目的的能力。

教学内容：介绍两人英语会话的组织结构，分析两人英语会话实例中的会话组织，训练学生依据特定交际场景进行两人英语对话。

教学重点：帮助学生掌握两人英语对话的话轮类型，即相邻对、前置语列和结束语列。

教学难点：帮助学生在两人对话中恰当运用会话组织结构的相关知识，如相邻对、语列等。

教学步骤：

1. 介绍两人英语对话的特点和结构，包括话轮、语列、反馈语等。

2. 分析两人英语对话中的会话组织特征（如下面一则英语对话的画线和粗体部分）：

   (1) 让学生两人一组进行角色扮演，然后小组讨论其中的会话组织特点；

   Dialogue:

   Elizabeth meets her interpreter in the hotel lobby for breakfast. They have been in Beijing for two days and are returning to Shanghai in two hours.

   Int:　　Hello, Elizabeth. How are you?

   Eliz:　 Fine, thanks.（相邻对）

   Int:　　Are you sure you're all right? You look a bit worried today.（前置语列）Is there anything wrong?

   Eliz:　 Well, yes, there is something wrong actually.（相邻对）Perhaps you can give me some advice.（让出话轮）

   Int:　　Of course, if I can.（相邻对）

Eliz:　Well, last night when I returned from the theatre, I found that I'd lost my wallet.

Int:　Oh, dear! That's terrible!（反馈语）What was in your wallet?

Eliz:　Well, some money, of course, my visa, all my identity cards and some photos.（插入语列）

Int:　Well, if I were you, I'd go to the police station straight away and report it.

Eliz:　Yes, I've already done that, **and** they said they'd make a search for it. **But** we're leaving soon and I need my visa and identity cards badly.（旁插语列）

Int:　Oh, dear! What a pity!（反馈语）Are you sure you lost the wallet in the theatre?

Eliz:　Yes, quite sure.（插入语列）

Int:　I think you should put an advertisement in *China Daily*, saying when and where you lost it.

Eliz:　But that takes too long.（反馈语）

Int:　**Wait a minute**! I know! How stupid of me! My uncle lives in Beijing and he lives very close to the theatre.（旁插语列）I'll telephone him and ask him to go there. You'd better go and have breakfast and I'll meet you later.

Eliz:　Oh, thank you. That's marvelous.（反馈语）I hope he finds it.（结束语列）

(2) 讲解分析以上英语对话中的会话组织特点，如相邻对、语列、反馈语、话轮把持标记（and、but）、话轮获取标记（wait a minute）、让出话轮标记（询问）等。

3. 让学生两人一组根据以下交际场景进行英语对话。

Role-play: How to learn English

Situation: Liu and Wang are both first-year students in the English Department. They are both hard-working, but they have different ways of learning language. They are telling each other their own ways of language learning. And Wang is trying to convince Liu that Liu's is not a good way.

Roles: Liu—in favor of learning by rote. He/She spends lots of time on memorizing grammar rules. He/She thinks this is a good way to improve his/her English.

Wang—insistent on the importance of having a lot of practice in the four language skills. He/She spends most of his/her time on listening, speaking, reading and writing.

4. 让学生分小组讨论各自对话中的会话组织结构，强化相关知识。

课后练习：两人一组根据下列场景进行英语对话，讨论对话的组织结构。

Practice: Work in pairs, taking it in turns to ask for and give advice, using the following situation—You are putting on weight.

教学示例 2：多人会话组织

教学目的：通过分析多人会话组织的特点和要素，帮助学生掌握多人英语会话的结构以及话轮转换技巧，从而培养学生根据交际场景恰当得体地使用英语进行多人会话，以顺利实现交际目的的能力。

教学内容：介绍多人英语会话的组织结构，分析多人英语会话实例中的话轮转换，训练学生依据特定交际场景进行多人英语对话。

教学重点：帮助学生掌握多人英语对话的话轮转换。

教学难点：帮助学生在多人对话中恰当地进行话轮转换。

教学步骤：

1. 介绍多人英语对话的话轮转换，包括话轮获取、保持、放弃等。

2. 分析多人英语对话中的话轮转换(如下面一则英语对话的画线部分)：

   (1) 让学生 3 人一组进行角色扮演，然后小组讨论其中的话轮转换；

   Dialogue: Graham, Sue and Brian have just finished their final examination.

S: Well, Brian, do you think you've passed?

B: No, definitely not. I thought the paper was terrible. I haven't got a hope of passing.

S: But are you sure?

B: Absolutely. Not a hope!

G: You are always saying that, Brian, but you always manage to come top in all the tests we have.

B: Well, this time it's different.

G: I doubt that. There's very little chance of you failing. Don't you agree, Sue?

S: Well, I'm not sure. There's always a chance, I suppose, and Brian does seem pretty positive that he's failed.

B: Yes, I am. I'll tell you why, too. I didn't even finish the last paper and I left out the last question completely.

G: But that doesn't mean that you've definitely failed. What about the other papers? Do you think you did well in those?

B: I'm not sure possibly. I answered all the questions and I finished in time.

G: Then I don't think you have anything to worry about. I'm quite sure you've passed.

S: I agree. If you have done well in the other exams, then I'm absolutely sure you'll be all right.

G: So let's forget about it and wait for the results. We'll just have to wait and see.

B: Of course, you're right. We'll have to wait.

(2) 讲解分析以上英语对话中的会话组织特点，如语列、反馈语、话轮转换标记等。

3. 让学生 3 人一组根据以下交际场景进行英语对话。

Role-play: Recommend a place of interest to visit

Situation: A, B and C are classmates, and they come from different places. Each of them would like to introduce to the other two one scenic spot in their hometown.

4. 让学生分小组讨论各自对话中的会话组织结构，强化相关知识。

课后练习：3 人一组根据下列场景进行英语对话，讨论对话的组织结构

Practice: Form dialogues by using the following situation in groups of three. Talk about what you did in the past summer vacation.

第十一章　语言模因教学

11.1 引言

模因论（memetics）是一种基于新达尔文进化论的观点来解释文化进化规律的新理论。该理论在西方学术界已形成了一定规模，我国也有许多学者纷纷投身于这一理论的研究中，其中不乏语言学研究者。模因论这一独立的新型学科为语言学开辟了一片新天地，催生了语言模因论，为语言研究和语言教学提供了新的视点。语言模因论将进化论的思维方式应用于对语言发展的分析，为我们探讨语言的进化问题提供了一种崭新的研究思路（陈琳霞、何自然，2006）。语言模因论对于语言中的许多现象具有独特的解释力，因此，借此来观察社会文化语用问题是很有意义的。除此之外，语言模因论还对我们的语言教学，尤其是外语教学有着十分重要的启示作用。

本章将介绍语言模因论及其在外语教学中的应用，通过分析语言模因的形成机制和复制传播方式，以大学英语写作教学为例，探讨外语教学的模因模式。第一节是引言；第二节主要介绍模因论和语言模因论，包括语言模因的形成、复制传播方式以及语言中的强势模因；第三节从宏观上探讨语言模因论在外语教学中的启示作用，介绍两种外语教学法，即背诵教学法和模仿教学法；第四节着重探讨模因论指导下的大学英语写作教学，按照语言模因的发展规律提出大学英语写作教学的一些原则和策略；在第五节进行总结之后，我们还提供两个教学示例，供外语教师在实际教学过程中参考。

11.2 语言模因论概述

11.2.1 模因与模因论

模因论是基于达尔文的进化论来解释文化进化规律的一种新理论。英国牛津大学著名动物学家和行为生态学家，同时也是新达尔文主义的倡导者

Richard Dawkins 在其 1976 年的著作《自私的基因》(*The Selfish Gene*) 中首次提到了 meme 这一概念。meme 一词源自希腊单词 mimeme，意思是"被模仿的东西"。我国著名语用学家何自然教授将 meme 这一术语翻译成"模因"，旨在让人们联想到它是一种与基因相似的模仿现象。"基因是通过遗传而繁衍的，但模因却通过模仿而传播，是文化的基本单位"（何自然，2005：54）。

　　前期的模因论将模因看成是文化模仿单位，或者说是文化复制因子，其核心是模仿。它可以表现为"曲调旋律、想法思潮、时髦用语、时尚服饰、搭屋建房、器具制造等的模式"(Dawkins，1976：206，2006：192)，也可以是"科学理论、宗教信仰、决策程序、惩罚模式、客套常规"（谢朝群、何自然，2007：30）等等。在后期的模因论里，模因被看作是大脑里的一个信息单位，是存在于大脑里的一个复制因子。模因就像病毒一样，不断从一个宿主过渡到另一个宿主，感染其他人的大脑，进而影响被感染者的思维和行为模式。新达尔文主义者 Blackmore 在其《模因机器》(*The Meme Machine*) 一文中指出："当某种思想或某种信息模式出现，在它引致别人去复制它或别人对它重复传播之前，它还不算是模因。只有当这种思想或信息模式得以被传播、仿制时才具有模因性"（1999：66）。因此，"任何一个信息，只要它能够通过广义上称为'模仿'的过程被'复制'，就可以称为模因了"(Blackmore，1999：66)。

11.2.2 语言模因论

11.2.2.1 语言模因

　　从模因论的角度看，任何东西，包括音乐、建筑风格、政治理念、语言词汇等，只要被人不断地模仿、复制和传播，就可以被称作是一种模因。依此，对于语言而言，那些被大量模仿、复制和传播的语言单位也就成为一种模因，即语言模因。任何字、词、短语、句子、段落、篇章，甚至其所传达的文化意义，都有可能成为模因被广泛模仿、复制和传播，从而成为语言模因。比如"非典"一词，就因为在某个特定时段被成千上万的人所使用而得到广泛模仿、复制和传播，进而成为一个具有强大生命力的模因。再如，现在网络语言中到处充斥着"X 客"一说，如"闪客"（经常使用 flash 的人）、"拼客"（集中在一起共同完成一件事的人）、"威客"（凭借自己的创造能力在互联网上帮助别人，并获取报酬的人）等等。"X 客"一词最早源于"黑客"（英文 hacker 的音译），指那些热心于计算机技术、水平高超的电脑专家，尤其是程序设计人员。后来，随着网络的发展，越来越多的网民在"黑客"一词的基础上，创造出许多结构类似但意思不同的词语，因此"X 客"这一表达方式也逐渐盛行于网络世界（其中"客"表示做某件事或具有某种特征的人），成为一个具有时尚活力的语言模因。

11.2.2.2 语言模因的形成

从模因论的角度看，语言是模因的载体之一，语言模因的形成揭示了话语流传和语言传播的规律。自然语言中的模因主要从以下 3 个方面体现出来：教育和知识传授、语言本身的运用以及信息的交际和交流（何自然，2005：55）。

首先，教育和知识的传授使语言模因得以复制和传播。语言模因作为一个语言复制因子，可以从一个人的大脑传递到另一个人的大脑，从一个宿主过渡到另一个宿主，进而感染被传染者的思维和行为。在语言模因的广泛复制和传播中，教育和知识的传授起着不容忽视的作用。一个模因要想得到广泛传播，首先必须进入人们的大脑。同样，语言模因要想得以复制和传播，首先必须像病毒一样"感染"人们的大脑。在这个"感染"过程中，来自学校和社会的信息输入发挥着巨大作用。我们从学校和社会学来的字、词、句段和篇章，经过个人的模仿和复制，不断地从一个个体传播到另一个个体。如果没有学校和社会的"输入"，语言模因就不会在人们的头脑中扎根，更不会经过不断重复而得到广泛传播了。比如，"三个代表"、"和谐社会"等说法，通过报纸、电视、广播等媒体输入人们的大脑，并通过人们的不断重复使用得以复制和广泛传播，从而成为了语言模因。再比如，人们从家庭、学校和社会接收到的一些语言信息，如"拜托"、"谢谢合作"、"欢迎光临"等礼貌用语，在教育与传授过程中被不断重复，进而得到广泛传播。因此，语言模因的复制和传播是以教育和知识传授为条件的。

　　其次，语言本身的运用促成语言模因的复制和传播。一个语言模因在通过教育和知识传授进入人们大脑后，只有经过人们对其不断的使用才能得以复制和传播。语言模因的使用可以表现为直接引用、模仿和创新。"和谐社会"这一说法因被人们不断引用而深入人心，人们又模仿其结构创造出了"和谐校园"、"和谐小区"等说法，这些说法也成为了流传极其广泛的语言模因。"今年过年不收礼，收礼还收脑白金"这一广告语在通过媒体不断输入人们大脑后，又被人们模仿、创新而形成一系列新的语言模因集合体，如"今年过年不收礼，收礼只收短消息"等。由此可见，语言模因要想得以广泛复制和传播，离不开人们对语言本身的运用，只有在不断使用的过程中，语言模因才能凸显其强大的生命力，而得以不断流传。因此，语言的运用是模因复制和传播的重要途径。

　　最后，文化交流也会催生语言模因。这类语言模因指的是根据语境即兴而发，随后得到广泛复制和流传的信息，多在跨语言和跨文化的交流中出现。比如连战和宋楚瑜访问大陆，带来了许多台湾地区的语言表达方式，其中"愿景"就是一个典型的例子。"愿景"在中国大陆的词典里是没有的，但在台湾地区的语言中，该词有其自身的意义。对个人来说，愿景就是个人在脑海中所持有的意象或景象。对于一个组织来说，共同的愿景就是组织成员所共同持有的意象或景象。随后，通过媒体和社会的强调重复，"愿景"在大陆广泛流传开来，成为了一个时尚的语言模因。由此可见，许多语言信息是在文化交际和交流过程中，为了达到特定的交际目的、根据不同语境而形成并流传的。因此，文化交流可以看作是语言模因复制和传播的催化剂。

11.2.2.3 语言模因的传播方式

　　语言模因通过复制进行传播，但这"不是说词语的原件与复制件从内容到形式都完全一致"（何自然，2005：58）。语言模因在传播的过程中往往与不同的语境相结合而组成新的模因复合体。从模因论的角度观察，语言模因的传播有两种方式，分别为"内容相同形式各异"的基因型和"形式相同内容各异"的表现型（何自然，2005）。

　　基因型传播方式指的是，相同信息的语言模因在复制和传播过程中表现形式可以不同，但内容却是相同的。这类传播方式又可细分为相同的信息直接传递和相同的信息异形传递两种方式。前者包括各种引文、口号、转述，以及日常交谈引用的名言、警句，或者重复别人的话语等；后者指的是信息在复制过程中出现模因的移植，但这些变化并不影响原始信息，复制出来的仍是复制前的内容。比如网络语言中很常见的一些指称表述，"青蛙"的原始信息是丑男，"恐龙"的原始信息是丑女，但使用"青蛙"或"恐龙"不会对"丑男"、"丑女"本来的意思产生影响。

　　表现型传播方式指的是，模因的复制和传播采用同一表现形式，但分别按需要表达不同的内容。这类传播方式又可细分为同音异义横向嫁接、同形联想嫁接、同构异义横向嫁接 3 种方式。其中同构异义横向嫁接的传播方式被应用得最为广泛，在我们的日常生活语言中也能找到非常多的例子，小到字词、大到篇章，都能通过同构异义横向嫁接的方式得到复制和传播。比如，最先流行于香港和台湾地区的"非常"一词就是一个很活跃的语言模因，现在广泛使用于生活的各个领域：我们有电视节目叫"非常周末"和"非常6+1"；我们有饮料叫"非常可乐"；我们有话剧叫《非常球事》，等等。除了单个的字词，整个篇章结构的复制也非常常见，尤其是在网络语言中。比如，凡客公司推出的明星代言系列广告语篇就被网友疯狂复制，进而形成了网络流行语中的"凡客体"。由韩寒代言的原版凡客广告词如下：

　　爱网络，爱自由。
　　爱赛车，爱晚起，爱夜间大排档，
　　也爱 59 块帆布鞋。我不是什么旗手，
　　我不是谁的代言。我是韩寒，
　　我只代表我自己。
　　我和你一样，我是凡客。

这则以"爱……，也爱……，不是……，我是……"为基本叙述方式的广告在网上掀起模仿热潮，不论是名人 Steve Jobs 还是动画人物灰太狼，都成为"被凡客"的对象。灰太狼版的凡客体如下：

爱发明，爱创造。

爱抓羊，也爱被羊们耍，

爱老婆，更爱老婆坚贞无比的平底锅。

不是饿狼，不是恶狼，

不是色狼，我是灰太狼。

找男人的都别找了，有男人的也别要了，

我和他们不一样，因为你要相信，

嫁人要嫁灰太狼。

通过"形式相同内容各异"的表现型模因传播方式，原版凡客广告词被广泛复制和传播，形成了网络上流行的"凡客体"。实际上，当今网络上充斥着各种"体"，除了凡客体，还有咆哮体、甄嬛体、微博体、HOLD 住体、蓝精灵体、高铁体、淘宝体、非诚勿扰体、TVB 体、蜜糖体、不相信爱情体、丹丹体、怨妇体、撑腰体、本山体、元芳体、切糕体，等等。这些"体"实际上就是具有相同形式的语言模因，通过填充不同内容得到复制而传播开来。

11.2.2.4 语言中的强势模因

人们使用语言的过程其实就是各种语言模因在复制与传播中互相竞争的过程。在这一竞争过程中，有些复制因子生命力比较强大，能够将其他复制因子毁灭。Blackmore（1999：38）指出："我们在生活中经常能碰到的模因，都是一些成功的模因，即能在自我复制的竞争中获胜的模因。"这些成功的模因就是强势模因。

Dawkins（1989）提出模因具有以下 3 个特征：复制忠实性（copying-fidelity）、复制数量（fecundity）和复制周期（longevity）。一个模因被复制得越忠实就越容易保留；复制得越快，复制者数量就越多；复制模式存在的时间越长，复制者数量就越大。由此可见，一个模因究竟能否被复制成功而成为强势模因，要受到复制忠实性、多产性和长久性这 3 个要素的影响。

Heylighten（1998）提出，模因要成功复制，即成为强势模因，必须经过4 个阶段，并提出了成功模因的选择标准。这 4 个阶段是：同化（assimilation），即寻找新宿主的过程；记忆（retention），即在宿主的记忆里保留的时间；表达（expression），即从记忆模式转换为能被人所感知的物质形式；传播（transmission），即借助一些稳定的物质载体或媒介进行广泛流传。一个模因要想成功通过以上 4 个阶段而成为强势模因，必须具备一些特点，如同化阶段的可注意性、可理解性和可接受性，记忆阶段的不变性和排斥异己性，表达阶段的劝诱传播性，以及传播阶段的公众注目性。

我国学者陈琳霞、何自然（2006）认为，一种语言模因要想被普遍模仿而成为成功的模因，必须具备以下特性中的一种或几种：实用性、合理性、时尚性以及权威性。就实用性而言，"豆腐渣工程"虽然是当年出自朱镕基总理之口的一个偶发语言信息，但由于这个比喻形象、贴切，具有很强的实用性，于是马上传播开来，成为强势语言模因。就合理性而言，一些外来词语因借用合理而被人们接受，从而得到广泛复制和传播。比如音译外来词"贴士"，来源于英文单词 tip 的复数形式 tips，有一个义项为"指点、忠告"，现在得到较为广泛的应用和传播，出现了各种各样的贴士，如"健康贴士"、"求职贴士"等，运用于日常生活的方方面面。就时尚性而言，如果语言时髦，人们就会不自觉地模仿起来，从而让其广泛传播，形成强势语言模因，例如时下网络上非常流行的"有木有"、"神马都是浮云"、"你妈喊你回家吃饭"等等。最后，就权威性而言，权威人士对语言的运用会在很大程度上影响普通社会成员，使他们对权威人士的语言进行模仿和传播。比如邓小平同志提出的"发展才是硬道理"，经过广大人民群众的模仿和传播，现已成为强势语言模因，在我们的生活中处处可见"XX 才是硬道理"的话语。

11.3 语言模因论与外语教学

从语言模因论的角度看，语言本身就是一种基因，是一个文化信息单位，可以通过模仿而得到传递，这一特性在字、词、短语、句子、段落甚至篇章层面都能得到体现。语言模因的复制和传播特征使我们有理由相信，语言的教学过程就是语言模因复制传播的过程。在这一过程中，教师以其权威者的身份"帮助学生将要求掌握的语言模因进行同化、记忆、表达和传播，促使它们向长久性、多产性和复制忠实性的方向发展"（李捷、何自然，2010：22）。国内许多学者纷纷利用语言模因论作为一种新的思路，在语言教学领域，尤其是外语教学领域作了许多研究，主要探讨语言模因论对外语教学的启示，并提出了优化外语教学框架（陈琳霞，2008；王洪英、林俐，2008；张辛欣、娄瑞娟，2010；郑华，2010 等）的想法。何自然（2005）认为，在语言模因论的指导下，过去一些被丢弃了的、被认为不合理或不可取的传统教学模式和教学主张，如背诵和模仿，也许要重新对其作出评价，甚至要恢复和再次提倡。下面我们就介绍这两种基于语言模因论的外语教学法。

11.3.1 背诵教学法

在当今国内外语教学课堂中，越来越多的老师过分热衷于分析型、启发型、任务型的外语教学方法，而不屑于使用背诵这一传统的语言教学方式。殊不知，背诵并不等于死记硬背，它与思辨能力和创新意识的培养并不对立。就语言模因论来看，语言是在不断的复制和传播中得以生存的，从语言模因复制和传播的 4 个阶段我们不难看到，背诵在这个过程中起着不可忽视的作用。因此，完全摒弃背诵这一传统教学手段将是外语教学的一大损失。

任何一种语言能力的形成都离不开语言材料的大量输入和积累，而背诵的过程就是语言输入和积累的过程。我国自古就有许多有关熟读、背诵的至理名言，如"熟读唐诗三百首，不会作诗也会吟"、"读书破万卷，下笔如有神"、"书读而记，记而解，解而通，通而作"等等。Krashen（1982）提出了二语习得理论的 5 个假设，其中输入假设最为重要。语言习得是通过语言输入完成的，教师的主要任务应放在为学习者提供最佳的语言输入上。最佳语言输入应该是那些可理解的、密切相关的、不以语法为纲的、大量的语言输入。可理解输入（comprehensive input）是语言习得至关重要的因素和必不可少的条件，也是背诵输入的实质。背诵的语言材料往往是经过精心挑选的，不仅有利于学习者理解，更有利于他们语言的输出。在熟记的基础上，学习者的语言输出才能谈得上创新。

背诵可以发生在语言的任何层面上，从单词到短语，从句子到段落，甚至到整个篇章结构。学习者通过背诵，可以习得、模仿、传播，甚至创造许多语言模因，如语音模因、词语模因、句子模因、篇章模因、思维模因等。

需要强调的是，语言模因论指导下的背诵绝不是不动脑筋、毫无创新的死记硬背，与人们一般理解的普通背诵法相比，模因背诵法具有以下两个特点。

第一，普通背诵法对背诵内容的选取没有特别针对性的要求，而模因背诵法则强调选取合适的背诵内容。首先，不是所有的输入都是可理解的最佳输入，不是所有的语言材料都需要背诵。如前所述，语言模因可分为基因型和表现型两种。至理名言、美文佳句、名言警句等基因型语言模因，由于其内涵丰富、朗朗上口等特点而往往成为背诵的最佳选择；有些句式、篇章结构，甚至是思维模式等表现型语言模因，由于其使用频繁、容易理解等特点也应成为学习者背诵的好材料。另外，我们在选取背诵材料的时候，还应特别关注那些具有较强实用性、合理性、时尚性或权威性的强势语言模因。

第二，与普通背诵法相比，模因背诵法更强调理解的过程。语言要成为模因，首先得被人们理解，才能进入人们的大脑；理解得越深越容易记忆。因此，模因论指导下的背诵是在理解的基础上进行的，而不是不求甚解的死记硬背。背诵时不仅需要了解相关语言模因的表达形式，还要弄清其传达的意思和用法。在语言模因形成的 4 个阶段，即同化、记忆、表达和传播中，同化是基础和前提，只有被深入理解了，语言模因才能进入到记忆阶段。因此，在语言模因论看来，理解是背诵的基础，基于理解的背诵才是行之有效的学习方法。

尽管背诵在很大程度上是学习者的个人行为，但是在教学过程中，教师仍然起着不容忽视的作用，教师应该采取一些教学方法和策略来帮助学习者更好地进行背诵。首先，教师要让学习者认识到背诵语言模因所能带来的种种好处，充分发挥学习者的主观能动性，调动他们的积极性，鼓励、引导他们以端正健康的态度来看待背诵，发扬锲而不舍的精神。其次，教师要帮助学习者选取合适的背诵材料，凸显其中的语言模因，提高学生对语言模因的意识程度，还应根据学习者的不同语言水平推荐不同的背诵材料，切忌"一刀切"。最后，教师应尽可能地讲解所需的背诵材料，使学生充分理解，让学生在不同的语境中感受不同的名言、佳句、美文，从而提高背诵的效率。

11.3.2 模仿教学法

模仿是人类的天性，我们从婴幼儿时期就具有这种本能了。模仿一方面能够使我们对所学到的东西加深印象，另一方面又能让我们在此基础上有所创新和突破。语言模因论使我们认识到，语言学习本身就是语言模因复制和传播的过程，因此模仿对语言学习有着积极的作用。

语言模因论指导下的模仿学习与行为主义的基本理论之一"模仿学习原理"有一些相似点和不同点。

第一，两者对模仿学习的作用持基本一致的观点。行为主义模仿学习原理认为，学习的产生是通过模仿过程而获得的，即一个人通过观察另一个人的行为反应而学习了某种特殊的反应方式。语言模因论指导下的模仿学习也持相似的观点，即语言学习可以通过模仿他人的语言行为而进行。

第二，两者对模仿学习的发生过程持基本相同的认识。行为主义学家将模仿学习分为4个过程：(1) 注意过程，即人们要向某个模型学习，就必须集中注意力，准确地感知对方的行为，这是后面几个过程的基础。(2) 保持过程，即人们为了有效地模仿学习，必须能记得所要模仿的行为，保持记忆的目的是能够重新提取出来并付诸行动。要使示范行为在记忆中保持，需要把示范行为以符号的形式表象化。通过符号这一媒介，短暂的榜样示范就能够被保持在长时记忆中。(3) 运动的再现过程，即通过自己的动作组合再现被模仿的行为。(4) 动机建立过程，即学习和操作性行为的一个重要区别是在从事他们所学来的行为时，是否具有明显的动机。这是是否能实际实行一项模仿的制约因素，这一过程会影响前面3种过程。如前所述，语言模因论将模因的传播过程分为4个阶段：同化、记忆、表达和传播。我们可以看到，前3个过程与行为主义模仿学习论非常相似，只有最后一个过程不同，在这一点上，语言模因论更强调语言模因被模仿后的大范围传播。

第三，两者对强化作用的看法不尽相同。行为主义的模仿学习理论不把强化看作学习的充分必要条件，换句话说，有强化，会促进模仿学习；没有强化，学习也能发生。相比之下，语言模因论指导下的模仿学习更强调强化在语言模因传播阶段的作用，一个语言模因只有得到反复的同化、记忆和表达，才能最终成为强势语言模因。

第四，与行为主义模仿学习理论不同的是，语言模因论指导下的模仿学习更强调"创造性"模仿。通过背诵而熟记于心的各种语言模因，要靠复制来与别人交流，从而达到传播的目的。模仿、复制并不只是简单的"克隆"，而是灵活多变的模因重组，它允许我们以相同的形式去套用不同的内容，或在不同的语境中使用同一结构而表示不同的语用意义。前面我们提到"表现型"和"基因型"两种模因复制传播方式。在模仿的过程中，有些语言模因保留了形式，内容被替换，形成"表现型"模因；而有些语言模因则保留了内容，但以不同形式出现，从而形成"基因型"模因。例如，在教授 Where there is a will, there is a way 这一习语时，教师可以让学生模仿这一习语的结构，替换不同内容，从而生产出更多有着相同结构的表现型模因，如 Where there is determination, there is success 等。

与背诵相同，模仿也可以发生在语言的任一层面。语音语调、语法结构、语义内容、文化内涵、思维方式等等，都可以成为学习者模仿的对象。通过模仿正确、地道的英语语音语调，学生可以纠正和训练自己的语音语调，掌握英语口语的种种技巧，如连读、同化、重读、弱读等，从而迅速提高口语表达能力。经常模仿某些常用句型和经典段落，甚至篇章组织结构，能使学习者迅速掌握这些句型和结构的用法，在输出时不必过多考虑语法的合理性，从而保证输出的准确性和效率。例如英语中的 Long time no see，尽管看似"文法不通"，但由于被广泛使用而成为了一种固定说法，学习者只要熟记并模仿这个语言模因，就可以在输出时快速而准确地运用它，而不必过多考虑其语法特征。除此之外，英语本族语者的思维方式也是值得学习者模仿的对象。比如，在进行演讲时，英语本族语者喜用幽默的语言以烘托会场气氛，拉近与听众的距离，那么学习者就可以模仿他们的这种演讲习惯和风格，进而说出更为地道的英语。

学习者是模仿学习的主体，但是在教学中，教师在学生进行模仿的过程中仍然扮演着指导者的角色。首先，教师要端正学生的态度，让他们充分认识到模仿的重要性。其次，教师要选取合适的语言材料来让学生进行模仿，要对材料进行去伪存真、去粗取精。如果模仿的对象没有选好，那么学生模仿出来的结果也就可想而知。最后，教师要鼓励学生进行创造性的模仿，而不是一味地

"生搬硬套"。要诱导学生对模因进行重组，在模仿的基础上创造出新的模因和模因复合体，这样才会对语言水平的提高有所帮助。

11.4 语言模因论与英语写作教学

尽管语言模因论是一门新兴理论，但它对我们的语言教学，尤其是外语教学有着不容忽视的启示作用。国内许多学者和教师都已认识到这一点，并将语言模因论应用到实际教学中去，在外语教学的各个领域作了不少论证和实证研究。研究者发现，语言模因论对英语听说教学（陈柯，2010；王雪瑜，2010）、阅读教学（邓大飞，2011；吕宗慧，2010）、翻译教学（陈圣白，2011；马萧，2005）、写作教学（陈琳霞，2008；王磊，2007）等领域都有非常重要的启示。其中，语言模因论在英语写作教学中的指导作用最为明显，因此在本节中我们将重点介绍语言模因论指导下的英语写作教学模式。

11.4.1 英语写作教学的现状

作为交际手段之一的写作，在英语教学中占据着重要的地位。写作教学是整体教学的一部分。掌握语言知识和发展语言能力是相互促进、相辅相成的。学生可以通过写作训练巩固语言知识，促使语言能力向交际能力转化。但是，我国学习者现有的英语写作水平却并不令人满意。学习者虽然记住了大量英语单词和短语，能够阅读文章，理解大意，但一旦动笔就力不从心，词语搭配不恰当和遣词造句不符合英语习惯的现象比比皆是。黄源深（2006：13）对当前英语教学的现状作了形象又深入的分析："在当前的英语教学中，写作的重要性是最被低估了的，写作课是效果最不理想的课程，'写'是学生英语技能中最薄弱的环节。虽然各校都设有写作课，但无论是教师还是学生，对这门课都敬而远之：教学负担重，教师怕教；文章难写，学生怕写。而教学大纲规定要设写作课，所以又不得不苦苦撑着。写作课半死不活，这也许就是当前英语写作教学的常态。"

我国英语写作教学主要涉及 3 种方法：成果教学法、过程教学法及内容体裁教学法。成果教学法主要关注语言知识和形式，强调学生作文中句式的正确性，而往往忽略文章的可读性和文体风格；过程教学法注重语言和写作技能的培养，强调写作中起草、校对、修改的过程，却往往忽视了学生的语言能力；内容体裁教学法则强调写作必须考虑具体的社会语境，把写作活动看作是体现一定目的性的社会交际活动。以上研究方法都是单纯把写作活动看作是一个语言输出的过程，而忽略了语言的输入和积累，在一定程度上忽视了学生在学习中的主体性、能动性和创造性，不利于英语写作教学的发展。

语言模因论让我们看到语言模因输入在外语教学中的作用，作为整体被储存的语言模因是学习者创造性使用语言的基础，为他们第二语言写作能力的提高提供了宝贵的输入资源，从而能有效帮助学生进行能动性写作和创造性写作，改善英语写作教学的困境。因此，用语言模因论来指导英语写作教学无疑将会给我们带来许多益处。下面我们就试着探讨语言模因论视角下的英语写作教学模式。

11.4.2 语言模因论指导下的英语写作教学模式

模因的生命周期有 4 个阶段：同化、记忆、表达和传播。这 4 个阶段周而复始，形成一个复制环路，在每个阶段都有一些模因在选择过程中被淘汰，也有一些模因由于强大的生命力而被保留下来，成为强势模因。根据模因生命周期 4 个阶段的特征，郭亚玲、蒋宝成（2009：43）提出了模因写作教学策略，即"帮助优秀的语言模因经过完整的同化→记忆→表达→传播的成长过程，使这些语言模因或复制或更新，成为第二语言写作模因，最终推动写作能力的提高"。教师在写作教学中的作用就是帮助那些优秀的语言模因成为强势写作模因，帮助学生习得并熟练运用这些强势写作模因，最终提高自己的二语写作水平。

11.4.2.1 语言模因同化阶段的英语写作教学

在语言模因的同化阶段，教师要精选语言模因的载体，从中挑选出优秀语言模因让学生进行背诵，促进语言的内化，加快语言模因的复制。为达到成功输入的目的，要选择符合学习者语言发展阶段、易于理解且能引起学习者注意的语言因子。任一语言层面上的语言因子都有可能成为强势语言模因。下面我们就以英语习语为例来探讨优秀的习语是如何成为强势写作模因并服务于学习者的二语写作的。

从语言模因论的角度来看，英语中的习语是一种文化复制因子，是存在于人们大脑中的一个语言信息单位，能够通过复制和传播从一个个体过渡到另一个个体，因此英语习语也是一种语言模因。在英语习语的大家庭中，有些习语能够被广泛流传而传承下来，成为强势模因，而有些习语则被时代所淘汰，成为弱势模因。但是，这种现象并不是在所有国家、所有地区都是相同的。由于受到文化背景、使用环境、主体条件等因素的影响，有些英语习语对英语本族语者来说是强势模因，而对于非英语本族语者来说则是弱势模因。例如，英语中的 to hit someone between the eyes 意思为"使人忽然了解，使人猛然明白"。要表达这个意思的时候，绝大部分本族语者能够选择这一习语，因为它已经被广泛复制和传播，成为了一个强势的语言模因。然而，对广大的中国英语学习者来说，要表达同样的意思时，这一习语并非是第一选择，很多人的第一反应可能会是 to let someone know something suddenly 等一些并不地道的表达。可见，to hit someone between the eyes 这一习语在非本族语者中还没有得到广泛复制和传播，是一个弱势模因。对非英语本族语者来说，学习英语习语就是各个习语模因互相竞争的过程，也是弱势模因转换为强势模因的过程。结合国内外学者的研究成果，我们认为，一个习语要想在非本族语者中广为流传，成为成功的语言模因，除了具备其他语言模因共有的特征外，还必须具备以下几个特点中的一种或几种：新颖有趣性、经典永恒性、流行时尚性和文化认同性（吴珏，2010）。这些优秀的习语模因经过教师的精心选择顺利进入学习者的大脑，完成语言模因的同化过程，为以后几个阶段打下了基础。

11.4.2.2 语言模因记忆阶段的英语写作教学

在记忆阶段，教师要指导学习者使用捆绑策略（郭亚玲、蒋宝成，2009）。捆绑策略指新模因依附在成功的旧有模因上以增强感染力。当新模因与记忆中已有的模因相关联或一致时，该新模因易于获取原有模因的支持，借助其权威性为自身的传播和复制服务，并且借其影响力增强自身的可理解性和可接受性。它甚至可以与这些原有的语言模因结合成为复合模因，使模因的复制从量的积累达到质的飞跃。

我们还是以习语为例，教师在教育和传授习语知识的时候，应尽量使学生对其产生兴趣，并帮助他们牢牢记忆。教育和知识的传授是模因得以复制和传播的基础，要想使学生学会并熟练掌握英语习语，就必须首先使其能够顺利进入学生的大脑并深深扎根。为此，教师应详细讲解习语的结构、寓意及文化内涵，突出强调其新颖有趣的特点，以使学生产生浓厚的兴趣。此外，教师还可以通过电视、电影、网络等多媒体手段使学生接触到一些最前沿的流行习语，用时尚的魅力调动学生的学习兴趣，并使他们深刻记忆这些习语。在这一过程中，背诵起着至关重要的作用，因此教师应鼓励学生多看、多听、多背诵一些经典的或时尚的俚语、俗语、谚语、名言、典故等。正如前文所述，背诵并不是"死记硬背"，而是有策略的捆绑式记忆。比如，我们可以把有关 time 的习语捆绑起来，作为一个语言模因集合来让学生记忆。那么，学生在记忆 Time is money 的时候，就会联想起其他相关习语，如 A stitch in time saves nine、All time is no time when it is past、Time and tide wait for no man 等等。

11.4.2.3 语言模因表达和传播阶段的英语写作教学

在表达和传播阶段，学习者的主要任务是将已被同化和记忆的语言模因用自己的方式表达出来，进而向更广泛的范围进行传播。在这一过程中，教师的作用不容小觑。教师应鼓励学生以各种方式产出语言模因，可以用相同的形式表达不同的内容，也可以用不同的形式表述相同的内容。此外，教师还应指导学生利用所学知识创造出新的语言模因和模因复合体。

以习语教学为例，教师应在课堂上创造条件帮助学生积极运用所学到的习语。如果学生只是理解和记住了某些英语习语，还不能说他们已经熟练掌握了这些习语的使用方法，更谈不上流利、地道地使用这些习语了。语言本身的运用是促成模因复制和传播的强大动力，只有在不断的使用过程中，学生才能真正掌握英语习语。在这一过程中，教师不仅应指导学生直接引用所学到的习语，还应鼓励他们进行有效模仿并积极创新，在所学模因的基础上创造出新的模因和模因复合体。教师可以通过设置角色扮演、场景模拟、小品表演等活动，创设不同语境，让学生在使用习语的时候有身临其境的感觉，以此加深印象。除了课堂教学外，教师还应鼓励学生走出课堂，在实际交流和交际中运用课堂上所学到的习语。交际和交流是语言模因得以复制和传播的催化剂。通过真实的交际和交流，学生能够真正体会到英语习语的意义和内涵，并能根据不同语境作出相应正确的反应。为此，教师应鼓励学生多与英语本族语者交流，通过与他们的交流，学生可以接触到更多有趣、时尚、经典的习语，也更容易学会并地道、流利地使用这些习语。

如前所述，模因有基因型和表现型两种复制传播方式，这两种类型的语言模因也可以对我们的英语写作教学有所帮助。

首先，内容相同形式各异的基因型语言模因，其传播特征是直接套用，或相同的信息以异形传递。了解了这一点，我们在英语写作教学中就可以使用"直接套用"和"同义异词"这两种策略（陈琳霞，2008）。所谓"直接套用"，是指通讨引用的方式将信息内容直接用于大学英语写作中。比如，学生在熟记了 Time is money 这句习语后，就可以在作文中直接套用，用以论证时间的宝贵。

第二种策略"同义异词"指的是使用同义词来表达相同的信息，或运用不同的句型来传递相同的内容。在大学英语写作过程中，同义词的使用可以避免行文的单调、重复和枯燥。比如学生在表达"认为"这一动作时，用得最多的动词就是 think，有些作文里甚至通篇都是 think，显得枯燥乏味，且未必准确。如果教师能够指导学生根据具体情况使用不同的动词来替换 think，如 hold、maintain、consider、insist、regard、deem、take for 等等，就会使文章显得语义更为精确和富于变化。

其次，表现型模因是指相同的语言的形式嵌入不同信息内容而予以复制传播的模因，它们的特征是不同的信息同型传递，属于形式相同内容各异的模因。基于此，我们在英语写作教学中可以实施"同形联想"和"同构异义"两种策略（陈琳霞，2008）。"同形联想"策略指的是语言模因以相同的形式出现在不同的场合，让人们产生不同的意义联想。语言模因的意义除了直接的、表面的概念意义外，还有丰富的内涵意义或联想意义。比如 old cat 这一习语模因的意义已经发生了变异，并不指其字面意义"老猫"，而是指"脾气坏的老女人"。当这一习语模因出现在不同的场合时，学生自然会产生不同的意义联想，从而较有效地熟记并复制、传播它。

"同构异义"策略指的是旧模因在传播过程中通过模仿相同结构而复制出一种具有新内容的新模因。最早充当模因母体的语言结构可以是经典名句、名段或名篇。例如 Shakespeare 巨著《哈姆莱特》中的经典台词 To be or not to be, that is the question 已被现代人广泛传播，不仅直接引用，还模仿其结构创造出许多新的短语，如 To go or not to go, that is the question, To buy or not to buy、that is the question 等等。"To + v. or not to + v., that is the question"这一模因由于其经典的特性而在广大中国英语学习者中广为流传，甚至有些对英语知之甚少的人也会时不时说上一句。

教师在英语写作教学中就应鼓励学生在模仿经典的基础上有所创新，不仅要学会直接套用经典名言，更要在此基础上模仿其内在精华，通过填充适合不同语境的不同信息内容而复制出新的模因。模仿是模因得以传递的关键，正是模仿决定了模因是一种复制因子，并赋之以复制能力。模因论"模仿第一性"的原则决定了写作中仿写的重要性。所谓仿写，即在写作过程中模仿其他个体的写作行为或既成的规范语句或文章进行学习性写作的训练方式。大学英语写作教学中，教师应鼓励、引导学生模仿优秀的单词、短语、句型、段落、篇章结构、行文风格、思维方式等，并在此基础上有所创新。

11.4.3 语言模因论指导下的英语写作教学实例分析

上文我们主要以英语习语模因为例，探讨了发生在语言模因不同传播阶段的英语写作教学模式。下面我们将以英语专业四级考试作文 My Idea of a University Arts Festival 为例，分析语言模因在英语写作教学中的功能和作用。

让我们先来看一下某学生在接受语言模因教学之前的习作：

第一稿：

The arts festival of university should be more particular and colorful. As the arts festival is held for all students, so we should plan it to let everyone join it. In the beginning of the program, we can invite 20 people to stand at the stage to pose a very beautiful model. Then six of them can sing a sentence of a song one by one, the others will sing together after them. Then, I think that we should collect programs from all students. There are always the same persons to play the programs every year. It is very boring, so I suggest that. Because in our school, there are many versatile persons, they have many special ideas. If we can adopt their ideas or programs, I think our arts festival will be more interesting. Then, before the end of the program, we can play some games, and let the arts festival ended with laughing.

该篇文章基本切题，思想表达还算比较清楚，意义勉强连贯，但结构单一、层次不清，而且语言错误较多，其中有少量严重错误。总体来说，这篇习作的质量不算高。然而，在语言模因写作教学理念的指导下，该学生经过教师的指导和不断的练习，修正后的习作质量明显提高了。

第二稿：

It is known to us that an arts festival will be held by the students' union next semester. From my point of view, this festival should include a variety of shows which can reflect the university students' capabilities and intelligence. Such shows as dancing, singing, fashion shows and so on should be taken for granted.

In the first place, we should have some students to exhibit different kinds of dances. Since we have dancing classes, in which we can learn modern and classical dances alike, and some are Mongolians and good at Mongolian dance, we have much advantage on it. In the next place, it's better to sing different kinds of songs so as to meet everyone's taste. It is not hard to ask the foreign language college's students to give us a wonderful show. What is more, some students who are good at playing the piano, handwriting or painting must be willing to grasp this chance and let us enjoy ourselves. The last thing I want to point out is that a few games which can interact with students should also be held to draw the students' attention and interest.

In summary, that is just my own opinion and I really hope that I'm of help for the festival. I wish this festival could be held successfully and everyone had a good time.

该篇文章切题，思想表达清楚，文章结构条理清晰，行文连贯，符合逻辑，基本无语言错误，属于质量较高的一篇习作。下面我们将具体分析语言模因教学观在这个实例中的体现。

首先是篇章模因的学习和运用。英语专业四级考试作文一般为三段式的议论文，有其特定的写作框架，如开头段提出观点、中间段论证观点、结尾段总结观点。该生在第一稿中通篇只使用了一个段落，因此文章显得层次不清。经过教师对英语专业四级考试中议论文篇章结构的讲解，该学生理解并掌握了这种篇章模因，因此在第二稿中很好地加以了运用。

其次是句型模因。英语专业四级考试作文中经常出现一些固定搭配和常用句式，它们形成了写作中的句型模因，比如用来描述现象的 It is known to us that ...，用来表示观点的 From my point of view ...，用来罗列分论点的 In the first place、What is more、The last thing 等，用来总结观点的 In summary，用来提出希望的 I really hope that ... 和 I wish ...。这些句型模因在第二稿中都有所体现，说明该生已经掌握了这些句型模因。

最后是词汇模因。前文已经提到，同义词是"内容相同形式不同"的基因型语言模因，在英语写作过程中，同义词的使用可以避免行文的单调和枯燥。我们以动词为例，该生在第一稿中使用的动词比较单调、缺乏特色，而在第二稿中却能使用一些比较生动形象的动词，如 reflect、exhibit、grasp、interact 等，这样就给整篇文章增色不少。

11.5 结语

语言模因是一种文化信息单位，在人类语言的发展过程中起着重要作用。语言模因的复制和传播为丰富人类语言宝库提供了一条快捷有效的途径。语言模因论给我们的外语教学提供了一个崭新的视角，以往一些传统的、被摒弃了的教学方式和价值观念都要重新被提及。语言模因复制和传播的特点让我们不得不重新审视背诵和模仿在外语教学中的作用。背诵强调记忆大量的语言材料，这样可以减轻语言加工处理过程的负担，迅速完成语言交际，对学习者正确迅速运用语言起到积极的作用。模仿是社会发展和存在的基本原则，是社会进步的根源；模仿是创新的基础，没有模仿和继承，就谈不上创造与创新；模仿能加速语言从被理解到被运用的过渡，缩短学习者探索语言直接经验的时间，提高语言学习和运用的效率。

　　语言模因论对我们当前的大学英语写作教学也有相当重要的启示。当前大学英语写作教学"费时低效"，无论是教师还是学生都对此缺乏兴趣、怨声载道。语言模因论的引入可以适当改变这一令人不满的现状。根据模因复制和传播的 4 个阶段（即同化、记忆、表达和传播）以及模因复制传播的方式（即基因型和表现型），我们认为，在大学英语写作教学中，教师和学生都应遵循一些原则和策略，如背诵与模仿，以提高学生的二语写作水平，改善英语写作教学的困境。

附录：教学示例

教学示例 1：基因型写作模因教学法

教学目的： 通过讲解大学英语四级考试写作中的常用句型，鼓励学生对这些句型进行仿写，促成这种写作模因的同化、记忆、表达和传播，进而帮助学生了解、掌握并熟练运用大学英语四级考试写作中的常用句型。

教学内容： 大学英语四级考试的作文部分要求考生在 30 分钟内写出一篇 100—120 词的短文，要求能够正确表达思想、意义连贯、无重大语法错误。学生在四级作文中应该学会使用一些常用句型，比如开头段会提出作者的一些观点，这些句型就是"内容相同形式不同"的基因型写作模因，它们在内容上都表达作者的观点，但是形式上却各不相同。四级作文中的常用句型如下表所示：

内容	句型
描述现象	1. Recently, the problem/issue/phenomenon of ... has aroused people's concern/interest/enthusiasm/sympathy. 2. Along with the advance of the society, more and more problems are brought to our attention, one of which is that ... 3. As society develops, people are attaching more and more importance to ...
提出观点	1. It is commonly/universally believed that ... 2. It is a common belief that ... 3. It may be true as assumed by others, but I don't. I strongly/ sincerely hold the belief that ... 4. In my opinion/eyes/view, ... 5. From my point of view, ... 6. As far as I am concerned, ... 7. Personally speaking, ...
引用名言	1. A proverb says, ... 2. An old saying goes like this, ... 3. (Jane Austin) once said that ...
表示原因	1. There are three reasons for this. 2. The reasons for this are as follows. 3. The reason for this is obvious. 4. The reason for this is not far to seek. 5. We have good reason to believe that ...
提出优势	1. It has the following advantages. 2. It does us a lot of good. 3. It benefits us quite a lot. 4. It is beneficial to us. 5. It is of great benefit to us.
提供措施	1. It is high time/urgent that we should (pay enough attention to this problem). 2. If effective measures are not taken, ... 3. Only in this way can we ... 4. We should try our best to overcome (conquer) the difficulties. 5. We should do our utmost to ...
表示希望	1. I sincerely hope that ... 2. I have a sincere hope that ... 3. It is my expectation that ... 4. If ..., I would be very glad.

（待续）

（续表）

内容	句型
总结观点	1. In a word/In summary/All in all/To sum up/In conclusion/In a nutshell, ... 2. Taking all these factors into consideration, we naturally come to the conclusion that ... 3. Taking into account all these factors, we may reasonably come to the conclusion that ... 4. Therefore, we'd better come to the conclusion that ...

教学步骤：

1. 结合范文仔细讲解每一个句型的意思和用法，让这些基因型写作模因在学生头脑中得到充分同化。

2. 通过听写、背诵等练习使学生熟记这些句型，加深这些基因型写作模因在学生头脑中的记忆。

3. 给定作文题目，如 My Idea of a University Arts Festival，要求学生使用所学到的常用句型，以促成这些基因型写作模因的表达。下面以几段学生的习作为例：

开头段：

Recently, the notice that an arts festival will be held by the students' union next semester has aroused students' enthusiasm. From my point of view, this festival should include a variety of shows which can reflect the university students' capabilities and intelligence. Such shows as dancing, singing, fashion shows and so on should be taken for granted.

结尾段：

In a word, the arts festival should be of great contents and proper forms. Different parts and forms are going to make it a wonderful arts festival. Only in this way can we really enjoy it!

4. 让学生分组讨论，探讨这些常用句型在习作中的使用情况，让这些基因型写作模因在传播阶段得到学生更充分的理解和掌握。

5. 教师抽取质量水平不同的习作，对其中用到的常用句型进行评析，以加深学生对这些基因型写作模因的印象，并使学生能在以后的习作中更好地运用它们。

教学示例 2：表现型写作模因教学法

教学目的：通过讲解大学英语四级写作中经常使用的框架结构，鼓励学生对这种写作框架进行仿写，促成这种写作模因的同化、记忆、表达和传播，进而帮助学生了解、掌握并熟练运用大学英语四级考试写作中的常用框架。

教学内容：大学英语四级作文体裁各异，有议论文、说明文、描写文、叙述文等，其中议论文和说明文最为常见。考生在写作英语四级议论文和说明文时应该学会使用一些特定的框架结构，这种框架就是"形式相同内容不同"的表现型写作模因。英语四级议论文和说明文的常用框架如下表所示：

体裁	段落	句子
议论文	第一段：提出论点	第一句：引入议题 第二句：简单评论 第三句：提出观点
	第二段：论证论点	第一句：主题句（总述论点） 第二句：扩展句 A（分论点一） 第三句：扩展句 B（分论点二） 第四句：扩展句 C（分论点三）
	第三段：总结论点	第一句：总结观点 第二句：采取行动 第三句：提出希望

（待续）

（续表）

体裁	段落	句子
说明文	第一段：描述现象	第一句：引入话题 第二句：简单描述 第三句：提出观点
	第二段：分析现象	第一句：主题句（引起该现象的原因或该现象造成的危害） 第二句：扩展句 A（原因/危害一） 第三句：扩展句 B（原因/危害二） 第四句：扩展句 C（原因/危害三）
	第三段：提出措施	第一句：主题句（解决该现象的措施） 第二句：扩展句 A（措施一） 第三句：扩展句 B（措施二） 第四句：总结

教学步骤：

1. 结合范文仔细讲解大学英语四级作文议论文和说明文的框架结构，让这些表现型写作模因在学生头脑中得到充分同化。

2. 让学生阅读大量范文并背诵常用框架结构，加深这些表现型写作模因在学生头脑中的记忆。

3. 给定作文题目，要求学生使用所学到的议论文和说明文的框架结构进行仿写，以促成这些表现型写作模因的表达。例如，要求学生在阅读、分析和掌握以下这篇说明文的写作结构后，模拟范文进行仿写：

　　Drug abuse among young people has become more and more prevalent over recent years (引入话题). Statistics show that the number of youth drug users almost doubles in the past three years (简单描述). It is vital to analyze why drugs are so attractive to young people and what can be done to combat it (提出观点).

　　There are several reasons leading to this phenomenon (主题句). Firstly, teenagers are under increasing pressure—this may be peer pressure or pressure to succeed for example. Drug use may help them escape reality, forget their problems, or simply feel more accepted by their friends (原因一). In addition, through the media we are exposed to information that glamorizes drug use and makes it look attractive, particularly to young people (原因二). Furthermore, teenagers are usually naturally curious about drugs, and drug dealers can take advantage of this curiosity for their own profit (原因三).

　　We can take some action to solve this problem (主题句). High fines and prison sentences should be imposed on drug dealers and users (措施一), and a good education programmed about the dangers of drug abuse is one of the most important steps any government should take (措施二). In a word, it is my own personal view that prevention is better than cure (结论).

4. 将学生分组，每组 2—3 人，互相传阅自己的习作并讨论这些写作框架在习作中的运用情况，让这些表现型写作模因在传播阶段得到学生更充分的理解和掌握。

5. 教师抽取质量水平不同的习作进行评析，以加深学生对写作框架这类表现型写作模因的印象，并能使学生在以后的练习中更好地运用它们。

第三部分　研究篇

第十二章 言语行为的可教性研究

12.1 引言

在中国，不同层次的英语教学大纲都把发展语用能力（作为交际能力的一部分）看作重要的学习和教学目标，如《全日制初级中学英语教学大纲》、《全日制高级中学英语教学大纲》、《大学英语教学大纲》以及《高校英语专业教学大纲》。但是许多英语教师仍然没有意识到教语用能力的重要性。中国学生也没有意识到自己缺乏语用知识（参见 Cook, 2001）。正如 Liu（2004:4）所评价："在中国，英语学习者可以很容易得到'托福'600 分以上……但却不知道怎样在实际交际语境中用英语请人做事或理解一种常用的间接言语行为。"

根据 Kasper 和 Rose（2001）的观点，越来越多的观察性和干预性研究表明第二语言语用能力是可教的（如 Koike & Pearson, 2005；Takahashi, 2001；Yoshimi, 2001 等）。在外语课堂教学环境中，学习者同样能习得语用能力（Rose & Kasper, 2001）。外语课堂教学对学生习得目的语语用知识和能力的影响，是正在兴起的语际语用学（Interlanguage Pragmatics）研究的重要课题。语际语用学的研究范围也从静态地考察学习者第二语言的语用特征扩展到对语用能力的习得进行动态研究，着重探讨人们在特定的语境下是如何实施第二语言言语行为和如何理解这些言语行为的。

由 Kasper 和 Rose（2002a）合著的第一部关于语用能力习得问题的专著《第二语言的语用发展》，系统全面地介绍了第二语言语用能力习得研究的理论和方法，并论述了二语习得模式以及学习环境和教学的作用等相关问题。而我国在 20 世纪 90 年代才出现语际语用学方面的译介和研究现状的综述（何兆熊，2000；何自然，1996；洪岗，2000；刘绍忠，1997a），并开始思考语际语用学对外语教学的启示（何自然、张巨文，2003；刘绍忠，1997a；王琼，2001），如课堂教学对目的语语用知识和能力形成和发展的作用等问题。但是，现有的一些有关语用能力习得的研究大多还处于描述性阶段，缺少理论和定量方面的分析。我们仍然面临着采用哪些教学方法以及如何利用课堂教学有效地教授和培养学生的语用能力等迫切问题。

为此，本章以日常生活中常见的拒绝行为、恭维行为及恭维回应行为为案例，尝试利用外语课堂对上述言语行为进行讲授和训练，并对学习者的学习成果与课堂教学实践之间的关系进行实证性研究，探讨课堂语用教学对学习者言语行为能力发展的影响。

12.2 案例一：拒绝行为的可教性研究 [1]

拒绝是一种言语行为，拒绝策略是交际能力和语用能力的重要部分之一，关于它的对比调查研究是语际语用学研究的热门课题。不过，关于英语拒绝策略的教学研究相对较少。国外的 King 和 Silver（1993），Kondo（2001），Morrow（1995），Silva（2003）等的研究取得了一定进展，但是，以上 4 个研究设计还不够完善，其中的教学时间较少，有的研究没有明显的教学效果，如 King 和 Silver（1993）的研究；教学方法基本上是明示教学方法，比较单一；教学内容也比较单一，没有研究涉及各种拒绝类型的教学；4 个研究都采用前测、后测的设计方案，只有一个研究包含延迟后测，没有研究包含控制组；而且 4 个研究都是单一的定性或定量研究，没有定性和定量相结合的研究。

12.2.1 研究问题

为了检验英语拒绝策略的教学效果，本研究拟回答以下研究问题：

（1）外语学习者系统学习英语拒绝策略前后有什么区别？
（2）在外语学习环境中，用明示和暗示教学法教英语拒绝策略有什么不同？
（3）外语学习者在系统学习英语拒绝策略后两个月内能在多大程度上保持记忆？

根据以上研究问题，本研究预测：学习者接受了系统的英语拒绝策略训练后学会了恰当的拒绝方式；明示教学比暗示教学的教学效果好；学习者在系统学习英语拒绝策略后两个月内仍然能记住所有策略。

---

1 本节曾载《四川外语学院学报》2008 年第三期，文字和格式有适当修改。

12.2.2 研究方法

12.2.2.1 设计方案

本研究是准实验研究，两个实验组为明示教学组和暗示教学组，还有一个控制组（不实施目标语的教学），3 个组均参加前测、后测和延迟后测。本研究是定性和定量相结合的综合研究。定量数据将通过话语完成测试来收集，定性材料将通过角色扮演和书面自我报告来获得。整个研究在高校英语专业中进行，参加者正处于一年级第二学期。前测在 2007 年 3 月 7 日进行。2007 年 4 月 9 日开始了为期 4 周的教学，书面话语完成测试和角色扮演在教学之后进行。2007 年 7 月 2 日进行了延迟后测。

97 名英语专业一年级学生（研究者的整班学生）参加了整个实验。但其中有 5 名学生因故缺席了一次或两次测试（尽管他们参加了整个培训），因此只有 92 名参加者的数据可以收集。32 名学生为明示教学组，30 名为暗示教学组，30 名为控制组。根据教学前"个人信息表"的问卷调查，参加者进入大学前的英语学习年限平均为 7.3 年，56.6% 的学生有 6 年的英语学习经历。明示教学组、暗示教学组和控制组的高考英语笔试平均成绩分别为 118.75 分、114.40 分和 120.93 分（150 分为满分）。根据组间单因素方差分析，这 3 个组的英语水平没有显著差别（F=1.797，p= .172 > .05）。有 7 名学生称他们学过英语拒绝策略。笔者采访了他们，这些学生说他们是从课本中零星学到的，不系统，因而笔者认为他们不算学过，没有把他们从本研究中排除。别外，参加者中没有人到过英语国家，没有人经常与英语本族语人士交谈（大多数只是偶尔接触）。根据以上分析，92 名参加者的数据有效。

12.2.2.2 教学目标和教学时间

前人的研究已经发现了许多英语拒绝表达方式。主要有 4 种类型：拒绝邀请、拒绝建议、拒绝请求和拒绝提供。每一种类型包括拒绝 3 种身份的人：拒绝高身份的人、拒绝同等身份的人和拒绝低身份的人。拒绝者和被拒绝者之间是熟人或陌生人。根据 Al-Issa（2003），Beebe 等（1990），King 和 Silver（1993），

Nelson、Al Batal 和 El Bakary（2002），Wannaruk（2004，2005）的研究成果，本研究主要用以下拒绝表达方式：

表 1 英语拒绝表达法

身份	拒绝邀请	拒绝建议	拒绝请求	拒绝提供
高	I'd love to, but I can't.	I had something in mind. I can't.	Oh, I have so much to do. Can't Mary do that for you?	I would really like to, but …
同等	No, thanks, maybe next time.	That would be nice if I had time.	I'm sorry.	No, thank you.
低	Oh, thanks for the invitation, but I am really too busy.	Well, it's very important, I'll change next time.	I'd really like to help you out but I'm afraid I really don't have the time.	Don't worry.

根据以上表达法，两个实验组的教学材料分为 4 个单元，每个单元有 3 个对话，对话材料选自英语原版材料和前人的研究成果，这些对话由英语本族语者录音。在正式实验前，6 名美国英语本族语者认真审阅了教学材料，他们均肯定这些材料的有效性。教学时间为 4 周，每周 2 小时。控制组的教学材料是日常对话，教学时间同实验组。

12.2.2.3 教学方法和原则

明示教学法采用 Yoshimi（2001）的教学方法。暗示教学法使用形式比较和形式寻找的方法（见 Takahashi，2001；Koike & Pearson，2005）。控制组按照正常的课程要求进行教学。实验组教学步骤概述如下：

表 2 实验组教学步骤

阶段	明示教学	暗示教学
(1) 演示教学目标	直接告诉学习者	鼓励学习者自己寻找
(2) 意识培养活动	强调学习目标	鼓励学习者自己比较

（待续）

（续表）

阶段	明示教学	暗示教学
(3) 计划	学习者准备，教师给明示提示	学习者准备，教师给暗示提示
(4) 交际	学习者扮演角色，教师给明示提示	学习者扮演角色
(5) 反馈	直接反馈	无反馈

12.2.2.4 数据收集

12.2.2.4.1 书面话语完成测试

前测、后测和延迟后测都使用同一套书面话语完成测试，以便更好作比较。不同之处是测试内容的排序，而且前测附加参加者的个人信息问卷，该问卷用中文填写。话语完成测试要求用英文填写。该试卷主要根据 Al-Issa (2003)，Beebe 等 (1990)，King 和 Silver (1993)，Nelson、Al Batal 和 El Bakary (2002)，Wannaruk (2004, 2005) 的模式进行设计，并且由 6 名美国英语本族语者对试卷的措辞、情景等进行审阅并参与做题，所得结果与前人的研究结果基本一致。为了减少前测的附加效应，前测在正式教学之前的一个月进行，后测在 4 周的教学任务完成后立即进行，两个月后进行延迟后测。

主要从表达法、信息量、策略选择、措辞选择 4 个方面用李克特的 5 级制进行评分（见 Hudson *et al.*，1992，1995；Hudson，2001）。在正式评分之前，两名美国英语本族语者接受了培训。她们是高校英语专业口语课教师，有 10 年英语教学的经验。她们和研究者一起讨论评分标准并一起判两份试卷，其余的由她们独立判卷。每份试卷的最后得分取两位评分人的平均分。为保证评分的效度，相关分析显示两位评分人的判分比较一致，相关系数较高，见下表：

表 3 评分人评分的相关分析表

组别	测试	皮尔逊相关系数	显著水平	人数
明示组	前测	.867**	.000	32
	后测	.533**	.002	
	延迟后测	.680**	.000	

（待续）

（续表）

组别	测试	皮尔逊相关系数	显著水平	人数
暗示组	前测	.852**	.000	30
	后测	.572**	.001	
	延迟后测	.781**	.000	
控制组	前测	.908**	.000	30
	后测	.806**	.000	
	延迟后测	.872**	.000	

** 相关系数在 .01 水平上有显著意义。

12.2.2.4.2 角色扮演和书面自我报告

角色扮演的目的是为了进一步验证话语完成测试的结果。发话人由 3 名本族语人士扮演；1 名外教扮演高身份者，2 名美国留学生分别扮演同等和低身份者。在正式扮演之前，对他们进行了培训。拒绝人由参加者扮演。每班分为 4 个小组，每组分别完成拒绝邀请、建议、请求和提供的角色扮演，所有情景设计与书面话语完成测试的完全一致。所有过程均录音以便转写。转写的标准根据 Beebe 等（1990）的拒绝策略分类和会话分析方式（见 Gass & Houck，1999）。

书面自我报告主要是为验证话语完成测试和角色扮演的结果以及参加者对教学效果的评价。该报告共有 4 个开放性问题，题目和参加者的回答均用中文表述。对该报告的分析采取以下步骤：（1）仔细通读所有回答；（2）对每种意见进行分类，区别他们之间的相同和不同之处；（3）对每个分类举例说明。

12.2.3 研究结果

12.2.3.1 书面话语完成测试结果

为了回答研究问题（1），笔者使用重复测试方差分析来比较各组内的前测、后测和延迟后测，结果如下：

表 4 组内的前测、后测和延迟后测的书面话语完成测试比较

组别	测试	均值	标准差	总数	自由度	F 值	显著水平
明示	前测	40.75	4.458	32	2	10.403*	.000
	后测	43.66	2.509				
	延迟后测	42.41	2.781				
暗示	前测	37.30	3.879	30	2	1.684	.195
	后测	38.43	2.373				
	延迟后测	38.40	3.279				
控制	前测	38.53	6.642	30	2	.916	.406
	后测	38.67	5.979				
	延迟后测	38.17	5.547				

* F 值在 .05 水平上有显著差别。

从表 4 可以看出，明示组的 3 次测试成绩有明显差别，后测的均值明显高于前测。这表明经过系统学习之后，明示组的参加者取得了明显的学习效果。尽管暗示组的 3 次测试成绩没有明显差别，但后测的均值还是高于前测的均值，这表明学习效果有所提高，只是效果不太明显。控制组的 3 次测试成绩却没有显著差别，3 次测试的成绩均值均低于明示组，与暗示组基本持平，这表明不经过训练是没有学习效果的。

为了回答研究问题（2），笔者使用独立样本 *t* 检验来检测明示组和暗示组后测成绩的差别。结果如下：

表 5 明示组和暗示组后测成绩比较

组别	总数	均值	标准差	自由度	*t* 值	显著水平
明示	32	43.66	2.509	60	8.407*	.000
暗示	30	38.43	2.373			

* *t* 值在 .05 水平上有显著差别。

表 5 说明明示教学法的教学效果明显好于暗示教学法。这个结果验证了前人的研究。虽然暗示教学不如明示教学效果好，但也是一种较为有效的教学方法。不过，在本研究中 3 个组的前测成绩有明显不同，因而会导致明示组和暗示组的结果不同，见表 6：

表 6 各组前测成绩比较

组别	总数	均值	标准差	自由度	F 值	显著水平
明示	32	40.75	4.458			
暗示	30	37.30	3.879	2	3.673*	.030
控制	30	38.53	6.642			

* 均值在 .05 水平上有显著差别。

表 7 各组前测的 Scheffe 事后检验

组别	均值之差	显著水平
明示—暗示	3.450*	.034
明示—控制	2.271	.240
暗示—控制	-1.233	.648

* 均值在 .05 水平上有显著差别。

表 7 表明 3 个组在前测的成绩上有显著差别（$p < .05$）。根据 Scheffe 事后检验，明示组和暗示组的均值有显著差别，明示组和控制组、暗示组和控制组之间没有显著差别。这一结果表明明示组和暗示组在前测成绩上就有差别，因此必然导致后测成绩的区别。

为回答研究问题（3），笔者使用组内双样本 t 检验来检验参加者的延迟记忆。结果如表 8 所示：

表 8 各组后测和延迟后测成绩比较

组别	测试	均值	标准差	总数	自由度	t 值	显著水平
明示	后测	43.66	2.509	32	31	2.442*	.021
	延迟后测	42.41	2.781				

（待续）

（续表）

组别	测试	均值	标准差	总数	自由度	t 值	显著水平
暗示	后测	38.43	2.373	30	29	.048	.962
	延迟后测	38.40	3.297				
控制	后测	38.67	5.979	30	29	1.349	.188
	延迟后测	38.17	5.547				

* t 值在 .05 水平上有显著差别。

表 8 显示明示组的后测成绩和延迟后测成绩有显著差别，而暗示组和控制组没有显著差别。这表明暗示教学能使学习者保持记忆，而明示教学使学习者保持记忆的效果不够明显。

12.2.3.2 角色扮演和书面自我报告结果

角色扮演的结果验证了书面话语完成测试的结果，学生所使用的策略和表达结构几乎同书面话语完成测试中的一致，现举例如下：

学生 1 拒绝来自高身份人的提供

老板：I'd like to offer you an executive position in our new office in Hicktown. It's a great town—only 3 hours from here by plane. And, a nice raise comes with the position.

学生 1：角色扮演—Oh, that's sound a (um …) a great opportunity. Mmm … but I don't want to leave my parents.

书面话语测试—It is a good opportunity, but I don't want to leave my family.

老板：But I think it's a good raise.

学生 1：I think so. But I think mm … I just not want to live a strange place.

老板：OK, it's OK. I think maybe next time.

学生 2 拒绝来自平等身份人的邀请

朋友：How about coming over for dinner Sunday night? We're having a small dinner party.

学生 2：角色扮演—Sunday night, no, I can't (smile). I really can't stand your husband. He's only crazy.

书面话语测试—No, I really can't stand your husband.

朋友：OK, next time.

通过对书面自我报告的分析，我们发现几乎所有参加者都认为通过教学，他们学会了怎样在恰当的场合对不同身份的人用英语实施拒绝，而且教学内容有条理、简洁，易于掌握。对教学方法只有两名参加者表示不接受，其余都表示可以接受，他们认为教学步骤明晰、讲义有条理、教学时间基本合理。

12.2.4 小结

根据以上结果，本研究得到如下结论：

(1) 通过系统教学后，外语学习者对英语拒绝策略的掌握明显好于未学习之前，也明显优于控制组；

(2) 明示教学方法和暗示教学方法均可用于语用能力的教学，只是暗示教学法的效果不如明示教学方法好；

(3) 外语学习者的延迟后测成绩与后测成绩基本持平，表明教学对加强记忆有一定作用。

从研究本身来看，本研究验证了中国语境下学生学习英语拒绝策略的效果。本研究结果对中国英语教学大纲中的语用能力的界定有借鉴作用，对相应的教材、教学方法等都有一定的指导作用。本研究还有利于降低教师对语用能力可教性的疑虑，对提高学生的语用意识有促进作用。

当然，本研究也有一定的局限性，如参加者只限于大学生，而且人数较少，因此本研究只能是相关研究的预研究；本研究无法回避对学习效果产生影响的其他额外因素，如参加者可能会通过电子邮件、网上聊天等其他方式学到英语拒绝策略；目标语的学习主要局限于美国英语拒绝策略，没有涉及其他英语变体，如英国英语、澳大利亚英语等；需要学习的内容比较多，但教学时间比较短，难以保证参加者在很短的时间内消化学习内容；书面话语完成测试是比较有争议的语料收集方法，因为它缺乏真实性，而且评分标准比较主观。不过，这些不足之处一直是语际语用学中需要解决的。

12.3 案例二：恭维与恭维回应行为的可教性探析

恭维及其回应行为是日常生活中人们常用的言语行为之一。大多数英语学习者已经认识到英语中回应恭维的正确策略是使用 Thank you，与中国传统的使用"哪里，哪里！""不行！"等自谦式回答不同。然而，这种简单的教科书式的回答只是英语恭维回应中的一种，实际的交往情形要复杂得多。

根据对中美两种文化中恭维言语行为的跨文化研究，人们发现，由于社会文化因素的差异，汉、英两种语言中的恭维行为在句法和语义结构、涉及的话题、回应策略和社会功能等方面存在许多相同点和不同点。值得说明的是，使用 Thank you 这一回应策略的美国人仅占调查对象的三分之一左右(36.4%)（贾玉新，1997），远不如中国英语学习者使用得普遍。在实际的美国文化中，对他人的称赞作出既同意别人评价，又避免自我表扬的得体回应的方法多达十几种。而且人们实施言语行为不是为说话而说话，而是通过说话实现某种目的，以言行事。恭维行为就具有欣赏、协同一致（solidarity）和利用他人等多项功能。学习者要掌握恭维行为这一具有文化制约性和多功能的社交策略并不是一件容易的事。

12.3.1 研究问题

本次研究旨在探讨课堂环境下语用能力的习得问题，在对恭维及其回应行为实施全面而系统的讲授的基础上，对学习者的学习成果与课堂教学实践之间的关系进行实证性研究，并试图回答以下两个问题：

(1) 学习者在汉、英恭维以及恭维回应的使用上有何特点？是否存在差异？
(2) 课堂教学是否对学习者掌握恭维的句法、语义结构以及恭维回应的策略产生影响？

12.3.2 研究设计

　　围绕上面两个问题，研究者在长达 3 周的时间里主要通过教师利用综合英语课堂的前 15—20 分钟讲授恭维语语用知识；鼓励学生采访校园里来自英语国家的外国留学生，了解他们使用恭维语的情况；课堂师生共同讨论汉、英恭维行为的差别及文化差异；学生进行对子操练和角色扮演等活动，增强学生关于恭维及其回应的语用知识和能力。

　　实验对象为广东肇庆学院 02 级英语专业某班的 30 名学生。研究者主要借鉴了 Ishihara（2001），Manes 和 Wolfson（1981），Rose 和 Ng Kwai-fun（2001），Ye（1995）的研究设计，在研究中采用 DCT（Discourse Completion Test）来收集语料。通过前测和后测对学习者以下 3 方面的表现进行考察：恭维的句法结构、恭维语语义结构和恭维回应策略。在前测中，我们还采用了自行设计的"汉语恭维语应用咨询表"调查学习者在使用汉、英两种语言对"外表"和"行为举止"表示恭维及应答时的言语行为的使用情况。在实验前后，研究者还分别对被试的基本情况和学习动机进行了调查和访谈。本次研究的统计运算采用百分比统计的方法。

12.3.3 结果与分析

12.3.3.1 恭维的句法结构对比

　　Manes 和 Wolfson（1981）对美国英语中恭维的句法结构作了广泛的调查，发现了 9 种常用句型（见表 9），这 9 种句型的句子占所调查句子总数的 97.2%。其中前 3 种句型的句子占 85%，而仅句型 1 的句子就占了 53.6%。Manes 和 Wolfson 的调查说明，英语恭维这一言语行为具有高度公式化的特点和规律性。

表 9 恭维常用句法结构

句型	示例
1. NP is/looks (really) ADJ	Your blouse is/looks (really) beautiful.
2. I (really) like/love NP	I (really) like/love your car.

（待续）

（续表）

句型	示例
3. PRO is a (really) ADJ NP	That's a (really) nice wall hanging.
4. You V a (really) ADV NP	You did a (really) good job.
5. You V (NP) (really) ADV	You really handle that situation well.
6. You have (a) ADJ NP	You have such a beautiful hair!
7. What (a) ADJ NP!	What a lovely baby you have!
8. ADJ NP!	Nice Game!
9. Isn't NP ADJ	Isn't your ring beautiful!

注：NP = noun phrase, ADJ = adjective, PRO = pronoun, V = verb, ADV = adverb.

根据 Manes 和 Wolfson（1981）的研究，我们将恭维行为的句型分为 4 类：最常用的 3 种句型为一类（Manes & Wolfson, 1—3），其余 6 种句型为一类（Manes & Wolfson，4—9），9 种句型的混用作为一类（复合式），最后将不属于这 9 种常用句型的情况归为一类（即"其他"）（见表 10）。结果发现被试所用的恭维常用句法结构在实验前、后所占的比例呈现显著差异，分别为 57.5% 和 90.8%，说明教学对被试所用恭维的句法结构部分有较大的影响。但由于我们在分类时将 9 种句型的混用作为一类，且没有与美国英语中恭维的句法结构分布情况作更为细致的比较，因而该实验结果只能显示句型应用的一般趋势。

表 10 恭维句法结构使用情况

句法结构	实验前		实验后	
	No.	%	No.	%
Manes & Wolfson 1—3	35	14.6	44	18.4
Manes & Wolfson 4—9	33	13.7	56	23.3
复合式	70	29.2	118	49.1
其他	102	42.5	22	9.2

12.3.3.2 恭维的语义结构对比

在语义组成上，美国文化中的恭维也有很强的规律性。根据 Manes 和 Wolfson（1981）的调查，在词汇选择方面，作为肯定性评价的语义载体主要有两类：形容词和动词。总体而言，肯定性评价意义形容词的使用远远超过动词，占 80%。其中 nice、good、beautiful、pretty 和 great 5 个形容词的使用占形容词总数的三分之二。动词以 like 和 love 的使用频率最大，其使用率占使用动词总数的 86%。

调查结果显示，作为肯定性评价的语义主要载体的形容词和动词，实验前后在被试使用的英语恭维语中没有出现显著变化（见表 11）。形容词结构作为英语恭维语的主导结构，被试对其使用情况接近本族语者的使用情况。而在汉语恭维语中，形容词常与副词连用表达其恭维之力，如："好厉害啊！""太棒了！"值得注意的是，在英、汉两种语言的恭维语中，被试在动词的使用方面差异显著。这一结果可能是由于具有中高级英语水平的被试在语码转换中，成功地转变自我认同（self-identity），母语未能对目标语的使用造成负迁移影响。这一发现与以往有关的研究结果一致（参见 Ye，1995；贾玉新，1997）。汉语中含有肯定意义的动词用于表达恭维的比例极小（5‰），在美国英语中出现频率极高的 I like/love NP 句式在中国文化中很少用于表达恭维。

表 11 恭维词汇的使用情况

	英语				汉语	
	实验前		实验后			
	No.	%	No.	%	No.	%
adj	193	81.1	199	82.9	93	51.7
verb	10	4.2	11	4.6	1	0.5
adv	20	8.4	7	2.9	22	12.2
others	15	6.3	23	9.6	64	35.6

12.3.3.3 恭维回应策略对比

笔者借鉴了 Ye（1995）和 Ishihara（2001）的分类模式，将恭维回应分为 5 种类型：同意接受（simple acceptance）、回避称赞（self-praise avoidance）、拒绝(rejection)、复合式(combination，即：Thank you＋其他表达式）和其他（不属于以上 4 种分类的情况）（见表 12）。

表 12 恭维回应的分类

策略	子类	示例
同意接受	表示感激	Thanks a lot.
	表示同意	I like it, too.
	其他	Smile/Of course, etc.
回避称赞	降低称赞	It was very cheap.
	询问	Do you really think so?
	转移称赞	It's given by my friend.
	回敬	You are not bad, either.
	提供来历	I just got it at Macy's.
拒绝	表示异议	A: You look healthy and good. B: I'm fat.
	自贬	No, I'm old and ugly.
	表示尴尬	Don't say that. I'm embarrassed.
	其他拒绝方式	No way/No kidding, etc.
复合式		Thank you. I'm happy to hear that you like it all.
其他		

结果表明，实验前后被试对回避称赞策略的使用存在显著差异（表 13）。在经过恭维行为的学习后，被试对恭维作回应时，减少了使用教科书式的 thank you 这样的简单回答，而是增加了降低称赞（downgrading）、提供来历（comment on the history）、询问（questioning）、转移称赞（shifting credit）和回敬（returning）等多种回避称赞手段。在使用"同意接受"和"拒绝称赞"策略方面，被试在使用中、英文回答时表现出较大差异，其中，对他人的称赞一概"拒绝"和"否定"是各种情形下最少被采用的策略。这种情况可能是中、西文化的交互影响所致。一方面，中国传统的自谦式恭维回应只是人们认识上的一种文化刻板效应（stereotype），英语学习者受西方文化的影响，也认同使用 Thank you 接受他人的称赞。另一方面，被试在用汉语回应恭维时使用"同意接受"的策略比其使用英语时少，而用汉语回应恭维时使用的"拒绝"策略比他们使用英语时多，这也许是被试在使用不同的语言时作出不同的文化角色转换的结果。

表 13 恭维回应策略的使用情况

| | 英语 | | | | 汉语 | |
| | 实验前 | | 实验后 | | | |
	No.	%	No.	%	No.	%
同意接受	95	39.6	74	30.8	36	20
回避称赞	20	8.3	111	46.3	15	8.3
拒绝	4	1.7	5	2.1	8	4.4
复合式	110	45.8	39	16.3	94	52.2
其他	11	4.6	11	4.6	27	15

12.3.4 小结

以上实验结果分析表明，语用知识的讲授在不同程度上影响学习者对英语恭维与恭维回应的掌握和使用：首先，实验前后恭维的句法结构对比表明被试在使用恭维的 9 种常用句型方面变化显著，课堂语用教学对促进语用—语言水平的提高和恭维句法结构的掌握效果显著。其次，英语恭维中作为肯定性评价的语义主要载体的形容词和动词，它们的使用在语用教学前后没有出现显著变化。但是在使用英、汉两种语言的恭维语中，被试用动词表达恭维时差异显著，汉语中极少使用含有肯定意义的动词的句式（如 I like/love NP）表达恭维。最后，在恭维回应策略的使用方面，被试在避免自我表扬策略的使用上存在显著差异；在使用同意接受和拒绝称赞的策略方面，被试在使用中、英文回答时表现出较大差异，其中，拒绝称赞策略是各种情形下最少被采用的策略。

12.4 研究启示

现有的关于课堂教学对语用能力习得影响的研究证实了语用知识不仅是应该教的，而且是可教的。研究者们分别从不同的角度证明了显性教学能有效地传授语用知识，提高学习者的语用能力。Takahashi（2001）和 Tateyama（2001）分别在语用教学的课堂研究中发现显性教学（explicit teaching）不仅能帮助学习者发展语用能力，而且可以提高语言使用的信心。Rose 和 Ng Kwai-fun（2001）的研究表明，尽管演绎和归纳两种教学方法都可能促进语言语用水平（pragmalinguistic proficiency）的提高，但只有演绎性的讲授对社交语用水平（sociopragmatic proficiency）的发展有效。Yoshimi（2001）探讨了不同的教学方法对学习者理解和生成话语标记语产生的不同效果。

我国的语用学理论研究和描写语用特征的跨文化比较已取得了丰硕的研究成果，但如何将已有的语用学研究成果应用于教学实践，探讨学习者语用能力发展与课堂教学关系的研究还有待引起语言学，尤其是应用语言学研究领域学者、专家和相关外语教师的重视。

我国是典型的外语学习环境，因而探讨外语学习环境下语用能力的可教性问题，对提高学习者的语用能力具有重要的意义。基于本章的两个案例考察，我们对中国英语课堂环境下的语用教学提出以下几点建议：

（1）考察教学大纲、教材和考试对学生第二语言语用能力发展的影响。确立如何在课堂上给学生一些恰当的语用指导和怎样加强测试中对语用得体性的评定非常重要。国外已对第二语言言语行为进行了系统的教学训练和课程开发，而相比之下我国的语用教学还远未达到专门化的阶段。

（2）第二语言语用能力的习得非常复杂，在理论和实践方面的成果十分有限，还有待我们进一步研究语用教学方法与语音、语法规则的教学方法的异同，开发测试语用能力的工具，深入分析我国学习者的二语语用能力习得在认知、情感、社会—文化等方面的理论基础，从而更好地指导语用教学。

（3）对学习者的学习成果与课堂教学过程和方法之间的关系展开实证性研究，结合结果性（product-focus）和过程性（process-focus）课堂教学研究，观察语用能力的习得要经历哪些阶段，深入分析教学方法、个体差异、教学活动和学习策略等影响学习者语用能力发展的诸种变量和相关因素。

对这些问题展开研究，将有助于对我国广大外语学习者的语用知识和能力获得深入的认识，从而进一步推动我国外语教学的全面发展。

第十三章　中国英语学习者礼貌习得研究

13.1 引言

　　礼貌是语言和文化中的普遍现象，也是社会语言学研究的热门话题。学界似乎已经达成共识：不同文化背景的人们在交际中都会遵守礼貌原则，运用礼貌策略，只是往往在礼貌的内容和方式上有所不同。礼貌的实现除了通过表情、动作等副语言手段外，主要体现在礼貌语言的恰当使用上，即对礼貌得体性的把握。本章在国内外对礼貌及其得体性的相关研究的基础上，通过对英语专业学生在礼貌语用方面的问卷调查和访谈，分析了我国英语专业大学生礼貌得体性的习得情况，并进而分析造成礼貌语用失误的主要原因，以期对英语专业教学有所启示。

13.2 理论背景

　　Lakoff（1973）将礼貌与合作原则联系起来，提出了"语用能力规则"，即"要清楚"和"要礼貌"。由此可见，言语礼貌从一开始就被视做语用能力的重要参数。

　　Leech（1983）根据英国文化特点，提出了具有重大影响的礼貌原则，并提出礼貌层级概念，包括损惠层级、间接层级和可选择余地层级。后来，Leech（2005）又进一步提出绝对礼貌等级和相对礼貌等级概念。前者不考虑语境因素，只从语言形式本身来判断礼貌的等级；而后者则需要考虑具体的语境和文化，并进而给出衡量礼貌合适程度的"价值量表"（scales of value）。该量表涉及说话人与听话人之间的垂直距离（如地位、权力、角色、年龄差距）、水平距离（如亲密与熟悉程度）、分量（交际中益、损的大小等）、社会规定的权利和义务的强弱度（如老师对学生、主人对客人、服务提供者对顾客）等。

Brown 和 Levinson（1978，1987）认为，言语行为本质上是威胁面子的，礼貌就是为最大限度地维护听话人和说话人的面子所作的努力。根据听话人与说话人之间的相对权力、社会距离和强加级别，说话人就可以判断威胁面子言语行为的程度，即礼貌程度。

何兆熊（2000）、李瑞华（1994）、孙亚（2002）、索振羽（2000）、熊学亮（1999）、庄和诚（1987）等都对礼貌的得体性（庄和诚谓之"合适性"）进行过专门探讨。李瑞华认为，所谓"得体"，就是言行恰如其分：要看对象；要注意言行的时间和场合；要注意言行的准则（包括谨慎和礼仪等）；还应注意言语的表达和效果。何兆熊、李瑞华、索振羽等主张将"得体"作为语用的最高原则。孙亚基于 Lyons（1977）和熊学亮的研究，提出从交际的时间和地点、交际语域和交际者所使用的语言的正式程度等层面研究语言的得体性。显然，礼貌的得体性主要体现在对 Leech（1985）提到的"礼貌级别"（politeness gradations）的把握上，即语言使用者能否根据不同社会文化背景下说话双方的关系、交际的时空和语境等，有选择地区别使用不同礼貌程度的语言。本研究对于学生礼貌得体性的测试既考察对绝对礼貌等级的掌握情况（如程式化礼貌套语），又考察在具体语境和文化背景下对礼貌级别的把握（如过分礼貌和欠礼貌）。

13.3 礼貌用语得体性习得状况调查

本调查意在了解以下几个方面的问题：

（1）英语专业学生礼貌用语习得的总体情况如何？在礼貌得体性的把握上情况如何？

（2）经过两年多专业训练的大三学生与刚刚考入外语专业、尚未经过专业培训的大一学生在礼貌语用能力和礼貌级别把握方面有无差异？重点高校三年级学生与普通高校三年级学生之间在礼貌语用能力和礼貌级别把握方面有无差异？

（3）3 个不同的学生群体在礼貌得体性习得方面有无带有共性的问题？

（4）导致上述现象的主要原因有哪些？对英语专业教学有何启示？

13.3.1 研究方法

过去二十多年来，收集关于被试对得体程度、礼貌程度等方面理解的数据所用的研究工具主要涉及多项选择、等级任务、访谈和它们的变式（洪岗，2005）。因此，本研究仍选用多项选择法、等级量表法和访谈法采集语料，然后对语料进行定量和定性相结合的分析。

13.3.2 问卷的设计

本问卷由 3 部分组成。第一部分为个人信息，包括学校、年级、性别、年龄、高考英语成绩和英语专业四级考试成绩等。第二部分由 30 道多项选择题组成，每题都涉及礼貌用语的使用，旨在考察学生的礼貌语用总体习得状况。话题涵盖了请求、道歉、寒暄、恭维、抱怨、打断、问路、感谢、邀请等及其应答，其中涉及礼貌级别把握的问题有 17 个，占问题总量的一半以上。第三部分是 10 个情景对话，要求学生对每个对话中的最后一句话语进行得体性判断，分"很得体"（very appropriate）、"基本得体"（more or less appropriate）和"不得体"（not appropriate）3 个等级制题，专门考察学生对礼貌级别的把握。问卷的设计特别考虑了 Leech（2005）的"相对礼貌等级"，以及衡量礼貌合适程度的"价值量表"。为防止学生都选"不得体"而使数据失真，我们将问卷的正确答案设置成一半得体（包括基本得体和很得体）、一半不得体，并将它们呈不规则分布。

问卷题目部分选自何自然、阎庄（1986）的文章《中国学生在英语交际中的语用失误——汉英语用差异调查》后所附问卷，部分选自 Kathleen Bardovi-Harlig 与 Robert Griffin（2005）在 L2 Pragmatic Awareness: Evidence from the ESL Classroom 一文中所附的问题，以及少数往年高考试题。其中有些题目被稍作改编，其余题目由作者在专家指导下结合相关文献自拟。题目经反复修改并拟定参考答案，问卷经美籍留学生试做并确认无误后投入调查。

13.3.3 调查对象及其语言综合水平

本调查分别在安徽省与江苏省各选取一所普通高校，随机抽取英语专业一、三年级各一个班的学生；另在江苏省选取一所综合性重点大学的三年级（2005 级）一个班的学生为调查对象（具体数据见表 1）。由于一年级学生没有经过专业四级考试，其高考与三年级学生又非同年，为便于比较普通高校一年级与三年级以及重点高校三年级学生的语言综合水平，我们让普通高校一年级的学生补做了三年级学生当年参加专四考试的试卷，即 2006 年全国高校英语专业四级考试试题。之后严格按照评分标准进行评分，结果见表 1。

表 1　受试学生总体情况一览表

	人数	高考英语平均成绩	专四平均成绩
普通高校一年级	71	114.82	59.03
普通高校三年级	68	110.29	64.75
重点高校三年级	19	130.33	75.47

注：每一部分成绩都有少数学生未填，具体数字此处从略，SPSS 中相关项缺省值设为 999。

由表 1 可以看出，尽管普通高校一年级学生的高考英语平均成绩高于三年级学生的高考成绩，但其专四平均成绩还是比三年级低 5.72 分。方差分析结果显示，二者具有显著性差异（MD = -5.722，p = .000）。普通高校三年级与重点高校三年级学生的专四成绩之间也存在显著性差异（MD $_{普通 3 - 重点 3}$ = -10.724，p = .000）。普通高校一年级与重点高校三年级学生的专四成绩之间差距更明显（MD $_{重点 3 - 普通 1}$ = - 16.446，p = .000）。这表明，3 组受试学生之间在语言综合水平上具有显著差异，重点高校三年级学生优于普通高校三年级学生，普通高校三年级学生优于一年级学生。

13.4 调查结果分析

本次调查所得数据被输入 SPSS（13.0 版本）进行分析，然后就相关发现找到有关学生进行了回溯性访谈并做笔录。

在礼貌语用总体把握方面，问卷第二部分总计30题（每题1分）中，普通高校一年级学生平均得分为20.35，失误率为32.17%；普通高校三年级学生平均得分为20.15，失误率为32.83%（参见表2）。独立样本 t 检验显示两者不具有显著性差异（$p = .665$）。经过两年专业学习的大三学生与刚刚考入外语系尚未经过专业培训的大一学生在英语礼貌语用掌握方面无显著差异，这说明受试英语专业学生礼貌语用习得情况总体欠佳。鉴于言语礼貌与语用能力之间的密切关系，这一数据某种程度上证明了洪岗（1991：58）关于"语言能力与语用能力并非完全成正比"的研究结论。

表2 第二部分30题答题情况对比表

	学生数	平均得分	总体平均失误率	标准差
普通高校一年级	71	20.35	32.17%	2.64160
普通高校三年级	68	20.15	32.83%	2.73938
重点高校三年级	19	23.63	21.23%	3.74478

而当我们将普通高校的英语专业一、三年级学生该部分成绩与重点高校英语专业三年级学生的成绩进行对比时，发现后者与前两者成绩之间存在显著性差异（$MD_{重点3-普通1} = 3.4766$，$p = .000$；$MD_{重点3-普通3} = 3.2786$，$p = .000$）。重点高校三年级学生的平均得分比普通高校一、三年级学生均高出不少。这又反映出综合语言能力水平悬殊较大的不同学生群体之间在对礼貌用语的把握水平上也具有明显差距。

我们又对问卷第三部分（专门设计用来检测学生对礼貌级别的掌握情况）数据进行了分析。有少数答卷在这一部分出现了问题，如所有题项都选 more or less appropriate 或都选 not appropriate。为确保问卷的效度，我们剔除了这种答卷，最终提交了有效答卷的普通高校一年级学生有63人，普通高校三年级学生有64人，重点高校三年级学生有19人，成绩对比见表3（共10题，30分）。

表 3 问卷第三部分的礼貌级别专项测试得分描述统计表

	学生数	最低得分	最高得分	平均得分	标准差
普通高校一年级	63	14.00	25.00	20.19	2.44855
普通高校三年级	64	17.00	29.00	22.08	2.11799
重点高校三年级	19	19.00	29.00	23.95	2.69719

数据显示，在礼貌级别掌握方面，重点高校三年级学生优于普通高校三年级学生，普通高校三年级学生优于普通高校一年级学生。One-way ANOVA 方差分析结果显示（见表 4），这 3 个学生群体在礼貌级别的把握水平上相互之间存在显著差异。这说明学生对礼貌级别的把握水平与语言综合水平呈正相关关系。

表 4 礼貌级别专项测试成绩 ANOVA 方差分析结果

比较组		平均差	标准误	显著值
普通高校一年级	普通高校三年级	-1.88765*	.41589	.000
普通高校一年级	重点高校三年级	-3.756892*	.61334	.000
普通高校三年级	重点高校三年级	-1.86924*	.61223	.011

$* p < .05$

至此我们不禁要发问：同样是针对礼貌语用的问卷调查，同样都是有关语用知识的判断题（而非实际应用中的表现），为什么在对礼貌语用的总体把握上普通高校一年级和三年级学生之间并无显著差异，而在对"礼貌级别"的把握上两个群体间却存在显著差异？是什么原因导致这一看似相互矛盾的结果？我们依据 Thomas（1983）和 Leech（1983）的分类方法将整套试卷中的 40 道关于礼貌语用的试题按照语言语用和社交语用二分法分类。前者的失误指不符合英语本族语者的语言习惯、误用英语的表达方式，或者不懂英语的正确表达方式，按母语的语义和结构套用英语；后者的失误指交际中因不了解或忽视谈话双方的社会、文化背景差异而出现的语言表达失误（何自然，1997）。40 道题目中涉及语用语言方面的有 30 题，涉及社交语用方面的有 10 题，3 组学生的失误对比情况如图 1 所示。

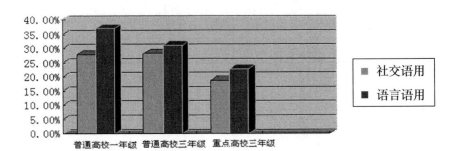

图 1 语言语用与社交语用失误率柱状对比图

　　由图 1 可以看出，3 组学生在社交语用方面的失误总体低于语言语用失误，普通高校一、三年级两组学生在涉及中西文化差异的社交语用方面失误率差距不大（一年级失误率为 27.84%，三年级为 28.15%）；而在涉及测试对惯用语的表达和相对权力、社交距离、言外语力等语言语用因素的把握能力的"礼貌级别"题目上，两组学生的失误率差异则比较明显（一年级为 37.04%，三年级为 31.09%，$p < .01$）。当我们不区分以上两种失误时，普通高校一、三年级的总体平均失误率差距不大（分别为 32.44% 和 29.62%，$p > .05$）。这可能就是两个群体之间在礼貌语用总体把握上无显著差异，而在"礼貌级别"的把握上有显著差异的主要原因。也就是说，两组学生在"礼貌级别"上的显著差异主要是由语言语用能力的差异引起的。这说明英语专业学生对语言使用中的跨文化因素从低年级开始就已有较好把握，与高年级差距不大（本调查中普通高校三年级学生社交语用失误率高于一年级学生），但语言语用能力需要随着语言综合水平的提高而提高，是个逐步发展的过程。以上发现也反映出全球化语境下中国英语教学的一种进步和成就，即跨文化交际教学已相对比较成功。相对来说，那些看似很简单、很熟悉的语言形式在不同语境下的恰当、得体使用，则需要我们投以更多的注意力。

13.5 讨论与启示

　　在对问卷进行分析整理的过程中，我们发现了一些错误率相对较高的题目，如问卷第二部分的第三题和第八题，问卷第三部分的第三题、第六题、第七题和第十题（错误率对比情况参见图2）。值得一提的是，在这些错误率较高的题目中，除了第二部分的第三题和第三部分的第十题既涉及语言语用知识又考察社交语用知识之外，其余均为测试语言语用知识的题目。下面就结合回溯性访谈所了解到的一些情况，对这些带有共性的问题进行分析和讨论。

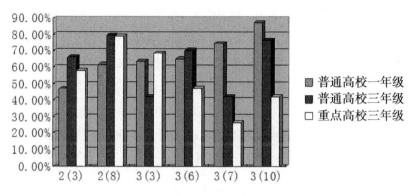

图2 部分高失误率题目失误情况柱状对比图

13.5.1 启示一：程式化礼貌套语掌握不牢

英语中有大量的程式化套语（formulaic chunk），每一个套语在长期的使用过程中都形成了其特定的语用内涵和使用语境。一些学过的套语若不经常使用，自然就会被遗忘，尤其很容易与一些形式或语义上相似的套语相互混淆，从而导致语用失误。礼貌套语也不例外。失误率较高的第二部分第三题就是典型一例。

(One day, the servant of a hotel put a guest's luggage away in need of demands.)

Guest: Thank you very much!

Servant: _____

A. Never mind.   B. It doesn't matter.

C. With pleasure.   D. You're welcome.

表示感谢的应答语对于学生来说本来是非常熟悉的，可以是 You are welcome、Not at all、It's a/my pleasure 等，正确答案是 D。但却有 64.71% 的普通高校三年级学生和 52.63% 的重点高校三年级学生选择 C。询问原因时，一些同学表示，其实他们像这样将 It's a/my pleasure（用于对感谢的回应）和 With pleasure（用于对请求的回应）混淆的情况以前就发生过，也曾把这一点作为重要的语言知识注意过，但因为长期不用，即使当时记住了，现在又给弄混了。由此可见，语言学习的关键在于运用。我国的英语教学是典型的外语学习环境，学生很少有使用英语的真实条件；尤其是在一些地方普通高校，只有很少数的外教，有些还来自非英语国家，有的教学态度不好，教学效果差，学生不愿和他们多交流、多练习口语。这对程式化套语的习得、使用和英语语感的形成极为不利。这时我们一方面要正确引导学生，鼓励学生多与外教沟通，以锻炼口语；另一方面要想方设法创设模拟的语用环境，让学生多练习，从而加强对这些套语的熟悉程度和准确、得体使用的敏感性。

13.5.2 启示二：对礼貌级别把握不准

第三部分第七题的回答情况反映出学生对礼貌级别把握不准。

(Peter goes to the snack bar to get something to eat before class.)

F: May I help you?

P: Would you be so kind as to give me a sandwich and a yogurt，please?

在这种顾客与服务员的对话中，Peter 的问话显得太过客气和礼貌，现实生活中一般是不会这么说的，因而 Peter 的回答是一种不得体的语言形式。然而有 74.60% 的普通高校一年级和 42.19% 的普通高校三年级学生都选择了"得体"或"基本得体"，重点高校三年级学生的失误率相对较低，为 26.32%。第一部分的第十七题（乘客告诉出租车司机目的地）反映的是同样的问题：48.53% 的普通高校一年级学生、41.18% 的普通高校三年级学生选择了语言形式上较为客气的 A、B 和 D 3 种形式；而重点高校三年级多数学生都选择了正确的选项 C（Heathrow airport, please），只有两位同学错选。回访时普通高校的部分同学说，感觉用这样的形式太不礼貌了；而重点高校的被访者说，他/她们经常从英语影视剧上看到这种用法。根据 Leech（2005）提出的衡量礼貌合适程度的"价值量表"，社会规定的权利和义务的强弱度直接决定话语的礼貌级别。由于例句中特殊的服务与被服务关系，人们并不感到直截、简洁、干脆利索的话语有什么不礼貌。其实在中国，人们也会直接对出租车司机说，"（请）到……"而很少会说"请问，您能不能送我到……？"当然，这是英汉两种语言文化恰好重合的一例。我们可以经常将这些现象提出来，让学生自觉进行英汉文化异同的对比，或让学生进行讨论，这样往往会取得事半功倍的效果。另外，组织或鼓励学生多收听、收看英语影视节目，也不失为一种有效的提高学生语用能力的方法。

13.5.3 启示三：对间接回应不敏感

根据 Leech（1983）的礼貌层级概念，话语的间接程度会在某种程度上反映礼貌程度。一般来说，社会距离不远、相对比较熟悉的人们之间，多使用较为直接的话语；社会距离远、相对比较陌生的人们之间多用间接的方式。但这也并非一成不变，比如熟人之间拒绝对方的邀请或请求时，直接、间接方式均较常见。请看第三部分第六小题：

(In the students' dormitory.)

Andrew: Would you like to watch a football match?

Xiao Zhang: I haven't finished my homework.

既然这是发生在寝室里同学之间的对话，这种"答非所问"式的间接回答就是合适的。事实上，我们完全可以把它视做熟人之间的另一种更深层次的"直接"回应，即直接陈述拒绝的原因，免得讲很多。这也符合言语交际中的"经济原则"。但 60% 以上的普通高校学生和 47.37% 的重点高校学生都选择"不得体"。这表明受试对于在一定语境下的间接回应策略不敏感，只习惯于按部就班地使用套语。比如在相邻对（adjacency pair）会话中，总是习惯于对方给予"期待的第二部分"（preferred second part）（何兆熊，2000：314）；如果对方的回应字面上不是那么一一对应，就认为回应不得体，这种心理很容易导致语用失误。在英语教学中，我们可以结合实例提醒学生注意这一点。

13.5.4 启示四：在语言形式与交际功能之间画等号

下面先来看总体失误率最高的第三部分第十题（失误率参见图 2）：

(In the street, a man wants to smoke a cigarette, but he has no match. He asks a stranger.)

Mr. Green: Got a match, mate?

乍看起来，这样的语言形式给人一种太过随便和粗鲁无礼的感觉，回访中很多学生表示自己当时就是这么认为的。然而在英语中，这种表达又恰恰是合乎语言习惯的，因而是得体的。因为在英国，火柴几乎是免费的，一个人是不会用极其礼貌的方式去问人借火的，即便是向陌生人也是如此（Thomas, 1983）。这又一次告诉我们，语言形式与礼貌得体性之间没有必然的联系，得体不得体、礼貌不礼貌，一定要看交际的情境与文化。同样是这种语言形式，问卷第一部分第十八题中，员工有事找经理，就不能问 Got a minute?，因为这里会话双方的相对权力和社会距离差距较大，这么问话是威胁听话者面子的，因而是不得体的。正如 Thomas（1995）指出的，语境对于讨论礼貌现象很重要，要用语言形式、语境、交际双方关系的因素组合来衡量礼貌。何自然、陈新仁（2004：60）也曾指出，在外语教学中存在一种倾向，那就是在语言形式与交际功能之间画等号。事实上，"语言形式与语言功能之间并不存在一一对应关系，这一点对语言学习和语言教学尤其重要"（何自然、陈新仁，2004：60）。因此，强化语境与文化教学，提高跨文化语用意识，注意语言形式与交际功能之间的动态关系，仍然是英语专业教学中值得突出强调的话题。

13.5.5 启示五：对言外语力注意不够

Brown 和 Levinson（1987：77）指出，话语的"强加级别"是判断威胁面子程度即礼貌程度的一个标准。在调查中我们发现，不少学生对于英语中的一些常用套语（如 if you don't mind、of course 等）的"言外语力"缺乏足够认识，不了解这些套语会给听话方带来某种程度的"强加"，有时甚至是某种程度的侮辱。下面来看问卷第二部分第十九题：

(One morning, on his way to the library, Doctor Smith comes across one of his students, after greeting each other.)

Doctor Smith: Is your library open on Friday?

Student:＿＿＿＿＿＿

A. Of course. 　　　　　B. Yes, of course.

C. Yes, it is. 　　　　　D. Yes, everybody knows it.

分别有 33 名（48.53%）普通高校一年级学生和 23 名（33.82%）普通高校三年级学生选择了含有 of course 的回答，而这样回答会给人一种不以为然的态度，含有"这么简单的事情都不知道，还用问啊"之类的意思。当重点高校的学生被问及为何本题做得较好（只有 1 人错选）时，他们回答：有老师在课堂上提起过 of course 的特定内涵。可见，对于一些教材中没有明示的语用知识，教师在课堂上作适当补充和拓展是十分必要的。

13.5.6 启示六：语体意识欠缺

第二部分第八题考察受试根据不同交际场合和交际对象使用不同正式程度的语言的能力。正如李瑞华（1994）指出，礼貌的得体性有时甚至涉及言行的谨慎和礼仪等。

(Mr. Green's secretary, Pat Kent, went to the airport to meet Mr. Barnes for her boss.)

Miss Kent: ＿＿＿＿＿＿＿＿＿

A. Excuse me, would you be Mr. Barnes?

B. Are you Mr. Barnes?

C. You are Mr. Barnes, aren't you?

D. Excuse me, would you please tell me if you are Mr. Barnes?

本题是错误率最高的题目之一，76.47% 的普通高校一年级学生和 47.37% 的重点高校三年级学生选择 D。可以看出，多数学生能够意识到，在与陌生人和地位高的人谈话时，应使用礼貌的策略来表达自我。但他们却不知道 Would you be …? 是更为正式、客气而又不失庄重的表达方式。当然，这种表达方式不是太常用，这也可能是造成本题失误率较高的一个重要原因。但这同时告诉我们，在英语学习的高级阶段，要提高语体意识，适当拓展语言内容与形式，多接触并学习使用多样化的表达方式，包括不同语体和不同正式程度的口、笔语语言形式，不能总是停留在已经学过的句式结构和套语上。

13.5.7 启示七：滥用完全句

第三部分第三题失误率也较高。请看题目：

Teacher: Have you finished reading the book I recommended?
Student: Yes, I have finished reading the book you recommended.

这属于典型的"滥用完全句"错误，但是却有超过 60% 的重点高校三年级和普通高校一年级学生意识不到这一点，认为学生的回答得体或基本得体。当我们对有关同学进行回访时，一些同学说，答题时没有意识到这一点，只是看它在语法上没问题。这就印证了何自然、陈新仁（2004）所指出的，由于受句型操练的影响，学英语的人往往喜欢用完整的句子回答问题。然而在实际交际过程中，完整句回答有时会违反方式准则而传达一定的会话态度，如"使性子"或"耍脾气"（Kasper，1981）。这种现象只要老师适时指出，相信学生会很快加以注意和掌握。

13.6 结语

以上就本调查中发现的一些带有共性的问题进行了有针对性的分析与讨论。尽管此次礼貌得体性问卷调查未能在更大的范围内展开，综合性重点大学的受试人数也不多，但还是在一定程度上反映了一些现象和问题。在对礼貌语用的总体把握上，普通高校英语专业一、三年级学生之间没有显著差异，而重点高校三年级学生与普通高校一、三年级学生之间均存在显著差异；在礼貌级别的把握上，普通高校一、三年级学生和重点高校三年级学生之间均存在显著差异性，重点高校三年级学生优于普通高校三年级学生，普通高校三年级学生优于一年级学生。进一步研究表明，3组学生在礼貌级别把握上的差异性主要来自语言语用知识水平的差异。鉴于礼貌级别的把握在礼貌得体性判定中的重要作用，本文得出结论：语言学习者对礼貌得体性的把握水平与语言综合水平成正比。当然，由于问卷测试等研究方法本身的局限性，本研究反映出的问题不一定具有广泛性，更不可能反映出全部问题。在讨论分析中，我们也提出了一些关于英语专业教学的意见和建议，如通过强化跨文化交际训练，使学生牢固掌握不同程式化礼貌套语的语用功能；不拘泥于语言形式，注重语言形式与交际功能的语境依赖性；提醒学生注意语言的间接性和言外之力等。总之，在英语教学中，要全面培养"得体"意识，切实提高学生的综合语言运用能力，包括礼貌语用能力。

第十四章 中国英语学习者话语标记语习得研究

14.1 引言

言语交际既涉及语言编码和解码的过程，也涉及推理的过程。就编码过程而言，说话人产出的话语往往具有两种类型的意义：概念意义和程序意义（陈新仁，2002）。概念意义与话语的命题内容有关，而程序意义揭示的是命题内容之间的关系。

编码话语程序意义的最好例子就是话语标记语（陈新仁，2002）。一般认为，话语标记语是本身不具备命题内容、但能对话语命题内容的理解起限定作用的词或短语（Blakemore，1992）。如果缺少话语标记语，听话人或读者就很难推测或推理说话人或作者的含意，如下面 4 句话。

a. The rent is reasonable. The location is perfect.

b. The rent is reasonable. *In addition*, the location is perfect.

c. The rent is reasonable. *Moreover*, the location is perfect.

d. The rent is reasonable, *for* the location is perfect.

（改编自陈新仁，2002：351）

上面 4 句的命题内容一致，但包含话语标记语的后 3 句所体现的说话人的意图却有了较大差异：(a) 句中两个命题的逻辑关系不是十分明确；(b) 句中后一个命题是对前一个命题的添加，但重点在于凸显第一个命题（即主要是价格合理）；(c) 句中第二个命题也是对第一个命题的添加，但此说话人却意在彰显第二个命题（即相对于价格，位置更令人满意）；(d) 句中第二个命题是对第一个命题的阐释（即价格之所以合理，是因为位置理想）。由此可见，话语标记语虽本身不传递命题内容，但对命题内容的理解却具有举足轻重的作用。

鉴于其对话语理解和获取说话人意图的重要作用，话语标记语已引起了学界的兴趣，并引发了一系列高水平的研究。从选题上看，不少学者讨论了话语标记语的语用功能（如 Jucker，1993；Schourup，2011；李成团，2009；冉永平，2003）；还有部分学者探讨了二语学习者对话语标记语的习得情况（如 Fung & Carter，2007；Müller，2005；Polat，2011；Romero-Trillo，2002；陈彩芬、李委清，2010；陈新仁，2002；陈新仁、吴珏，2006；李民、陈新仁，2007；王立非、祝卫华，2005；徐捷，2009）；如何对话语标记语进行翻译也是学者们关注的一个热点话题（如吴勇、郑树棠，2009；谢楠，2009）；学者们还探讨了如何借助话语标记语进行教学（如王淑莉，2006；张剑锋，2010）。这些研究不仅丰富了我们对于话语标记语语用功能的认识，而且揭示了学习者和外语教师对话语标记语的使用情况，对外语课堂教学具有较大的指导作用。

本章以两个研究个案为例，详细探讨中国英语学习者话语标记语的习得及其教学启示。

14.2 案例一：话语标记语 well 的习得

在言语交际中，说话者为了实现成功交际会采取各种手段，话语标记语就是其中之一。话语标记语主要包括 well、you know、I mean、and、but 等词语（组）。在这些话语标记语中，well 可以说"受到了最多的关注和研究"（Schourup，2001：1025）。Blakemore（1992，2002）、Jucker（1993）、Schourup（2001）及冉永平（2003）等学者对话语标记语 well 的语用功能进行了划分；Anderson 等（1999）、Romero-Trillo（2002）、何安平和徐曼菲（2003）等学者对非英语本族语使用者如何在言语交际中使用话语标记语 well 进行了定量研究。这些研究不仅有助于我们理解 well 的话语功能，而且为我们弄清二语学习者在使用此话语标记语时存在的问题作出了有益的探讨。但是到目前为止，仍鲜有学者对英语本族语者及中国英语专业学生如何使用话语标记语 well 的各种语用功能进行研究。鉴于此，本节尝试采用定量与定性相结合的方法，通过语料库文本分析与调查问卷相结合的方式，探讨中国英语专业学生习得话语标记语 well 各项语用功能的情况。

14.2.1 研究背景

Quirk 等（1972）认为英语中部分词（组）必须放在句首的位置，并把这些词（组）划分为两类：反应语（reaction signals）和起始语（initiators）。反应语仅起回答的作用，如 no、yes、yep、em 等词；起始语不仅可以有反应语的功能，而且可以起始一段新话语，如 well、oh、ah 等词。然而，他们没有指明两个概念之间的本质区别，对在什么情况下才算真正开始一段新的话语没有界定清楚。尽管如此，他们还是对话语标记语 well 的分析作出了有益的尝试，指出它不仅可以作为对上一话步内容的反应语，而且可以作为起始语，引出一个命题内容全新的话轮。

Jucker（1993）用关联理论（Sperber & Wilson，1986/1995）的有关原理，比较细致地分析了话语标记语的语用功能。就话语标记语 well 而言，他认为这个词在口语交际中可以充当"面子缓和语"（face-threat mitigator）、"话语分割语"（frame marker）、"短缺标记语"（marker of insufficiency）和"延缓语"（delay device）。

冉永平（2003）根据 Jucker（1993）、Quirk 等（1972）、Svartvik（1980）等人的研究成果，对话语标记语 well 的语用功能进行了重新整理和划分。他指出，话语标记语 well 在交际中主要作为"面子威胁行为缓和语"（mitigator of face-threatening acts）、"缓延标记语"（hesitation or delay marker）、"信息短缺标记语"（insufficiency marker）和"信息修正标记语"（repair marker）。

不难发现，上述学者对标记语 well 的功能描述不够系统，分类的标准也不够明确。笔者认为，well 的交际功能实际上可以从信息传递、会话组织、人际意图 3 个方面进行分类和分析。就信息传递而言，well 可以提示话语信息的修正；从会话组织来看，well 可以充当话语起始标记、话轮分割标记、话语延缓标记等；从人际角度看，well 可以用来缓和即将表达的负面信息给对方带来的面子威胁。这样就更容易把握 well 作为标记语的交际功能。下面，我们结合口语语料库文本中的实际数据，具体说明话语标记语 well 在口语交际中执行的上述交际功能。

- 充当"信息修正语"(repair marker)

  英语本族语者经常用 well 来提示将要修正自己的话语。例如：

  (1) A: How fast did you get there?

  　　B: I drove ninety miles an hour, *well*, eight-five all the way to Santa Fe.

- 充当"话语起始语"(initiation marker)

  正如 Quirk 等（1972）指出的，充当起始语的 well 要么重新开始一段对话，如(2)，要么就作为对上一话轮(turn) 回应的起始部分，如(3)。

  (2) Teacher: (when hearing the bell ring) *Well*, let's begin our class.

  (3) A: I have tons of chutney.

  B: *Well*, how much did you pay for it?

  （2）中教师用了 well 来引起同学们的注意，开始一段全新的话语；

  （3）中 B 用 well 来显示对 A 话语的接收后，开始了一个全新的话轮。

- 充当"话语分割语"(frame marker)

  well 还可以用来分隔不同的话语单位，起转换话题的作用。在（4）中，说话者用 well 重新回到了主题，well 在这里起到了划分不同话语框架的功能。

  (4) A: ... but if they wanted people around to talk to, then I would be very happy to stay, and got a letter back saying we have arranged for you to stay——*well*, let's take the interview first ...

- 充当"延缓标记语"(delay marker)

  well 可以作为延缓话语产出的手段，为后面的话语争取更多的准备时间。例如：

  (5) ... then first, I, you see, you may meet a lot of new words in ... *well* ..., in your, er, first year ...

  （5）中说话者在使用 well 时仍然没有组织好后面的话语，所以用 well 来争取更多的准备时间，显示自己的话语还没有说完。well 在这里被用做"延缓标记语"，成为了维持话语权的手段。

- 充当"威胁缓和语"（mitigation marker）

在有些情况下，well 还可以用来缓解某些可能引起不快的话语行为，起缓和语气和显示礼貌的作用，如下例：

(6) A: Can I see them?

　　B: *Well*, I'm not allowed to do that.

当然，如冉永平（2003）所述，此话语标记语在不同的语境中还有部分其他功能，但通过调查英语本族语口语语料库（详见后文），笔者发现，上面的 5 种功能几乎囊括了该话语标记语在口语交际中的所有主要用法，所以本文着重讨论中国英语专业学生习得以上 5 种功能的情况。此外，在少数情况下，话语标记语 well 位于句首提示修正别人话语时，兼有"威胁缓和语"的功能，如（7）。

(7) A: We'll all miss Bill and Agatha, won't we?

　　B: *Well*, we'll miss Bill.

此例中，B 用 well 提示了自己对 A 的话语持不同意见，起到了"威胁缓和语"的功能；同时，B 还用 well 提示了自己对 A 的话语的修正，引出"我们不怀念 Agatha、仅怀念 Bill"这一命题，起到了"信息修正语"的功能。

迄今为止，已有学者对非英语本族语者如何使用话语标记语作了有益的探索。Romero-Trillo（2002）通过分析语料指出，非英语本族语者普遍缺乏运用话语标记语的能力，并可能因此导致交际失败。陈新仁（2002）分析了中国英语学习者连续 3 年的作文，指出中国英语学习者总体上能够在写作中有意识地使用话语标记语来提示内容之间的关系，但是这种使用有比较明显的个体差异：有的人要么不用，要么几乎每句话都用。基于对国际英语学习者口语语料库（Louvain International Database of Spoken English Interlanguage, LINDSEI）的分析，He（2003）指出 well 虽然是英语本族语者最常用的话语标记语，但中国英语学习者却很少使用；何安平、徐曼菲（2003：451）进一步指出，对 well 等话语标记语的使用"可能成为区别学生口语流利性发展过程的阶段性表征之一"。通过分析中国学习者英语口语语料库（Spoken English Corpus of Chinese Learners, SECCL），Wang（2003）指出，中国英语学习者同英语本族语者相比，总体上来说较少使用话语标记语，但是倾向于过多使用 and、but、I think 等标记语。

不难看出，目前很少有研究分析中国英语学习者习得话语标记语 well 语用功能的情况。鉴于此，本节将采用定量和定性分析相结合的方法，从理解和产出两个方面，通过与英语本族语者的对比，来探讨中国英语专业学生习得此话语标记语的各项语用功能的状况。

14.2.2 研究方法

14.2.2.1 研究问题

本研究拟回答以下 5 个问题：

(1) 英语本族语者在口语交际中如何使用话语标记语 well 的各种语用功能？

(2) 中国英语专业学生能在多大程度上理解 well 的这些功能？

(3) 中国英语专业学生在口语中如何使用 well 的这些功能？

(4) 英语本族语者使用 well 的功能的情况如何影响中国英语专业学生理解这些功能，以及中国英语专业学生对 well 的功能的理解情况如何影响他们在口语交际中对其功能的使用？

(5) 英语本族语者与中国英语专业学生在 well 的语用功能的使用上有何差异？

14.2.2.2 研究对象

来自南京某部属重点大学英语系大三的 35 名学生被邀参加了本研究。他们刚刚参加完英语专业四级考试，且口语成绩呈正态分布，我们可以认为他们的英语口语水平与中国英语专业学生口语语料库中学习者的口语水平是相同的。

14.2.2.3 研究材料与工具

本研究采用语料库文本分析的方法，其中英语本族语口语语料库为 The Santa Barbara Corpus of Spoken American English（SBCSAE）（Part I）。为了便于研究，笔者首先将每行起始位置的时间信息手工删除，然后再进行相关数据统计，数据显示，该语料库共包含 72736 个词次。所使用的中国学习者英语口语语料库为 SECCL，该语料库是南京大学创建的中国英语专业二年级学生口语语料库。本研究仅从中随机抽取了 204 个文件，共 157666 个词次。

为了测验中国英语专业学生对话语标记语 well 的各项功能的理解情况，作者设计了一份由 15 个问题组成的开放式调查问卷，well 的每项功能由 3 道试题测出。为了保证调查问卷的有效性，测试同一功能的试题条目未彼此相连。该调查问卷经过几次前测修改，其内部信度已达到了可接受的水平（alpha = .6251），说明该调查问卷的设计是合理的。

14.2.2.4 数据收集与分析

数据收集主要分为两部分：（1）收集语料库中话语标记语 well 的用法；（2）收集调查问卷中的数据。

对语料库中相关数据的收集，主要借助于数据库检索软件 Wordsmith Tools。首先用此软件检索出所有使用 well 的情况，然后按照对 well 语用功能的划分在源文本中进行相应的标记（Tag），最后再分别检索出各种语用功能的使用频次。为了较科学地比较各功能在不同语料库中的出现频次，笔者把原始频次都换算成了标准频次（每万字）。

调查问卷由受试课后完成，但不允许查看任何辅助资料。调查问卷收回之后，笔者和另外一个研究者对答案进行了评分。受试每答对一项，便得一分；否则零分。

14.2.3 研究结果

14.2.3.1 话语标记语 well 的总体使用情况

表 1 显示，英语本族语者在口语交际中使用话语标记语 you know、well 和 I mean 的频次均明显高于中国英语专业学生的使用频次；他们很少使用 I think 这一标记语。相反，中国学生使用最多的话语标记语却是 I think，其使用频次几乎是其他话语标记语总使用频次之和的两倍；其次是 you know。

表 1 常见话语标记语在两个口语语料库中的出现频次及其差异

话语标记语	英语本族语者		中国英语专业学生		卡方检验	显著性
	原始频次	标准频次	原始频次	标准频次		
you know	545	74	707	46	6.533	.011*
well	357	49	100	7	31.500	.000*
I mean	169	23	78	5	11.571	.001*
I think	113	16	1449	92	53.481	.000*

*表示 $p < .05$

　　英语本族语者在口语交际中经常使用 well 这一话语标记语，而中国英语专业学生却很少使用，二者在使用频次上存在显著差异，其显著性水平为 .000，是本次统计中中国英语专业学生最显著少用的话语标记语。

　　鉴于中国英语专业学生过少地使用话语标记语 well 这一情况，我们有必要对他们使用这一话语标记语的情况进行进一步调查，以便发现不足，为未来的教学与研究提供参考。

14.2.3.2 话语标记语 well 各语用功能的使用情况

　　在研究话语标记语 well 各语用功能的使用情况时，我们发现，英语本族语者主要使用其"延缓标记语"和"话语起始语"功能，很少使用"信息修正语"功能；而中国英语专业学生在口语中仅仅经常使用其"话语起始语"功能，对其他各项功能的使用都比较少，具体情况见表 2。

表 2 话语标记语 well 各语用功能在两个口语语料库中的分布情况 [1]

语用功能	英语本族语者		中国英语专业学生		卡方检验	显著性
	原始频次	标准频次	原始频次	标准频次		
信息修正语	22	3	1	0		[2]

（待续）

---

[1] 因为话语标记语 well 在我们的语料中存在 5 例功能重叠情况，故此处统计的各功能出现频次之和（362）大于表 2 中的各功能原始频次之和（357）。

[2] 由于中国英语专业学生对 well 信息修正功能的使用几乎为零，在统计中为缺省项，所以无法用卡方检验来计算其差异的显著性。

（续表）

语用功能	英语本族语者		中国英语专业学生		卡方检验	显著性
	原始频次	标准频次	原始频次	标准频次		
话语起始语	118	16	54	4	7.200	.007*
话语分割语	56	8	10	1	5.444	.020*
延缓标记语	132	18	23	2	12.800	.000*
威胁缓和语	34	5	12	1	2.667	.102

* $p < .05$

卡方检验显示，中国英语专业学生非常明显地过少使用 well 的"延缓标记语"（$p = .000$）、"话语起始语"（$p = .007$）和"话语分割语"（$p = .020$）等功能。从中国学生英语口语语料库中不难发现，中国学生更加习惯使用其他方式延缓话语表达，如停顿填充语（filler）er、erm 等与汉语中"嗯"等对应的声音符号。同时，中国学生几乎不使用 well 进行修正(尽管他们确实进行了大量修正，但只会使用 I mean 这一标记语)，说明他们在信息传递的策略方面还存在问题，至少在提示修正方式的选择上过于单调，未能把握 well 的同类功能。另外，中国学生能较好地使用 well 作威胁缓和语（$p = .102 > .05$），说明他们已经具有一定的社会语用意识，并能很地道地用 well 来反映这一意识。

14.2.3.3 话语标记语 well 各语用功能的理解情况

从表3可以看出，中国英语专业学生仅能较好地理解 well 的"延缓标记语"及"话语分割语"功能，而对其"信息修正语"功能的掌握最差。

表3 中国英语专业学生对 well 各语用功能的理解情况及与其输入产出的关系

语用功能	输入频次	理解情况	输出频次	相关系数1	相关系数2
信息修正语	3	0.2	0		
话语起始语	16	0.5	4		
话语分割语	8	0.7	1	$r = .218$	$r = .571$
延缓标记语	18	0.8	2		
威胁缓和语	5	0.5	1		

通过计算其相关性，我们可以看出，输入频次（这里指英语本族语者的使用情况）与理解情况（指中国英语专业学生的理解情况）的相关系数为 .218（即相关系数 1），理解情况与输出频次（指中国英语专业学生的使用频次）的相关系数为 .571（即相关系数 2），这说明 3 个变量之间虽然呈正相关，但其相关性没有达到显著性水平。也就是说，英语本族语使用者对话语标记语 well 各项语用功能的使用情况对中国英语专业学生对其功能的理解并没有产生显著影响，中国英语专业学生对其功能的理解也没有显著影响自己对此话语标记语的使用。

14.2.4 小结

本研究表明，尽管 well 是英语本族语者最常用的话语标记语之一，但是我国英语专业学生却明显很少使用 well 的语用功能。就话语的组织而言，英语本族语者经常使用话语标记语 well 的"延缓标记语"与"话语起始语"功能，而我国英语专业学生仅能经常使用其"话语起始语"功能。此外，他们虽能较好地理解其"延缓标记语"功能，但却存在过少使用的倾向。同样，在信息传递方面，中国学生几乎很少使用 well 来提示修正，这不能不说是一个缺陷。值得关注的是，中国英语专业学生基本上能够像本族者那样使用 well 来缓和面子威胁，说明他们已经具备较好的社会语用意识。相关性研究显示，中国英语专业学生的理解情况与英语本族语者的使用情况虽然呈正相关，但没有达到显著性水平；中国英语专业学习者对 well 语用功能的理解情况从一定程度上指导了他们在口语交际中的使用，但是这种相关性也没有达到显著性水平。

丁言仁（2004）根据频率假设（Frequency Hypothesis），提出学习者将会潜意识地习得高频率的语言现象，Ellis（2002）、桂诗春（2004）、文秋芳（2003）等也指出了频率在语言学习中的重要性，因此在"课程设置、大纲制定、教材编写及日常教学中充分考虑频率因素是非常有必要的"（Leech，2001：328）。根据 Schmidt 的注意假设（Noticing Hypothesis），"主观注意是使输入语言变为吸收语言的必要充分条件"（Ellis，2002：173），这就需要语言学习者对某种已经达到一定频率的语言现象或特征产生注意，然后才有可能习得这一语言现象。研究（Ellis，2002；Tateyama，2001；Tateyama *et al.*，1997；）表明，显性教学（explicit teaching）比隐性教学（implicit teaching）更有效，所以我国英语教师应该在语言教学中充分讲解以 well 为代表的话语标记语的各种语用功能，教材编纂者及教辅编写者应该向英语学习者提供话语标记语的各种语用功能及其使用场景，使我国英语学习者对英语本族语会话中常见的、但很长一段时间以来被我国传统语言教学忽视的语言特征有所了解和掌握。

最后值得指出的是，本研究由于受研究条件的限制，在计算相关性时并没有测试同一组受试的理解水平及其产出情况；此外，本研究是基于我国英语专业学生在日常学习中能够接触到一定的真实语料（比如看电影和录像、听访谈等）这一假设基础之上的，未必与现实情况完全相符，所以研究结果可能不是十分准确，有待于用更加科学严谨的方法作进一步探讨。我国英语学习者对其他话语标记语的习得情况也亟待研究。

14.3 案例二：因果类话语标记语的习得

用于交际的话语中有些词语编码概念信息，有些则编码程序信息（Wilson & Sperber，1993：1-25），概念信息构成话语的命题意义，而程序信息则有助于听话人构建语境以处理概念信息。话语标记语（如 and、but、so、accordingly、you know、I mean 等）的功能是编码程序信息（Jucker & Ziv，1998：6）。正因为如此，话语标记语的使用可以在一定程度上反映语言使用者的语用认知意识程度。

近年来，中国英语学习者学习和使用话语标记语的情况成为人们关注的热点。陈新仁（2002：354）调查分析了中国大学生英语议论文写作中话语标记语的使用情况，指出他们已具备一定程度的语用认知意识，但是对标记语的使用比较单一，并且在一定程度上存在母语负迁移倾向。李巧兰（2004：53）曾对中国中级和高级英语学习者以及英语本族语者真实口语语料进行对比分析，发现中国学习者在话语标记语的习得上无法达到英语本族语者的水平，存在语用石化现象。围绕具体话语标记语的掌握和使用情况，倪秀华（2003：50）曾经对华南师范大学英语专业三年级学生在一次口语测试中大量出现的话语标记语 and 的作用进行了尝试性分析，指出他们不仅将 and 用做语篇衔接手段，而且用做保持话轮的拖延手段。何安平、徐曼菲（2003：451）研究了英语口语小品词（如 well、OK、I mean、you know）的语篇与语用功能以及它们在各类语料库中的分布频率和类型等，指出这类小品词有助于提高学生英语口语的流利性，对改进英语教学和口试评估有启发意义。

　　本部分试图调查中国英语学习者对因果类话语标记语（如 so、therefore）的习得情况，通过对比分析他们在口语和书面语表达中对此类话语标记语的使用情况，探讨他们的语用认知意识程度和逻辑思维能力。具体说来，本部分将回答以下问题：因果类话语标记语在中国英语学习者的口语和书面语表达中的分布情况如何？在这两种语体中的使用是否有所不同？中国学生在使用因果类话语标记语方面是否存在失误？为此，我们将在运用分析话语标记语的常用理论，即关联理论（Sperber & Wilson，1986/1995：63）的基础上，参照语言顺应论（Verschueren，1999：55-56），采用基于语料库的定量研究与微观分析相结合的方式来探讨上述问题。

14.3.1 因果类标记语及相关假设

14.3.1.1 因果类话语标记语

　　一般说来，话语标记语在语篇中表达程序意义，提示逻辑关系。相应地，诸如 so、therefore、as a result 等话语标记语体现的就是前后文之间的逻辑因果关系。Halliday 和 Hasan（1976：243）将表现因果关系的话语标记语划分成 4 个次范畴：一般因果关系、后置原因、条件因果以及切入角度因果关系，其中"切入角度因果关系"的意思相当于"鉴于"（彭宣维，1998：9）。体现一般因果关系的有 so、thus、hence、therefore、consequently 等；体现后置原因的有 for、because 等；体现条件因果关系的有 then，otherwise 等；体现切入角度因果关系的有 in this regard 等。

　　在出现表达一般因果关系的话语标记语的句子中，标记语之前的部分原则上应该表示原因或理由，而标记语之后的部分原则上提示结果或结论，这种前因后果的语篇组织方式比原因后置式组织方式更具有典型性和普遍性；至于体现条件因果关系和切入角度因果关系的标记语在我们看来也并不是表达因果类逻辑关系的典型用法。

出于上面的考虑，同时也为了便于统计与分析，以下将只探讨中国学习者对体现一般因果关系的话语标记语的使用情况。

14.3.1.2 因果类话语标记语的关联性解读

Sperber 和 Wilson（1986/1995：63）认为，交际是一个明示—推理的过程，在这一过程中，人们总是根据关联假定来处理话语。关联性取决于认知效果和处理努力这两个相互制衡的因素，话语的认知效果越大，就越关联；相反，话语需要的处理努力越多，关联性就越小。根据交际关联原则，任何明示性的话语都传达关于自身具备最佳关联性的假定，即说话人选择使用的话语是与其语言能力和偏好一致、最能传达其意图中认知效果的明示方式，不会无故浪费听话人的处理努力。

作为表达程序意义的语言成分，话语标记语可以看做是说话人实现最佳关联性的一种手段，原因是它们有助于说话人调节其话语关联的明晰程度，从而有助于听话人构建正确的语境，对所传达的信息进行符合说话人预期的解码。例如：

(8) a. Mike is poor. Besides, he is honest.

b. Mike is poor. But he is honest.

c. Mike is poor. So he is honest.

上组例句中（8a）中的 besides 提示说话人试图传递一个新的认知效果，听话人也可由此领会到新信息（Mike is honest）是对旧信息（Mike is poor）的一种添加或补充。（8b）中的 but 提示后面表达的内容与前面的内容触发的某种语境假设（即穷人不诚实）相冲突。（8c）中的 so 提示后面的内容是由前面的内容与某种语境假设（穷人是诚实的）结合而产生的语境暗含（即 Mike 因为穷而诚实）。

由此可见，话语标记语在言语交际中起着不容忽视的作用。它们的存在可以提示各种不同的关联方式和认知效果，能帮助交际对象在理解过程中寻找最佳关联。因果类话语标记语能够通过体现上述 3 种关联方式中的第三种（即因果性关联方式）来帮助听话人或读者正确领会说话人或作者的意图。因此，按照关联理论我们可以假设：中国学生在交际过程中使用因果类话语标记语时是为了提示因果关系。

14.3.1.3 因果类标记语的顺应性解释

根据语言顺应理论（Verschueren，1999：55-56），人们使用语言的过程就是在不同的意识程度下不断作出语言选择的过程。语言选择发生在语言的任何层面上，也包括语言形式和交际策略方面的选择。从这个意义上讲，话语标记语的使用也可以看作是语言使用者对语言作出的一种选择。在不同的情况下，他们会选择不同的话语标记语，也就是说作出不同的顺应（于国栋、吴亚欣，2003：12）。由于语境不同，使用的文体不同，语言使用者必定会选择不同的话语标记语来完成交际过程。so、hence、thus、therefore 等因果类标记语尽管能体现出同样的关联方式，但是在语体价值方面却不相同。so 较口语化，而其他 3 词则较正式，所以在分布上会不同。

由此我们可以提出又一假设：中国学生在交际过程中，会根据不同的语境选择不同的因果类标记语，即在口语中会倾向于使用口语性标记语 so，而在书面语中则倾向于使用 hence、thus、therefore 等较正式的标记语。

14.3.2 调查与分析

14.3.2.1 数据收集

本文所选用的语料库分别为"中国学习者英语口语语料库"（SECCL）和"中国学习者英语语料库"（Chinese Learners' English Corpus，CLEC）。前者收集了近年来高校英语专业学生四级口语考试的语料，后者收集了近年来 CET4 和 CET6 的作文。英语专业学生四级口语考试分为 3 个部分，所有应试者必须在规定的时间内完成 3 个不同的任务。任务一是复述所听到的故事内容；任务二是就所提供的话题进行即兴演讲，内容大多涉及应试者的亲身经历；任务三是根据所提供话题作即兴对话。笔者在 SECCL 中选用了 68 篇口试者在任务二中的自述，因为自述作为学习者的独白能更好地体现他们的逻辑思维能力。作为对比，笔者又在 CLEC 的 ST6 子库（大学英语六级作文）中选用了 60 篇应试者的作文。虽然英语专业四级口语考试考察的是英语专业学生的英语能力，而 CET6 考察的是非英语专业学生的英语能力，但总体看来，这两类学生的水平基本相当，具有较好的可比性。

基于这两个语料库，笔者将着重探讨中国英语学习者对 so、therefore、thus、as a result、hence、consequently、accordingly、in consequence 等因果类标记语的使用情况，以了解他们的语用认知意识程度和语境顺应能力。为此，我们运用语料库统计软件包 Wordsmith 中的 Concordance 工具搜索了两个语料库中含上述因果类标记语的句子，然后再对那些句子作逻辑分析以了解标记语前后部分的实际语义关系，从而确定中国学生是否准确地使用了这类标记语。

14.3.2.2 调查结果

14.3.2.2.1 频率统计

通过对语料的统计与分析，我们获得了如下调查结果（见表4）：

表4 中国英语学习者在口语和书面语中使用因果类话语标记语的情况

标记语＼频率	口语中出现次数及频率	提示因果关系次数与频率	书面语出现次数及频率	提示因果关系次数与频率
so	110 (99%)	99 (90%)	45 (43%)	45 (100%)
therefore	1 (1%)	1 (100%)	34 (33%)	34 (100%)
thus	＼	＼	16 (15%)	16 (100%)
as a result	＼	＼	4 (4%)	4 (100%)
hence	＼	＼	3 (3%)	3 (100%)
consequently	＼	＼	2 (2%)	2 (100%)
accordingly	＼	＼	＼	＼
in consequence	＼	＼	＼	＼
总计	111 (100%)	100 (91%)	104 (100%)	104 (100%)

从表4我们可以看到，中国学生无论是在书面语（100%）还是在口语（91%）中使用因果类标记语时试图传达的基本上都是因果关系，即推导性关联方式。这说明，他们了解这类标记语的程序意义，并试图用它们来向听话人或读者提示前述话语与后续话语之间的关联方式，因此，我们基于关联原则的假设基本成立。

同时，我们还可以看到，中国英语学习者在口语中使用因果类话语标记语时，几乎不加选择地使用口语化标记语 so（使用频率为 99%），而其他因果类话语标记语的使用次数都几乎为零（只有 therefore 出现过一次）。相反，他们在书面语中则非常有意识地使用 therefore、hence 等较为正式的标记语来表达同一种程序意义，频率依次为 therefore（33%）、thus（15%）、as a result（4%）、hence（3%）和 consequently（2%）。尽管如此，在他们使用的所有因果类标记语中，口语性 so 的使用仍然占据首位（43%）。根据基于顺应性的假设，中国学生在口语中会倾向于使用 so，而在书面语中则倾向于使用 hence、therefore 等。调查结果只是部分验证了这一假设，表明中国学生虽然总体在语体层面上作出了一定的顺应，但不够彻底，因而只能说他们初步具备顺应语境的意识。从他们在书面语中仍然大量使用 so（43%）的现象中，我们可以进一步验证中国英语学习者书面语中的确存在口语化倾向（文秋芳等，2003：268）。这一倾向还表现在中国学生经常使用 and therefore、and thus、and as a result 等表达方式上。

值得注意的是，中国学生对因果类标记语的使用大多集中在 so、therefore 和 thus 上，较少使用 as a result、hence、consequently、accordingly、in consequence 等。这种现象表明，中国学生倾向于使用一些最常见、最熟悉的因果类标记语，而这些词和短语通常都是他们在早期英语学习过程中学习和掌握的。这与何安平、徐曼菲（2003：451）的调查结果相一致，即中国大学生在一定程度上会依赖一些简单、熟悉的词汇。

14.3.2.2.2 微观分析

上面的调查结果表明，中国学习者已能较为正确、有效地使用因果类标记语来表达推导性的关联方式。他们使用 so、therefore 等标记语时几乎都是表达因果推导关系。但是，从中国英语学习者的口语表现情况来看，他们对因果类话语标记语，特别是 so 存在着一些误用情况。首先，中国学生偶尔会用 so 来连接前后逻辑关系为并列、递进、转折等的句子成分。例如：

（9）I prepared the meal, so my parents got home.

显然，此处 so 在句子中连接的前后两部分在语义上不存在任何推导性逻辑关系，使用 so 只会误导听话人寻找错误的关联。

其次，一部分中国学生在口语表达中会将 so 和 because、since 连用。例如：

(10) Because I remember of a colleague of my band, so I invited all the members of my band to celebrate my birthday.

(11) Since you've done well in your examination and fifteen is important to a girl, so we will have a party for you.

这说明中国学生在口语中使用因果类标记语时还会受到母语的影响，导致负迁移的发生。相反，他们在书面语中对因果类话语标记语的此类误用情况几乎不存在，本调查中就没有发现将 so 和 because、since 连用的情况。另外，中国学生在使用 therefore、thus、consequently、as a result 等时，习惯将它们当作连词使用，而实际上它们是连接性副词。这种误用现象其实也是母语中因果类标记语（如"所以"、"因此"、"结果"）发生负迁移的证据。比如：

(12) Ethics emphasizes that we are uncertain about the willingness of the patients, thus it equals to murdering to take euthanasia.

正确的表达方式可以是下面 3 种表达方式中的任何一种：

(12a) Ethics emphasizes that we are uncertain about the willingness of the patients; thus it equals to murdering to take euthanasia.

(12b) Ethics emphasizes that we are uncertain about the willingness of the patients. Thus it equals to murdering to take euthanasia.

(12c) Ethics emphasizes that we are uncertain about the willingness of the patients, and thus it equals to murdering to take euthanasia.

此外，中国学生在话语标记语 so 的使用上存在极端情况。有些学生在口语表达中对 so 的依赖性特别大，而有些学生则基本不使用。在一篇 3 分钟的自述中 so 出现了 5 次，而在其他一些自述中 so 一次都没有出现。这种情况说明了有些中国学生对话语标记语 so 已经产生了依赖性，与其说是为了表达因果关联方式，毋宁说是作为一种口头禅。

14.3.3 小结

从总体上看，中国学生会有意识地使用因果类话语标记语来表达因果逻辑关系和关联方式，并且在使用这一类话语标记语的时候，会根据不同的语境等因素作出不同的顺应，选择语体不同的标记语。但是，通过微观分析，我们也发现一些问题，如学生在书面语中仍然会大量使用口语性因果类标记语 so，而在口语中会误用某些标记语等。因此，教师在课堂上应该更多地输入话语标记语方面的知识，以便学生能作出恰当的选择。学生也应该在平时练习当中尽可能选择不同的标记语来表达同一种关联方式，避免重复或过度使用某些标记语。

关于话语标记语的研究还远没有结束，至少以下一些问题还有待于作进一步的研究：不同水平的学习者在使用某一类话语标记语方面有何不同；性别差异是否会影响学习者对某一类话语标记语的使用情况；以及中国英语学习者在其他话语标记语方面的使用情况如何。

14.4 对教学的启示

话语标记语是编码程序意义的一种语言手段，其认知功能在于引导听话人或读者寻找关联，减轻听话人或读者处理话语的负担，提高理解的准确度（陈新仁，2002）。因此，合理、准确地使用话语标记语，是二语语用能力的指标之一。为培养学生对话语标记语的使用能力，我们需要从教师和学生两方面作出努力。就教师而言，我们应该在课堂教学中详细介绍话语标记语对话语理解的重要作用，向学生展示不同话语标记语的交际功能，通过显性教学法向学生传授使用话语标记语的能力，展示话语标记语对听力、口语、写作等课程学习的指导作用。对学生而言，我们应该在话语交际中有意识使用话语标记语来组织自己的话语，并注意口语和笔语中话语标记语的使用差异，从而使自己的话语产出更地道、更适切。

第十五章 中国英语学习者语用与语法意识研究

15.1 引言

外语教学的最终目的是使学生能熟练掌握所学外语，用外语进行交际。因此，"现在几乎任何一个教学大纲，任何一本教材，任何一位外语教师都会强调外语教学的最终目的是培养学生的外语交际能力"（束定芳，2004：14）。根据 Bachman（1990）的理论模型，交际能力由语言能力、策略能力和心理—生理机制 3 部分构成。语言能力又进一步划分为结构组织能力和语用能力：前者包括语法能力，指说话者根据句法和语义规则产出形式正确的句子的能力；后者指"交际者在话语过程中根据语境情况实施和理解具有社交得体性的施为行为所运用的各类知识"（何自然、陈新仁，2004：167）。可见，语法能力和语用能力是交际能力的有机组成部分，要培养学生的交际能力，离不开培养学生的语法与语用能力。

由于受结构主义和生成语法学派的影响，语言学家和英语教师历来重视语法能力的研究和培养，却忽视了语用能力对英语学习的作用。随着语用学等相关学科的兴起，语用能力受到了越来越多的关注和研究。但是，"我国现行讨论英语学生语用习得的文章大部分都是理论性或思辨性的（其中低水平重复以及针对性弱等现象较严重），运用严格的实证调查予以验证的成果还比较少"（陈新仁、李民，2006：21），探讨语用能力和语法能力的发展顺序的研究仍有待进一步发展（陈治安、袁渊泉，2006），对语用意识程度与语用能力发展之间关系的研究也有待进一步深化（Bardovi-Harlig & Dörnyei，1998；Kasper，2001）。

鉴于此，本章通过问卷调查的方式，在吸纳二语习得相关研究成果的基础上，探讨语用意识与语用能力之间、语法意识与语法能力之间的关系。

15.2 文献回顾

　　学习者对于学习目标的观念会影响学习效果。所谓观念，涉及学习者对特定学习目标的重要性的认识，这一认识会影响并表现为学习者对该学习目标的意识程度。Ellis（1994：549）指出，成功的语言学习者对自己的学习进程都有清醒的意识（awareness），都能使用元语言策略来有意识地调控自己的学习。

　　按照 Schmidt（1995）的观点，语言学习者的意识程度有所不同，语言学习者对不同的学习类型的意识程度也不同。比如，如果语言学习者比较重视语音，那么则说明他的语音意识程度高；如果语言学习者比较重视语用，那么他的语用意识程度就高；而且意识程度的高低对语言习得具有决定性的作用（Bardovi-Harlig & Dörnyei，1998；Niezgoda & Röver，2001）。换言之，意识程度是反映学习者对学习目标所持观念的一个重要指标。Kasper（1996）指出，语法和语用能力的习得依靠 3 个互相依存的条件：一定量的输入、输入被注意以及大量的练习机会。作为从输入（input）到吸收（intake）的中间步骤，有意注意起着承上启下的作用：没有恰当的有意注意，习得就不会发生（Schmidt，1990；丁言仁，2004），而这取决于学习者的观念。因此，通过调查中国英语专业学习者的语用和语法意识程度，可以分别探讨语用意识程度与语用能力、语法意识程度与语法能力之间的关系，以便发现我国英语专业学习者语用或语法能力相对低下的原因，从而进一步指导我国的英语专业教学。

　　目前，国外已有研究探讨意识程度对语用、语法习得的影响。Bardovi-Harlig 和 Dörnyei（1998）通过研究以英语为第二语言（ESL）的学习者与以英语为外语（EFL）的学习者在语用和语法意识程度上的差异，探讨了语用能力与语法能力之间的关系。研究结果显示，ESL 学习者能够辨认出更多的语用失误（即语用能力强），而且普遍认为语用失误的严重程度比语法错误高（即语用意识程度高）；而 EFL 学习者能够辨认出更多的语法错误（即语法能力强），并认为语法错误比语用失误严重得多（即语法意识程度高）。意识程度与能力水平呈正相关。也就是说，如果学习者的语用或者语法意识程度高，那么与之对应，其语用或语法能力水平也就高。该研究同时发现，语用与语法意识程度还受语言水平的制约。语用与语法意识程度都伴随着语言水平的发展而提高，但语法意识程度增长更快。也就是说，二语学习者的语用意识程度和语用能力水平都分别高于其语法意识程度和语法能力水平；但外语学习者的语法意识程度和语法能力水平则分别高于其语用意识程度和语用能力水平。

Niezgoda 和 Röver（2001）借鉴了前者的研究工具，重新探讨了语用与语法意识程度之间的关系。其结果显示，ESL 学习者认为语用失误远比语法错误严重，这与前者的结论相一致；Niezgoda 和 Röver 的实验还证明，EFL 学习者的语法意识程度和语法能力都分别高于其语用意识程度和语用能力。组间对比方面，EFL 学习者的语法和语用失误辨认率（即语法和语用能力）都显著高于 ESL 学习者，且对两种错误的严重性的判定（即意识程度）也都显著高于 ESL 学习者。通过比较不同语言水平组，Niezgoda 和 Röver 发现低水平组 ESL 学习者的语用能力和语用意识程度都显著高于其语法能力及其意识程度，而高水平组的语法能力及其意识程度高于其语用能力及其意识程度（但差别都没有达到显著水平）。EFL 学习者的情况比较复杂：低水平组的语用意识程度和语用能力都高于其语法意识程度和语法能力（但仅有能力水平之间具有显著差异），然而，高水平组的语法意识程度和语法能力都分别高于其语用意识程度和语用能力（仅有能力水平之间的差异显著）。

综合而言，不论是 EFL 还是 ESL 学习者，低水平组的语用意识程度和语用能力都要高于其语法意识和语法能力，高水平组的语法意识程度和语法能力则分别高于低水平组。由此可见，虽然有关学者已经对语用/语法意识程度和语用/语法能力水平之间的关系进行了探讨，但尚未达成共识，有待进一步验证，而且对中国学习者缺乏相关调查。因此，本研究致力于回答以下几个问题：

(1) 中国英语专业学习者的语法和语用意识程度之间、语法和语用能力水平之间的关系如何？

(2) 中国英语专业学习者的语法和语用意识程度、语法和语用能力水平与学习者语言水平的关系如何？

(3) 中国英语专业学习者的语法意识程度、语用意识程度、语法能力水平与语用能力水平之间的相关性如何？

15.3 研究设计

15.3.1 研究对象

本实验受试者为山东省某省属普通高校英语系大学一年级和三年级学生，具体信息见表1。在本研究中，为了叙述方便，我们将一年级学生称为低水平组，将三年级学生称为高水平组。

表1 研究对象基本信息

	男生	女生	总人数	平均年龄	平均学习英语年限
低水平组	8	17	25	19.1	7.7
高水平组	11	13	24	21.4	11.1

15.3.2 研究工具

本研究采用了问卷调查的方式对英语专业学生的语法和语用意识程度与能力水平进行了调查分析。调查问卷为 Bardovi-Harlig 和 Dörnyei（1998）设计，该调查问卷共包括20道测试题目，其中包括语法错误8项（内在信度 α 系数为 .6305）、语用失误8项（内在信度 α 系数为 .7392），其余4项无错误（干扰项）。按照 Leech（1983）对语用学的分类，语用失误可以分为语用语言失误和社会语用失误。不过，本调查问卷中的语用失误全部为社会语用失误，即说话者不注意谈话对象的身份或地位，对身份较低或关系密切的受话人使用了过于礼貌的表达方式，或者对身份较高或者关系疏远的受话人使用了较为亲昵或粗鲁的表达方式（何自然、陈新仁，2004）。例如：

（1）(Peter goes to the snack bar to get something to eat before class.)

Waiter: May I help you?

Peter: *Would you be so kind as to give me a sandwich and a yogurt please?*

Was the italicized sentence appropriate/correct?　　　Yes ☐　　No ☐

If there was a problem, how bad do you think it was?

Not bad at all ＿＿＿ : ＿＿＿ : ＿＿＿ : ＿＿＿ : ＿＿＿ : ＿＿＿ Very bad

在上面这段对话中，说话人（Peter）就没有考虑到自己的身份（顾客），而对受话人（服务员）使用了过于礼貌的话语，从而产生了社会语用失误。本实验中的语法错误也比较常见，主要涉及名词的可数性、动词搭配、省略、时态、否定等，见下例。（具体请参考 Bardovi-Harlig & Dörnyei，1998）

(2) (Peter is talking to his teacher. The conversation is almost finished).

Teacher: Well, I think that's all I can help you with at the moment.

Peter: *That's great. Thank you so much for all the informations.*

Was the italicized sentence appropriate/correct?　　　Yes ☐　　　No ☐

If there was a problem, how bad do you think it was?

Not bad at all ＿＿＿ : ＿＿＿ : ＿＿＿ : ＿＿＿ : ＿＿＿ : ＿＿＿ Very bad

在上例中，Peter 将不可数名词（information）用作了可数名词，从而产生了语法错误。通过阅读调查问卷，我们发现语法错误的难度不大，作为一名大学英语专业学习者，受试应能较好地辨认出大部分语法错误。

受试需要首先完成判断部分，即斜体部分话语是否合适或正确。如果正确，则在 Yes 上作标记；如果不正确，需首先在 No 上作标记，然后在六级量表中标识错误的严重程度（在数据统计过程中最左侧横线赋值为 0，最右侧横线赋值为 5）。按照现有研究的做法（如 Bardovi-Harlig & Dörnyei，1998）受试对话语适切性或合法性的判定可以显示其语用或语法能力水平，对错误严重程度的判定则可以显示其语法或语用意识程度（即观念）。

15.3.3 数据收集与分析

调查问卷由笔者在课堂上发放给学生，并告知测验结果将作为期末考试成绩的有机组成部分，以确保学生认真对待。问卷收上来后，由作者对问卷赋分，受试每答对一项，得一分，否则零分，然后输入 SPSS（11.5 版本）中作为计算受试语用和语法能力的参考依据。如果受试能够正确辨认出某一语用失误或语法错误，则将其对失误（错误）严重程度的判定（0 至 5）输入统计软件作为其意识程度的参考依据。

15.4 结果与讨论

15.4.1 中国英语专业学习者的总体习得情况

在最相关的两项实证研究中，Bardovi-Harlig 和 Dörnyei（1998）以及 Niezgoda 和 Röver（2001）的研究结果基本一致，即外语学习者的语法意识程度和语法能力都分别高于其语用意识程度和语用能力；差异在于前者的研究发现这种差异达到了显著水平，而后者的研究则没有发现显著差异。下面我们看看我国英语专业学习者的总体习得情况。

表 2 总体习得情况

	M	SD	t	p
语法意识程度	1.5042	1.087	-10.124	.000*
语用意识程度	3.3835	1.0310		
语法能力	.4852	.2533	.765	.000*
语用能力	.8263	.1592		

*$p < .05$

通过表 2，可以发现本研究中中国英语专业外语学习者的语用意识程度显著高于其语法意识程度（3.3835 versus 1.5024，$p = .000 < .05$），语用能力水平也显著高于其语法能力（.8263 versus .4852，$p = .000 < .05$）。本结果与上面提到的两项研究的结论并不一致。由于参加本次实验的是成人外语学习者，因此本结果可以说明，随着中国英语教学对培养学生交际能力的愈加关注，中国成人外语学习者在外语学习过程中更加注重英语运用的得体性。这种关注语用的倾向与 Bardovi-Harlig 和 Dörnyei（1998）研究中所报告的英语本族语者的情况基本一致。但不可忽视的是，在本调查中学习者的语法意识程度和语用能力都偏低。这从一定程度上说明，我国流行的交际教学法也有其缺陷，这就是交际能力的培养在一定程度上是以语法能力的培养为代价的。需要指出的是，受试语法能力偏低这一现象，只能说明我国英语专业学习者的语法知识薄弱，而不可

能是调查问卷本身引起的，因为在上面我们提出过，本实验调查问卷中包括的语法错误均比较常见，难度并不大。

15.4.2 不同语言水平组的中国英语专业学习者的习得情况

一些研究（Bardovi-Harlig & Dörnyei，1998；Niezgoda & Röver，2001）发现，不同语言水平组外语学习者的语用和语法习得情况也不一致。Bardovi-Harlig 和 Dörnyei（1998）认为，低水平组外语学习者更加注重语法，他们的语法意识程度要显著高于其语用意识程度。而 Niezgoda 和 Röver（2001）则持不同的观点，认为低水平组外语学习者更加注重语用方面，他们的语用意识程度要显著高于其语法意识程度。通过对比，我们发现两项研究的结果相互矛盾，结论的概括化仍需进一步验证。为了验证哪一种结果更可靠，下面我们看一下不同语言水平组的中国外语学习者的习得情况。

数据显示（表3），低水平组的语用意识程度显著高于其语法意识程度（3.3427 versus 1.6774，$p = .000 < .05$）；同时，其语用能力也显著高于其语法能力（.8024 versus .4718，$p = .000 < .05$）。本实验结果与 Niezgoda 和 Röver（2001）的结论基本一致，即发现低水平组成人外语学习者更加注重语用意识和语用能力的培养。

表3 低水平组习得情况

	M	SD	t	p
语法意识程度	1.6774	1.26234	-5.177	.000[*]
语用意识程度	3.3427	1.02213		
语法能力	.4718	.27140	-5.284	.000[*]
语用能力	.8024	.18193		

[*]$p < .05$

Bardovi-Harlig 和 Dörnyei（1998）与 Niezgoda 和 Röver（2001）的研究结果虽然在低水平组外语学习者的习得上有差异，但他们的研究结果在高水平组的习得上却基本一致。两项研究都认为，高水平组语言学习者更加注重语法，其语法意识程度显著高于其语用意识程度。再看高水平组中国外语学习者的情况。结合表4，可以发现，中国外语学习者的习得情况与前面两项研究的结果均不一致：高水平组学生的语用意识程度显著高于其语法意识程度（3.4286 versus 1.3125，$p = .000 < .05$），语用能力也显著高于其语法能力（.8527 versus .5000，$p = .000 < .05$）。

表4 高水平组习得情况

	M	SD	t	p
语法意识程度	1.3125	.83299	-13.460	.000*
语用意识程度	3.4286	1.05762		
语法能力	.5000	.23570	-7.832	.000*
语用能力	.8527	.12754		

*$p < .05$

综合表2、表3和表4，可以看出，不论是整体还是不同语言水平组，中国外语学习者的语用意识程度都显著高于其语法意识程度，语用能力也都显著高于其语法能力。他们都普遍认为语用失误比语法错误严重得多。此结果至少有两种解释：（1）随着我国英语教学改革的深入，广大教师和学生越来越重视交际能力的培养，其中很重要的一项就是语用能力和意识程度的提高与发展。因此，本实验中语用能力与意识程度得分比较高可以解释为我国英语教学改革的成果之一。（2）该实验受试均为大学英语专业学生，均为成年英语学习者。他们在学习外语的过程中，母语的语用能力也日趋完善。所以，受试的英语语用能力可能源自于母语，是母语语用能力正迁移的结果。但具体哪一种因素影响更大仍需进一步验证。通过对比不同语言水平组，Bardovi-Harlig 和 Dörnyei（1998）研究发现，高水平组外语学习者的语用意识程度和语法意识程度都显著高于低水平组学习者，且语法意识程度提高更快。而在 Niezgoda 和 Röver（2001）的研究中，高水平组外语学习者仅在语法能力和语法意识程度上显著高于低水平组学生；在语用能力和语用意识程度上则没有显著差异。表5显示了中国外语学习者的习得情况。通过独立样本 t 检验，我们发现高水平组的语用意识程度、语法能力和语用能力都高于低水平组（但不显著），但语法意识程度则低于低水平组。也就是说，随着语言水平的提高，英语专业学生的语法和语用能力都获得了发展，也更加注重话语的社会适切性（集中体现在语用意识程度提高上），但是他们对语法错误却越来越能容忍。

表 5 语言水平因素对语法和语用习得的影响

类型	水平组	M	SD	F	p
语法意识程度	低	1.6774	1.26234	2.714	.105
	高	1.3125	.83229		
语用意识程度	低	3.3427	1.02213	.713	.402
	高	3.4286	1.05762		
语法能力	低	.4718	.27140	.874	.354
	高	.5000	.23570		
语用能力	低	.8024	.18193	2.074	.155
	高	.8527	.12754		

值得指出的是，虽然中国英语学习者的语用意识程度和语用能力都得到了发展，但他们的语法意识程度却降低了。这是一个危险的信号，它表明中国英语学习者不再认为语法错误非常严重，对语法错误越来越容忍。学习者语法意识程度的降低会直接导致其语法能力进步缓慢，这会影响其整体英语水平的提高。学习者语法意识程度的降低可能与近年来我国交际教学法比较盛行有关。交际教学法强调学生应用语言的能力，主张流利性高于准确性（主要体现为语法能力）。交际教学法认为语言教学的目的在于交际，学生只要能够达意，语言教学的任务也就完成了，对语言的准确性没有较高的要求。这种观点的直接后果是导致学生的语法能力下降，学生虽然能够较快地表述自己的思想，但却常常充斥着语法错误。胡壮麟（2002）已对这种现象提出了批评，并指出国外已对语法教学的重要性作出了重新评价，交际教学法也已经向交际—语法教学

法方向过渡。因此，在交际教学法在我国大学英语教学中盛行的状态下，有必要让广大英语教师和语言学习者认识到交际教学法的弊端，将语法教学重新设定为语言教学的主要目标之一。当然，也有必要进一步改进语法教学的方法，增加学生对这部分语言知识的学习兴趣。

15.4.3 相关性分析

Kasper 和 Rose（2002a）在《第二语言中的语用发展》中专辟一章来探讨语用能力与语法能力的关系问题。他们指出，在语用能力和语法能力的发展顺序问题上，存在着两种相互矛盾的观点：一种是语用优先论（Koike，1989；Schmidt，1983），认为成人在习得第二语言时已经有了较好的母语语用能力，基本掌握了母语的语用规则，在第二语言习得过程中肯定会受到母语语用能力的影响，出现迁移。另一种认为语法先于语用（Eisenstein & Bodman，1986；Salsbury & Bardovi-Harlig，2000a；Takahashi & Beebe，1987），认为掌握一定的词汇、语法等知识是发展语用能力的必备条件。这两种观点的科学性都需要进一步研究加以验证。在本研究中，受试的语用能力与意识程度显著高于其语法能力与意识程度，这似乎显示在成人外语习得中语用能力发展先于语法能力的发展。下面我们借助数据统计手段进一步探讨语法意识程度、语法能力、语用意识程度与语用能力发展之间的关系。

表 6 诸因素之间的双相关分析

		语法意识程度	语用意识程度	语法能力	语用能力
语法意识程度	Pearson Correlation Sig. (2-tailed) N	1 . 59	.094 .478 59	.813 .000** 59	-.142 .283 59
语用意识程度	Pearson Correlation Sig. (2-tailed) N	.094 .478 59	1 . 59	.069 .606 59	.694 .000** 59

（待续）

（续表）

		语法意识程度	语用意识程度	语法能力	语用能力
语法能力	Pearson Correlation Sig. (2-tailed) N	.813 .000** 59	.069 .606 59	1 . 59	.002 .989 59
语用能力	Pearson Correlation Sig. (2-tailed) N	-.142 .283 59	.694 .000** 59	.002 .989 59	1 . 59

** $p < .001$

　　通过表6，可以发现语法能力与语用能力之间的相关系数（.002）较低，且两者之间的相关性远远没有达到显著水平（$p = .989 > .05$）。也就是说，语用能力的发展与语法能力的发展并不相关，两者的发展似乎并不存在必然的联系：语用能力并不能保证语法能力的发展，语法能力也不一定促进语用能力的发展。这也进一步证明语法能力不是语用能力发展的充分或必要条件，学习者不一定需要先习得一定的词汇和语法知识然后其语用能力才能获得相应的发展，语法能力的习得不一定先于语用能力。结合表2、表3和表4的研究结果，我们更倾向于支持相对于外语学习的语用优先论。我们还发现，语法意识程度与语法能力之间、语用意识程度与语用能力之间的相关性达到了较高显著相关水平。也就是说，语言学习者的语法意识程度高，则其语法能力就高；语言学习者的语用意识程度高，则其语用能力水平就高。结合表2中受试语法能力较弱这一现象，加上本表中语法意识程度与语法能力显著相关，可以认为，正是由于受试的语法意识薄弱，才导致了其语法能力低下；而语法意识程度低下则很有可能是交际教学法引起的。结合笔者的教学经历来看，笔者认为目前我国广大英语教师受交际教学法影响较深（也可能是对交际教学法的误读），忽视语法教学，轻视语法能力的培养，并把这种观念传达给了学生，从而导致了中国英语学习者语法意识程度总体低下这一现象。

15.5 结论与启示

根据以上的调查结果和分析，可以得出以下几点结论。

（1）整体而言，中国英语学习者的语用意识程度和语用能力显著高于其语法意识程度和语法能力。这一方面说明了随着交际教学法的深入，我国英语教学改革已取得了一定的成就，学习者的语用意识程度和语用能力都获得了发展；另一方面，本结果在肯定交际教学法成果的同时，也暴露了其缺陷，即忽视对语法能力的培养。

（2）就组内对比而言，不论是高水平组还是低水平组学习者，他们的语用意识程度、语用能力都分别显著高于其语法意识程度和语法能力。也就是说，不管语言水平如何，中国英语专业学生的语用意识程度都显著高于其语法意识程度，语用能力都显著高于其语法能力。中国英语专业学习者的语用意识与能力、语法意识与能力同步发展。

（3）就组间对比而言，高水平组的语用意识程度、语用能力和语法能力都分别高于低水平组，但语法意识程度则比低水平组低。也就是说，随着语言水平的提高，中国英语专业学生的语用能力、语法能力都获得了相应的增强，也更加注重话语是否符合语用规范（语用意识增强）。但他们对语法错误严重程度的容忍度却在上升，即学习者语言水平越高，越认为语法错误不严重。

（4）相关分析表明，语用意识程度与语用能力显著相关，语法意识程度与语法能力显著相关；而语用意识和能力与语法意识和能力则不相关。也就是说，意识程度对能力的发展具有举足轻重的作用，但语用能力和语法能力之间并不相关。

本研究结果具有以下启示。

首先，本研究揭示了学习观念即相关意识程度的重要作用。由于意识程度与能力水平显著相关，所以可以认为能力水平的发展离不开相关观念的确立及其意识程度的增强。这就需要语言学习者充分认识到语用和语法问题的重要性，为语用和语法能力的发展打下良好的基础。

其次，本研究也为显性语用教学提供了基础。一般认为，语用能力是习得（acquired）的，并非是靠学得（learning）而获得发展的，因此在外语教学过程中无需讲授语用知识，只要学习者的语言水平达到了一定程度，语用能力就会自然获得发展。本研究显示，语用能力与语用意识程度显著相关，即证明了语言学习中树立相关观念的重要性。这就需要广大英语教师在学习过程中详细讲授相关语用知识，提供不同语境中某一语用特征的各种用法和功能，从而引起学习者的充分注意，提高其意识程度，为成功习得语用知识作好铺垫（戴炜栋、杨仙菊，2005；刘润清、刘思，2005）。同时，要向他们说明语法学习和语用习得的重要性。此外，鉴于英语学习者的语用理解能力与产出能力之间的巨大差异（李民、陈新仁，2007），广大英语教师在日常教学中还应注意提供特定场景下的语用知识训练，切实地将学生的理解能力最大程度地转换为产出能力。

再次，本研究还探讨了语用能力与语法能力的关系，显示成人外语学习者的语用能力高于其语法能力，语用能力与语法能力之间是平行发展的，但语用能力的发展要先于语法能力的发展。结合 Ochs（1996）提出的"普遍文化原则"（universal culture principle）以及 Blum-Kulka（1991）、Kasper 和 Rose（2002a）等提出的"普遍语用能力"（universal pragmatic competence）等理论，本研究提出，外语学习者在习得新的语言时，由于其已经具有一定的母语语用能力，因此很容易将其母语的语用能力移植到外语中来，从而产生正迁移。外语学习者会首先注重产出合乎社会文化规范的、语用上适切的语句，其次才会注重话语语法上的准确性。

最后，本研究显示，虽然中国英语学习者的语用意识与能力都获得了一定程度的发展，但语法意识程度和语法能力得分都比较低。这从一定程度上反映了我国目前英语教学的现状，即在交际教学法指导下过度强调流利性而忽视准确性，忽视了学生语法能力的培养。这需要我们在英语教学中，及时吸取教训，在保证现有教学效果的基础上，快速实现从交际教学法到交际—语法教学法的转变。

需要指出的是，本研究由于受实验条件限制，存在着样本量过小、调查问卷题目类型不够丰富等缺陷，因此其结论仍有待进一步验证。此外，本研究所用调查问卷所测试的语用能力主要涉及语言学习者的社会语用能力，并没有测试其语用语言能力，因此对中国英语学习者的语用语言能力仍需作进一步探讨，对其语用能力发展的研究仍需进一步完善。

第十六章　中国英语学习者的语用能力测试研究

16.1 引言

随着外语教育中引入交际能力这一概念，人们越来越注重培养外语学习者的外语交际能力，交际教学法等意念功能教学大纲（notional-functional syllabus）也应运而生（Cohen & Olshtain，1981）。虽然交际教学法已普遍用于外语教学中，但检验教学效果的测试方法还大都停留在原来的语法—翻译法和结构测量法，与交际教学法配套的交际测试方法还处于探索阶段。语用能力是交际能力的一部分（Bachman，1990；Bachman & Palmer，1996），目前有关如何在课堂上教授语用知识以及外语学习者是如何学习语用知识的研究有所增加（见 Rose & Kasper，2001），然而，关于如何才能有效测试外语学习者语用能力的研究却非常少。已有的一些研究都集中于验证一些测试语用能力的方法。Farhady（1980）和 Shimazu（1989）研究了运用选择性话语填充法（Multiple-choice Discourse Completion Test，MDCT）测试语用能力的信度和效度。Hudson 等（1992，1995）探索了测试语用能力的其他一些方法，包括书面话语填充（Written Discourse Completion Test，WDCT）、听说话语填充（Listening Oral Discourse Completion Tasks，ODCT）、角色扮演（Discourse Role-play Tasks，DRPT）、自我评估（Discourse Self-assessment Tasks，DSAT）以及角色扮演自我评估（Role-play Self-assessment，RPSA）等方法。但他们没有进一步对所设计的测试方法进行验证。后来，Yamashita（1996b，1997）以及 Enochs 和 Yoshitake-Strain（1999）用定量方法对 Hudson 等设计的测试方法进行了研究，而 Yoshitake-Strain（1997）则用定性方法对这几种测试方法进行了研究。Roever（2001）探讨了网络化语用能力测试的信度和效度。这些研究的主要发现可归纳成以下几点。第一，ODCT、DRPT、DSAT 和 RPSA 都具有较高的信度和可接受的效度。第二，虽然 Farhady 和 Shimazu 的研究显示

MDCT 具有较好的效度和信度，但 Yamashita 和 Yoshitake-Strain 的研究表明 MDCT 和 WDCT 存在很多问题。第三，考生接触目标语的程度对考生的表现有显著影响。第四，考生的母语文化对考生的表现有很大影响。

这些研究的参加者都是美国日语学习者和日本英语学习者。由于文化在语用能力测试中起着很重要的作用（Brown，2001；Hudson，2001），适合日本文化或美国文化的语用能力测试题不一定适合其他文化。与此同时，虽然外语学习者的外语交际能力（包括语用能力）已经写进我国外语教学大纲之中，但现有的一些考试却未能将学习者的语用能力涵盖在内，其原因之一可能是目前还没有一种得到验证的测试学习者语用能力的方法。因此，本章拟就测试中国外语学习者语用能力的方法进行研究。

16.2 研究方法

16.2.1 研究问题

本研究首先设计 3 套试卷，分别采用 3 种不用的测试方法（WDCT、MDCT 和 DSAT）来测试学生道歉这一言语行为能力。然后依据 Messick（1989）的效度理论对这 3 种测试方法进行效度验证。具体回答以下几个问题：

（1）3 种测试方法的信度和效度如何？

（2）测试方法对考试结果是否有影响？

（3）考试结果是否受考生的外语水平的影响？

16.2.2 受试对象

在试卷设计阶段，总共有 108 位中国大学生（以下简称 NNS）和 22 位以英语为本族语的参加者（以下简称 NS）参与了本研究。在最后资料收集阶段，共有 99 名 NNS 参加了此研究，其中有 37 名大学英语专业三年级学生，62 名大学英语专业一年级学生。三年级学生被分在高水平组，一年级学生在低水平组。为了检验两组学生的英语水平是否有显著差异，两组学生都参加了一次

TOEFL（The Test of English as Foreign Language）考试（试卷获美国教育考试服务中心授权使用）。结果显示两个水平组在听力（$t = 6.344$, $p < .01$）、结构（$t = 4.652$, $p < .01$）、阅读（$t = 6.328$, $p < .01$）3 个部分和总分（$t = 8.642$, $p < .01$）上都有显著意义的区别，表明两个水平组的英语水平有显著区别。

16.2.3 试验材料

本研究所采用的试卷包括 12 个有关道歉的情景。试卷的设计经过了情景选样、情景可能性筛选、元语用调查、WDCT 试测和 MDCT 选项设计等几个步骤。

第一步是情景选样（Groves，1996；Rose & Ng Kwai-fan，2001）。笔者首先设计了一份收集情景的问卷，要求参加者写出最近发生在他们身上或者他们所目睹的 10 个有关道歉的情景。总共有 30 位参加者交回了问卷。笔者从收集到的总共约 300 个情景中选出 46 个情景，然后对这 46 个情景在不改变原来意思的原则下进行了改写。

第二步是情景可能性调查。笔者用选出的 46 个情景设计了一份问卷。问卷采用李克特五点量表的形式，5 表示很可能发生，1 表示不可能发生，要求参加者在 1 至 5 中选一个点来表示每个情景发生的可能性的大小。总共有 15 位参加者寄回了问卷。笔者从中选出平均分最高（即参加者认为最可能发生）的 30 个情景。

第三步为元语用调查。为了确定这 30 个情景每个情景的社会语用变量，笔者同样使用李克特五点量表设计了另外一份问卷。问卷首先详细介绍了 3 个社会语用变量：地位、熟悉程度和严重性。每个情景有 3 个问题，分别调查这 3 个变量。问卷包括中文和英文两个版本。为了使两个版本保持一致，笔者使用回译（back translation）（Fowler，1993；Kasper & Rose，2002a）的办法来设计这两个版本的问卷。然后，将中文版问卷发给 30 个 NNS，英文版问卷寄给 30 个 NS。所有 NNS 都返回了问卷，但只有 15 个 NS 寄回问卷。根据所收集的资料，笔者确定了一个筛选原则：对于每个情景的每个问题，首先 NNS 中必须有 70% 达成一致意见，其次 NNS 和 NS 之间也必须有 70% 持相同意见。如果任何一个情景的任何一个问题不能达到这样的要求，这个情景就被放弃不用。最后，只有 15 个情景达到要求。

第四步是试测。笔者用这 15 个情景再设计了一份问卷，要求参加者根据情景描述，将他们在这些情景中可能会说的话写下来。总共有 34 个 NNS 和 6 个 NS 返回了问卷。然后，笔者邀请两位 NS 对收集的 34 份 NNS 的答卷进行评分。在评卷之前，笔者对两位评分者进行过培训。

最后是 MDCT 选项设计。笔者将收集的资料全部输入电脑，用定性分析软件 Winmax Pro（Kuchartz，1998）进行分析。首先，把所有 NS 的回答标记为"答案"，而把所有两位 NS 评分者认为不妥当的 NNS 的回答标记为"干扰项"。然后，笔者设计了一份问卷，每个情景有 4—8 个选项。15 位 NS 返回了此问卷。根据问卷结果，每个情景选出 3 个 NS 意见最一致的选项，其中来自 NS 的那个选项为答案，其余两个来自 NNS 的选项为干扰项。这样一份新的试卷（共 15 个情景）便合成了，每个情景包括 3 个选项。接着，为了验证答案的准确性，笔者邀请 5 个 NS 选择每个情景的答案，结果他们在 3 个题目的答案上有不同的意见，笔者遂把这 3 个情景删除，这样整份试卷剩下 12 个情景。最后，笔者对这份包括 12 个情景的试卷进行了试测。并且根据项目反应理论（Item Reponse Theory, IRT），利用 IRT 分析软件 Winsteps（Linacre，2003）对试测的结果进行了分析。最后，依据分析结果，笔者对试题的选项进行了一些必要的修改和验证。

至此，本研究所使用的 3 份试卷的设计完成了。12 个包含道歉这一言语行为的情景构成 WDCT 试卷，要求考生根据每个情景的描述把他们在此情景下会说的话写下来。DSAT 试卷使用同样 12 个情景，考生需判断自己在此情景中有多大把握能作出恰当的回答，然后在 1 至 5 中选出一个点来表示自我评估的结果。MDCT 试卷也使用同样的 12 个情景，不同的是每个情景配有上述描述的 3 个选项，要求考生为每个情景选出一个最恰当的选项。

16.2.4 评分规则

对于 DSAT 部分，考生自我评估的分数就是最后的结果；对于 MDCT 部分，每个正确的选择得 5 分，错误的得 0 分；对于 WDCT 部分，笔者依据以前的研究（如 Hudson *et al.*，1995）并结合此次研究的特点设计了一套评分规则。

此规则采取整体评分法（holistic scoring），分 1 至 5 的级别。每个级别在言语行为、措辞的准确性、信息量以及表达的得体性 4 个方面作了具体规定。规则制定后，笔者邀请两位 NS 利用此评分规则试评 3 份答卷。结果显示两位评卷人之间的相关系数达到 .901，说明此规则基本可行。

16.2.5 评卷

对于 WDCT 部分，为避免因书写问题而影响评分，将收集的资料全部不作任何改动地输入电脑。然后把电脑打印出来的材料给两位 NS 进行评卷。在评卷之前，笔者对这两位评卷人进行了培训。首先笔者向他们详细说明了评分的标准和注意事项，并且邀请他们进行试评。在确信他们完全掌握了评分标准后，让他们在一份专门设计的评卷单上采用 1 至 5 的级别对每份答卷进行评分。每位考生 WDCT 部分最后的得分是两位评卷人所给分数的平均值。

16.3 结果与讨论

所有统计都是用 SPSS（11.0 版本）进行操作的。表 1 列出了全部试卷的描述统计数据。从中可以看出，考生的自我评估成绩最高，需要老师评卷的 WDCT 分数最低。

表 1 全部试卷的描述统计数据

标准差	人数	总分 *	最低分	最高分	平均分	标准差
TOEFL	99	677	413.33	570.00	490.67	33.47
DSAT	99	60	28	57	41.41	6.11
MDCT	99	60	5	55	33.94	11.74
WDCT	99	60	12	42	26.65	6.00

* 总分 = 试卷的满分数

16.3.1 试卷的验证

本研究依据 Messick（1989）的效度理论来验证这 3 份试卷。Messick 的理论包括 6 个方面的分析：试卷内容分析、相关分析、过程分析、组间分析、考试条件分析以及考试后果分析。虽然 Messick 把这 6 个方面看作一个整体，但验证一份试卷并不一定总要从全部 6 个方面来进行，根据具体考试的特点，可以集中就某几个方面进行验证（Messick，1996）。本研究拟从内容分析、相关分析和过程分析 3 个方面来验证本研究所设计的试卷。

表 2 为各部分的内部一致性信度（α）、标准误差和评分者间信度。从表中可看出，DSAT、MDCT 和 WDCT 的 α 信度均在 .88 以上，表明 3 份试卷具有可以接受的信度。这个结果与已有的一些研究结果（Enochs & Yoshitake-Strain，1999；Roever，2001；Yamashita，1996b）相似。但值得注意的是，此研究中的 MDCT 的信度达到 .88，远远高于已有几个研究的结果。这很可能得益于本研究中试卷的设计步骤。本研究使用的情景不是照搬别人的情景，而是通过情景选样、可能性调查、原语用调查等多个步骤设计出来的。所有的情景都出自学生生活，干扰项也是来自学生的答卷。此外，评分者间信度达到 .903，说明两位评分者具有较高的评分一致性。

表 2 试卷信度和评分者间信度

	人数	试卷信度（α）	标准误差	评分者间信度
DSAT	99	.9181	2.44	
MDCT	99	.8812	5.56	
WDCT	99	.9195	3.08	.903

内容效度主要体现在两方面：内容的相关性和内容的覆盖范围（Messick，1996）。本研究所使用试卷是经过前述多个步骤设计出来的，其中邀请了专家、NS 以及 NNS 参与调查。专家普遍认为，试卷测试的是考生的语用能力。在试测中，笔者还邀请了一些 NS 和 NNS 利用有声思维等方法对试卷进行了定性研究，分析结果也显示，试卷测试的是考生的语用能力。这些都确保了试卷内容的相关性。此外，本研究还依据 Hudson 等（1995）的模式来选择情景。首先笔者按照交际双方的地位（power）、熟悉程度（distance）和道歉情景的严重性（severity）这 3 个变量排列出了 12 种情况（见表 3）。与 Hudson 等（1995）不同的

是，对于地位这个变量，Hudson 等只用了两个特征（高和低），而本研究还加入了地位平等这一特征。笔者希望能从收集的近 300 个情景中选出适合表 3 所列每种情况的情景，但最后经过多次试测和验证之后，未能得到其中 3 种情况的情景。

表 3 情景和变量分布表

			分布													
情景			1	2	3	4	5	6	7	8	9	10	11	12	总计
变量	地位	P	+	+	+	+	=	=	=	=	-	-	-	-	总计
	熟悉程度	D	+	-	+	-	+	-	-	+	+	+	+	-	
	严重性	R	+	-	-	+	+	-	-	+	+	-	-	+	
有效项目数			0	1	1	2	2	2	1	1	1	1	0	0	12

注：+：听者比说话者地位高，听者和说话者彼此熟悉，道歉情景严重性高；-：听者比说话者地位低，听者和说话者彼此不熟悉，道歉情景严重性低；=：听者与说话者地位平等。

表 4 三种测试方法和水平考试之间的相关系数和决定系数

	TOEFL	WDCT	DSAT	MDCT
TOEFL	.			.226** (.050)
WDCT	.048 (.002)	.		.675** (.456)
DSAT	.033 (.001)	.685** (.469)		.517** (.267)
MDCT	.226** (.050)	.675** (.456)	.517** (.267)	.

注：** 相关有显著意义，$p < .01$；括号里为决定系数。

表 4 为 3 种测试方法和水平考试之间的相关系数和决定系数。决定系数可以帮助解释两者之间有多大的相似性（Brown，1996）。从表中可以看出，TOEFL 与 WDCT、DSAT 没有显著的相关，决定系数也只有 .002 和 .001，说明 TOEFL 分别与 DSAT、WDCT 之间只有 0.1% 和 0.2% 的相似性。虽然 TOEFL 和 MDCT 有显著意义相关，但是决定系数只有 .05，两者之间只有 5% 的相似性。这说明 TOEFL 和 3 种语用能力测试方法可能测试了不同的能力。3 种语用能力测试方法之间都有着显著意义的相关（$p < .01$），3 者之间的决定系数介于 .267 至 .469 之间，表示各种方法之间有 27%—47% 的相似性。虽然相

似性不是很高，但可以在一定程度上说明此研究中的 3 种语用能力测试方法测试了相似的能力，即学生的语用能力。

因素分析也可以用来研究试题的结构效度。旨在测试同一能力的试题应该属于同一因素，而测试不同能力的试题应属于不同的因素（Brown，2001）。表 5 为各种试卷的因素分析结果。经过最大变异旋转后，两个特征值大于 1 的因素被提取出来。可以看到，测试语用能力的方法（WDCT、DSAT 和 MDCT）在因素 1 有较高的负荷值，而 TOEFL 水平考试在因素 2 上有很高的负荷值。共性方差也表明 TOEFL 考试已解释的方差达到 97.1%，WDCT、DSAT 和 MDCT 也分别达到 84.2%、74% 和 74.4%。全部已解释的方差为 82.4%。由此可以很清楚看到第一个因素就是语用能力因素，第二个因素为语言水平因素。这表明，WDCT、DSAT 和 MDCT 测试的是相似的能力，而 TOEFL 测试的是另外一种能力。

表 5 因素分析结果

	成　分		共性方差
	1	2	
TOEFL	.041	.985	.971
WDCT	.918	-.004	.842
DSAT	.857	-.068	.740
MDCT	.815	.281	.744
方差比例	.561	.263	总共：.824

过程分析可以帮助了解考生考试中的思维过程（Messick，1989）。通过对考生思维过程的分析，可以了解考生做的思维是否与试题所设计的相似，从而进一步验证试题的构念效度（Messick，1996）。本研究通过有声思维方法收集了部分考生考试中的思维过程。分析结果表明，考生在考试中的思维是围绕道歉这一言语行为进行的，因而试题测试了学生的言语行为能力。例如：

Situation 15 (reading the scenario) **apologize** (repeat the last word of the scenario) (reading the options) eh, I'll choose A, because in B, there is, "I'll pay attention to this when I turn corner next time" (repeat part of Option B), I don't think it is necessary to say this, because he is also a student, and, eh, as you say, this kind of sentence, I think you are speaking, speaking to, eh, to the teacher or someone else, so about, according to C, eh, "I'm sorry, I'm going to be late for my class, and if I'm late, I won't be allowed to", I think "if I'm late, I won't be allowed to enter the classroom" is, is not necessary, this sentence is redundant … (reading the scenario) **apology**, what should I say? Maybe, em, "I'm so sorry, I, I, I didn't intend to do so, but can you forgive me?" …

以上分析表明，本研究设计的试卷具有较好的内容和构念效度。信度分析也表明试卷具有较好的信度。一般认为（李筱菊，2001），选择填空试题具有较好的信度。但此研究及其他一些研究（如 Enochs & Yoshitake-Strain，1999；Yamashita，1996b）表明，在语用能力测试中，MDCT 的信度没有 WDCT 和 DSAT 等方法高。影响试卷信度的因素之一是试题量（Brown，1996），本研究的试卷只包括 12 个题目，因此，增加题量也许能更好地提高试题的信度。

16.3.2 测试方法的影响

Levene 检验表明 3 种方法之间的方差符合方差分析的要求。MDCT、WDCT 和 DSAT 3 种方法之间的方差分析显示，3 种方法存在显著差异（F = 114.803，$p < .01$）。随后的 Scheffé 检验分析（表 6）也表明，3 者相互之间也有显著的区别。同时，Scheffé 检验分析还显示出 3 个同质组（homogenous group），分别对应 3 种测试方法（表 7）。这些都表明测试方法对考生的成绩有显著影响。

表 6　Scheffé 检验结果

方法组（I）	方法组（J）	均差（I-J）	标准误差	*p* 值
WDCT	DSA	-14.2500*	.94109	.000
	MDCT	-6.6596*	.94109	.000
DSA	WDCT	14.2500*	.94109	.000
	MDCT	7.5904*	.94109	.000

* *p* < .01

表 7　同质组检验

		Subset for alpha = .01		
方法组	人数	1	2	3
WDCT	99	29.2979		
MDCT	99		35.9574	
DSA	99			43.5479
p 值		1.000	1.000	1.000

　　此外，定性研究也表明，考生在 3 种测试方法中的思维过程也不同。在 WDCT 中，考生的思维过程基本上都是围绕图 1 标示的步骤进行的。阅读完情景之后，考生集中分析情景的社会语用变量。然而，整个过程却主要集中在生成答案上，包括计划答案、生成最初答案、修改答案、生成最后答案几个步骤。重读（re-reading）在整个思维过程都有发生。在 DSAT 中，分析情景的思维过程和 WDCT 大致相同。两者的不同之处主要在于生成答案阶段。由于试题的特性，DSAT 中，考生要评估自己的能力，而 WDCT 中考生主要是生成答案。然而，笔者还发现，在 DSAT 中考生有时也会试着给出一个答案，但是主要还是集中在分析情景上，而重读也主要发生在分析情景阶段，在最后评估阶段很少发生。考生对自己能力不太肯定时，大都采取猜测的策略，而且最后自我评估的分数往往较低。MDCT 的思维过程则与 WDCT 和 DSAT 大不相同。如图 2 所示，考生读完情景之后马上阅读所有 3 个选项或者只读第一个选项。与 WDCT 和 DSAT 不同，考生主要集中分析和权衡选项，而不是情景。社会语用变量分析一般是在分析第一个选项时进行。不管考生认为第一个选项是正

确的还是错误的，他们都会继续考虑第二个选项。但是如果考生判定第一和第二个选项都是错误的，则有些不会认真去考虑第三个选项，而是直接判定第三个选项就是答案。如果考生对三个选项都没把握，他们往往会利用一些考试技巧，如排除法。与 WDCT 和 DSAT 不同的是，在 MDCT 中，重读特别多，而且集中在选项上，考生很少重读情景。从表 8 可以看出，MDCT 有最多的重读，在总共发现的 174 次重读中，MDCT 有 138 次（79%），而 DSAT 和 WDCT 则分别只有 12 次（7%）和 24 次（14%）。笔者还发现，考生在 MDCT 中常用"也许"、"大概"之类表示不确定的词，而在 WDCT 和 DSAT 中却很少用这些词。

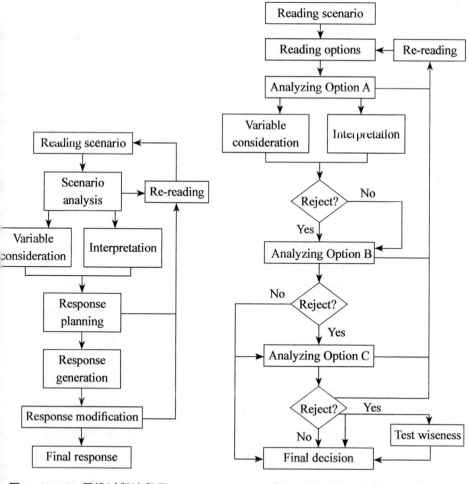

图 1　WDCT 思维过程流程图　　　　图 2　MDCT 思维过程流程图

表8 考生考试过程中重读频率

	DSAT		MDCT		WDCT		总共	
	n	%	n	%	n	%	n	%
频率	12	7	138	79	24	14	174	100

方差分析和过程分析均表明，测试方法不仅对考生的成绩有显著的影响，而且对考生考试中的思维过程也有不同的影响。

16.3.3 考生英语水平的影响

Levene 检验表明各水平组之间的方差符合方差分析的要求。方差分析显示（表9），高水平的学生比低水平学生在 TOEFL（F = 74.767，$p < .01$）上表现明显要好，然而，在测试语用能力的 3 份试卷 MDCT（F = 2.215，$p = .108$）、WDCT（F = .606，$p = .437$）、和 DSAT（F = .023，$p = .878$）上都没有显著差异。低水平学生在 DSAT 和 WDCT 上比高水平学生的平均分甚至还要高一些。这说明虽然两个水平组的学生在英语水平上存在显著差异，但是他们的语用能力并没有随着他们英语水平的提高而显著提高。这个结果和以前的一些研究（如 Hill，1997；Roever，2001；Yamashita，1996b）的结果不尽相同。这些研究的结果显示高水平学生比低水平学生、接触目标语和目标语文化多的学生比接触少的学生在语用能力测试中表现要好。上述研究和本研究有差异的原因可能有三。第一，上述研究的参加者都有一定的在英语国家生活的经历，而笔者对参加本研究的学生的调查显示他们都没有去过英语国家。第二，上述研究的参加者大都曾经直接接触过英语国家的文化，而参加本研究的学生没这种直接接触。他们都是通过课堂或者书本接触英语文化的。笔者的调查还显示，本研究高水平学生和低水平学生在课堂上接受语用能力教育的机会也大致相同。两个水平组的学生大都报告说他们的老师上课时只是偶尔谈及语用知识的问题（图3）。第三，上述研究的参加者来自社会不同领域和阶层，而参加本研究的学生全部是大学英语专业学生，教育背景相似。

表9 各水平组三种测试方法的方差分析

测试方法	F 值	p 值
TOEFL	74.767	.000
MDCT	2.215	.108
WDCT	.606	.437
DSAT	.023	.878

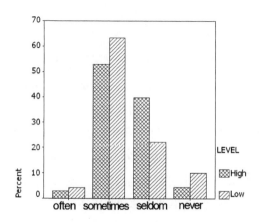

图3　老师课堂上教授语用知识的频率

　　由此可以看出，在和目标语以及目标语文化没有多少直接接触的环境下，学生的语用能力并不会随着他们的语言能力的提高而提高。要提高学生的语用能力，课堂语用知识教学是个值得推荐的办法（Rose，1997a，1997b；Rose & Kasper，2001；Rose & Ng Kwai-fun，2001）。Ellis（1994）就认为，要提高学生的语用能力，为学生提供足够和恰当的输入是重要的。课堂上语用知识的输入主要来自老师的谈话和课本（Hill，1997）。因此，要提高学生的英语语用能力，教师在课堂应该多给学生讲授一些语用知识，此外，还需在教材的编写和教师的培训等方面作出努力。

16.4 结论

本研究用定量和定性等实证的方法研究了 WDCT、MDCT 和 DSAT 这 3 种测试中国英语学习者语用能力的方法。结果表明，这 3 种方法都具有较高的信度和较好的效度。不同的测试方法对考生的成绩和考试中的思维过程都有着不同的影响。由于参加本研究的学生没有和目标语以及目标语文化直接接触的经历，他们的语用能力并没有随着他们的语言能力的提高而提高。这就要求老师在课堂教学中更多地教授学生英语语用知识，以给学生更多的语用知识输入，从而达到提高学生英语语用能力的目的。

必须指出的是，外语学习者语用能力的测试，正如 Hudson（2001）所说，目前只是处于研究阶段。虽然本研究的结果显示这 3 种测试方法均有较好的信度和效度，但是在将它们用于真正的大型考试之前，还需作大量进一步的研究工作。本研究只涉及道歉这一种言语行为。语用能力还包括很多其他方面，那么同样的结果是否会出现在其他的语用能力中，还有待进一步的研究。此外，本研究只研究了 3 种测试语用能力的方法。Hudson 等（1995）开发了 6 种测试语用能力的方法，为了验证更多的语用能力测试方法，有必要在中国英语学习环境下，对其他测试方法作进一步的验证研究。

参考文献

Abbott, B. (2004). Definiteness and indefiniteness. In L. R. Horn & G. Ward (Eds.). *The Handbook of Pragmatics* (pp. 122-149). Oxford: Blackwell.

Aijmer, K. (2002). *English Discourse Particles: Evidence from a Corpus*. Amsterdam/ Philadelphia: John Benjamins.

Aijmer, K. (2004). *Pragmatic Markers in Spoken Interlanguage*. Norway: Uni-pub.

Al-Issa, A. (2003). Sociocultural transfer in L2 speech behaviors: Evidence and motivating factors. *International Journal of Intercultural Relations* 27, 581-601.

Anderson, E. S., Brizela, M., du Puy, B. & Gonnerman, L. (1999). Cross-linguistic evidence for the early acquisition of discourse markers as register variables. *Journal of Pragmatics* 31, 1339-1351.

Archer, D. & Culpeper, J. (2011). Identifying key sociophilological usage in plays and trial proceedings (1640-1760): An empirical approach via corpus annotation. In J. Culpeper (Ed.). *Historical Sociopragmatics* (pp. 109-132). Amsterdam/ Philadelphia: John Benjamins.

Ariel, M. (2010). *Defining Pragmatics*. Cambridge: Cambridge University Press.

Atkinson, J. M. & Drew, P. (1979). *Order in Court*. London: Macmillan.

Atlas, J. D. (2004). Presupposition. In L. Horn & G. Ward (Eds.). *The Handbook of Pragmatics* (pp. 29-52). London: Blackwell.

Austin, J. L. (1962). *How to Do Things with Words*. Oxford: Oxford University Press.

Bachman, L. F. (1990). *Fundamental Considerations in Language Testing*. Oxford: Oxford University Press.

Bachman, L. F. & Palmer, A. S. (1996). *Language Testing in Practice*. Oxford: Oxford University Press.

Banerjee, J. & Carrell, P. (1988). Tuck in your shirt, you squid: Suggestions in ESL. *Language Learning* 38, 313-347.

Bardovi-Harlig, K. (1996). Pragmatics and language teaching: Bringing pragmatics and pedagogy together. In L. Bouton (Ed.). *Pragmatics and Language Learning Monograph* (series vol. 7). Urbana, IL: University of Illinois Urbana-Champaign.

Bardovi-Harlig, K. (2001). Evaluating the empirical evidence: Grounds for instruction in pragmatics. In K. Rose & G. Kasper (Eds.). *Pragmatics in Language Teaching* (pp. 13-32). Cambridge: Cambridge University Press.

Bardovi-Harlig, K. & Dörnyei, Z. (1998). Do language learners recognize pragmatic violations? Pragmatic versus grammatical awareness in instructed L2 learning. *TESOL Quarterly* 32, 233-262.

Bardovi-Harlig, K. & Griffin, R. (2005). L2 pragmatic awareness: Evidence from the ESL classroom. *System* 33, 401-415.

Bardovi-Harlig, K. & Hartford, B. S. (1996). Input in an institutional setting. *Studies in Second Language Acquisition* 18, 171-188.

Bardovi-Hardig, K. & Mahan-Taylor, R. (2003). *Teaching Pragmatics*. Washington, DC: Office of English Programs, U.S. Department of State.

Bardovi-Harlig, K., Hartford, B. A. S., Mahan-Taylor, R., Morgan, M. J. & Reynolds, D. W. (1991). Developing awareness: Closing the conversation. In T. Hedge & N. Whitney (Eds.). *Power, Pedagogy and Practice* (pp. 4-15). Oxford: Oxford University Press.

Bar-Hillel, Y. (1971). Out of the pragmatic waste-basket. *Linguistic Inquiry* 2, 401-407.

Barraja-Rohan, A. M. (2011). Using conversation analysis in the second language classroom to teach interactional competence. *Language Teaching Reach* 15 (4), 479-507.

Barron, A. (2003). *Acquisition in Interlanguage Pragmatics: Learning How to Do Things with Words in a Study Abroad Context*. Amsterdam/Philadelphia: John Benjamins.

Bataineh, R. F. & Bataineh, R. F. (2006). Apology strategies of Jordanian EFL university students. *Journal of Pragmatics* 38, 1901-1927.

Beebe, L. M. & Cummings, M. (1985). Speech act performance: A function of the data collection procedure? Paper presented at the International TESOL Conference in New York, NY.

Beebe, L. M. & Cummings, M. (1996). Natural speech data versus written questionnaire data: How data collection method affects speech act performance. In S. Gass & J. Neu (Eds.). *Speech Acts Across Cultures*. Berlin: Mouton de Gruyter.

Beebe, L. M., Takahashi, T. & Uliss-Weltz, R. (1990). Pragmatic transfer in ESL refusals. In R. Scarcella, E. Anderson & S. Krashen (Eds.). *Developing Communicative Competence in a Second Language* (pp. 55-73). New York, NY: Plenum Press.

Belz, J. & Kinginger, C. (2003). Discourse options and the development of pragmatic competence by classroom learners of German: The case of address forms. *Language Learning* 53, 591-647.

Bialystok, E. (1993). Symbolic representation and attentional control in pragmatic competence. In G. Kasper & S. Blum-Kulka (Eds.). *Interlanguage Pragmatics* (pp. 43-59). New York, NY: Oxford University Press.

Billmyer, K. (1990). "I really like your lifestyle": ESL learners learning how to compliment. *Penn Working Papers in Educational Linguistics* 6, 31-48.

Blakemore, D. (1992). *Understanding Utterances*. Oxford: Blackwell.

Blakemore, D. (2002). *Relevance and Linguistic Meaning: The Semantics and Pragmatics of Discourse Markers*. Cambridge: Cambridge University Press.

Blackmore, S. (1999). *The Meme Machine*. Oxford: Oxford University Press.

Blum-Kulka, S. (1991). Interlanguage pragmatics: The case of requests. In R. Phillipson, *et al.* (Eds.). *Foreign/Second Language Pedagogy Research*. Clevedon, Avon: Multilingual Matters.

Blum-Kulka, S. & Olshtain, E. (1984). Requests and apologies: A cross-cultural study of speech acts realization patterns (CCSARP). *Applied Linguistics* 3, 192-212.

Blum-Kulka, S., House, J. & Kasper, G. (1989). *Cross-cultural Pragmatics: Requests and Apologies*. Norwood, NJ: Ablex.

Bordería, S. P. (2008). Do discourse markers exist? On the treatment of discourse markers in Relevance Theory. *Journal of Pragmatics* 40, 1411-1434.

Bouton, L. (1994). Can NNS skill in interpreting implicature in American English be improved through explicit instruction?—A pilot study. In L. F. Bouton (Ed.). *Pragmatics and Language Learning.* Volume 5 (pp. 88-109). Urbana, IL: Division of English as an Interlanguage, University of Illinois at Urbana-Champaign.

Brinton, L. J. (1996). *Pragmatic Markers in English: Grammaticalization and Discourse Functions.* Berlin/ New York: Mouton de Gruyter.

Brown, G. & Yule, G. (1983). *Discourse Analysis.* Cambridge: Cambridge University Press.

Brown, G., Currie, K. & Kenworthy, J. (1980). *Questions of Intonation.* London: Croom Helm.

Brown, J. D. (1996). *Testing in Language Programs.* Upper Saddle River, NJ: Prentice Hall Regents.

Brown, J. D. (2001). Pragmatics tests: Different purposes, different tests. In K. Rose & G. Kasper (Eds.). *Pragmatics in Language Teaching* (pp. 283-300). New York, NY: Cambridge University Press.

Brown, P. & Levinson, S. C. (1978). Universals in language usage: Politeness phenomena. In E. N. Goody (Ed.). *Questions and Politeness: Strategies in Social Interaction* (pp. 56-289). Cambridge: Cambridge University Press.

Brown, P. & Levinson, S. C. (1987). *Politeness: Some Universals in Language Usage.* Cambridge: Cambridge University Press.

Burton-Roberts, N. (1989a). *The Limits to Debate.* Cambridge: Cambridge University Press.

Burton-Roberts, N. (1989b). On Horn's dilemma: Presupposition and negation. *Journal of Linguistics* 25, 95-125.

Caffi, C. (1994). Pragmatic presupposition. In R. E. Asher & J. M. Y. Simpson (Eds). *The Encyclopedia of Language and Linguistics*, vol. 6 (pp. 3320-3327). Oxford: Pergamon.

Chen, R. (1993). Responding to compliments: A contrastive study of politeness strategies between American English and Chinese speakers. *Journal of Pragmatics* 20, 49-75.

Chen, R. (1996). Food-plying and Chinese politeness. *Journal of Asian Pacific Communication* 7, 143-155.

Chen, R. (2010). Compliment and compliment response research: A cross-cultural survey. In A. Trosborg (Ed.). *Pragmatics across Languages and Cultures* (pp. 79-101). Berlin: Mouton de Gruyter.

Chomsky, N. (1957). *Syntactic Structures*. Hague: Mouton & Co.

Clark, J. D. (1978). Psychometric considerations in language proficiency testing. In B. Spolsky (Ed.). *Approaches to Language Testing* (pp. 59-66). Arlington, VA: Center for Applied Linguistics.

Codina-Espurz, V. (2008). The immediate vs. delayed effect of instruction on mitigators in relation to the learner's language proficiency in English. In A. Soler (Ed.). *Learning How to Request in an Instructed Language Learning Context* (pp. 228-256). Berlin: Peter Lang.

Cohen, A. D. (1997). Developing pragmatic ability: Insights from the accelerated study of Japanese. In H. M. Cook, K. Hijirida & M. Tahara (Eds.). *New Trends and Issues in Teaching Japanese Language and Culture* (pp. 139-159). Honolulu: Second Language Teaching and Curriculum Center, University of Hawaii, Honolulu.

Cohen, A. D. (2001). Speech acts. In S. L. Mckay & N. H. Hornberger (Eds.). *Sociolinguistics and Language Teaching* (pp. 383-420). Shanghai: Shanghai Foreign Language Education Press.

Cohen, A. D. (2010). Strategies for learning and performing speech acts. In N. Ishihara & A. D. Cohen (Eds.). *Teaching and Learning Pragmatics: Where Language and Culture Meet* (pp. 227-243). Harlow: Pearson.

Cohen, A. D. & Olshtain, E. (1981). Developing a measure of sociocultural competence: The case of apology. *Language Learning* 31(1), 113-134.

Cohen, A. D. & Shively, R. L. (2007). Acquisition of requests and apologies in

Spanish and French: Impact of study abroad and strategy-building intervention. *The Modern Language Journal* 91, 189-212.

Collins, R. & Ellis, N. (Eds.). (2009). Input and second language construction learning: Frequency, form, and function. *The Modern Language Journal* 93, 329-470.

Cook, H. M. (2001). Why can't learners of Japanese as a foreign language distinguish polite from impolite speech styles? In K. R. Rose & G. Kasper (Eds.). *Pragmatics in Language Teaching* (pp. 80-102). Cambridge: Cambridge University Press.

Coulthard, M. & Candlin, C. N. (1985). *An Introduction to Discourse Analysis*. London: Longman.

Crystal, D. (2003). *A Dictionary of Linguistics and Phonetics* (5th edition*)*. Oxford/ Malden: Blackwell Publishing.

Cummings, L. (2005). *Pragmatics: A Multidisciplinary Perspective*. Mahwah, NJ: Lawrence Erlbaum Associates.

Da Silvia, A. J. B. (2003). The effects of instruction on pragmatic development: Teaching polite refusals in English. *Second Language Studies* 22, 55-106.

Davis, S. (1991). *Pragmatics: A Reader*. Oxford: Oxford University Press.

Dawkins, R. (1976). *The Selfish Gene*. New York, NY: Oxford University Press.

Dawkins, R. (1989). *The Selfish Gene* (2nd edition). New York, NY: Oxford University Press.

Dawkins, R. (2006). *The Selfish Gene: 30th Anniversary Edition*. New York, NY: Oxford University Press.

de Beaugrande, R. (1983). Linguistic and cognitive processes in developmental writing. *IRAL* 2: 125-141.

DeKeyser, R. (1995). Learning second language grammar rules: An experiment with a miniature linguistic system. *Studies in Second Language Acquisition* 17, 379-410.

Dekeyser, R. (2007). *Practice in a Second Language: Perspectives from Applied*

Linguistics and Cognitive Psychology. Cambridge: Cambridge University Press.

Denny, H. (2008). Teaching the pragmatics of negotiation in New Zealand English to adult migrants: The role of whole naturalistic texts. *Prospect* 23(1), 46-57.

Denny, H. & Basturkmen, H. (2009). Using authentic spoken texts in socio-pragmatic focused instruction: A survey of teacher practices and perspectives. Final project report (On H: Research/authentic texts project). Retrieved from http://akoaotearoa.ac.nz/ako-hub/ako-aotearoa-northern-hub/resources/pages/using-authentic-spoken-texts-socio-pragmatic-focus.

Edmondson, W. (1981). *Spoken Discourse: A Model for Analysis*. London: Longman.

Eelen, G. (2001). *A Critique of Politeness Theories*. Manchester and Northampton: St. Jerome Publishing.

Eisenstein, M. & Bodman J. W. (1986). "I very appreciate": Expressions of gratitude by native and non-native speakers of American English. *Applied Linguistics* 7, 167-185.

Eisenstein, M. & Bodman, J. (1993). Expressing gratitude in American English. In G. Kasper & S. Blum-Kulka (Eds.). *Interlanguage Pragmatics* (pp. 64-81). New York, NY: Oxford University Press.

Ellis, N. (2002). Frequency effects in language processing: A review with implications for theories of implicit and explicit language acquisition. *Studies in Second Language Acquisition* 24, 143-188.

Ellis, R. (1994). *The Study of Second Language Acquisition*. Oxford: Oxford University Press.

Enochs, K. & S. Yoshitake-Strain. (1999). Evaluating six measures of EFL learners pragmatic competence. *JALT Journal* 21(1), 29-50.

Farhady, H. (1980). *Justification, Development and Validation of Functional Language Testing*. Unpublished Ph. D. Dissertation, University of California, Los Angles.

Fasold, R. (1990). *The Sociolinguistics of Language*. Oxford: Blackwell.

Ferrara, A. (1980). An extended theory of speech acts: Appropriateness conditions for subordinate speech acts in sequences. *Journal of Pragmatics* 4, 233-252.

Fillmore，C. (1971). Verbs of judging. In C. Fillmore & T. Langendoen (Eds.). *Studies in Linguistic Semantics* (pp. 273-289). New York, NY: Holt, Richard & Winston.

Fowler, J. F., Jr. (1993). *Survey Research Methods* (2nd edition). Newbury Park, CA: Sage Publications.

Fraser, B. (1978). Acquiring social competence in a second language. *RELC Journal* 9 (2), 1-21.

Fraser, B. (1990). Perspectives on politeness. *Journal of Pragmatics* 14, 219-36.

Fraser, B. (1996). Pragmatic markers. *Pragmatics* 6, 167-190.

Fraser, B. & Nolen, W. (1981). The association of deference with linguistic form. *International Journal of the Sociology of Language* 27, 93-109.

Frege, G. (1892). On sense and reference. In P. T. Geach & M. Black (Eds.). *Translations from the Philosophical Writings of Gottlob Frege* (pp. 56-78). Oxford: Blackwell.

Fujioka, M. (2003). Raising pragmatic consciousness in the Japanese EFL classroom. *The Language Teacher* 27 (5), 12-14.

Fukuya, Y. J. & Clark, M. (2001). A comparison of input enhancement and explicit instruction of mitigators. In L. F. Bouton (Ed.). *Pragmatics and Language Learning*, monograph series, vol. 10 (pp. 111-130). Urbana, IL: Division of English as an International Language, University of Illinois, Urbana-Champaign.

Fukuya, Y. J. & Zhang, Y. (2002). Effects of recasts on EFL learners' acquisition of pragmalinguistic conventions of request. *Second Language Studies* 21, 1-47.

Fukuya, Y. J., Reeve, M., Gisi, J. & Christianson, M. (1998). Does focus on form work for sociopragmatics? Paper presented at the 12th Annual International Conference on Pragmatics and Language Learning, University of Illinois, Urbana-Champaign.

Fung, L. & Carter, R. (2007). Discourse markers and spoken English: Native and learner use in pedagogic settings. *Applied Linguistics* 28, 410-439.

Furo, H. (2001). *Turn-taking in English and Japanese: Projectability in Grammar, Intonation, and Semantics*. New York, NY: Routledge.

Gass, S. & Houck, N. (1999). *Interlanguage Refusals: A Cross-cultural Study of Japanese-English*. New York, NY: Mount De Gruter.

Ghobadi, A. & Fahim, M. (2009). The effect of explicit teaching of English "thanking formulas" on Iranian EFL intermediate level students at English language institutes. *System* 37, 526-537.

Goffman, E. (1967). *Interaction Ritual: Essays on Face to Face Behavior*. Garden City, NY: Pantheon.

Golato, A. (2003). Studying compliment responses: A comparison of DCTs and recordings of naturally occurring talk. *Applied Linguistics* 24, 90-121.

Green, G. (1989). *Pragmatics and Natural Language Understanding*. Hillsdale, NJ: Lawrence Erlbaum Associates (2nd edition. 1996).

Grice, H. P. (1957). Meaning. *Philosophical Review* 66: 377-388.

Grice, H. P. (1975). Logic and conversation. In P. Cole & J. Morgan (Eds.). *Syntax and Semantics, vol. 3, Speech Acts* (pp. 41-58). New York, NY: Academic Press.

Groves, R. (1996). How do we know what we think they think is really what they think? In N. Schwarz & S. Sudman (Eds.). *Answering Questions: Methodology for Determining Cognitive and Communicative Processes in Survey Research* (pp. 389-402). San Francisco, CA: Jossey-Bass.

Grundy, P. (1995). *Doing Pragmatics*. London: Arnold.

Gu, Y. G. (1990). Politeness Phenomena in Modern Chinese. *Journal of Pragmatics* 14, 237-257.

Halliday, M. A. K. & Hasan, R. (1976). *Cohesion in English*. London: Longman.

He, A. (2003). "Small words" in EFL learners' spoken corpora. Paper presented at the 2003 International Conference on Corpus Linguistics, Shanghai, China.

Heylighten, F. (1998). What makes a meme successful? Selection criteria for cultural evolution. In Proc. 16th Int. Congress Cybernetics. Namur: Association Internet.

Hill, T. (1997). The development of pragmatic competence in an EFL context.

Dissertation Abstracts International 58, 3905.

Hinkel, E. (1994). Appropriateness of advice as L2 solidarity strategy. *RELC Journal* 25, 71-93.

Hinkel, E. (1997). Appropriateness of advice: DCT and multiple choice data. *Applied Linguistics* 18, 1-26.

Houck, N. & Tatsuki, D. (2011). *Pragmatics from Research to Practice: New directions*. Alexandria, VA: TESOL.

House, J. (1996). Developing pragmatic fluency in English as a foreign language: Routines and metapragmatic awareness. *Studies in Second Language Acquisition* 18, 225-252.

Huang, Y. (2007). *Pragmatics*. Cambridge: Cambridge University Press.

Huang, Y. (2009). *Pragmatics*. Beijing: Foreign Language Teaching and Research Press.

Huang, Y. (2012). *The Oxford Dictionary of Pragmatics*. Oxford: Oxford University Press.

Hudson, J. (2001). Indicators for Pragmatic Instruction: Some quantitative tools. In K. R. Rose & G. Kasper (Eds.). *Pragmatics in Language Teaching* (pp. 283-300). Cambridge: Cambridge University Press.

Hudson, J., Detmer, E. & Brown, J. D. (1992). *A Framework for Testing Cross-cultural Pragmatics*. Honolulu: Second Language Teaching & Curriculum Center, University of Hawaii at Manoa, Honolulu.

Hudson, J., Detmer, E. & Brown, J. D. (1995). *Developing Prototypic Measures of Cross-cultural Pragmatics*. Honolulu: Second Language Teaching & Curriculum Center, University of Hawaii at Manoa, Honolulu.

Hudson, T. (2001). Indicators for pragmatic instruction: Some quantitative tools. In K. R. Rose & G. Kasper (Eds.). *Pragmatics in Language Teaching* (pp. 13-32). New York, NY: Cambridge University Press.

Huth, T. & Taleghani-Nikazm, C. (2006). How can insights from conversation analysis be directly applied to teaching L2 pragmatics? *Language Teaching Research* 10 (1), 53-79.

Ifantidou, E. (2011). Genres and pragmatic competence. *Journal of Pragmatics* 43, 327-346.

Ishihara, N. (2001). Exploring immediate and longitudinal effects of formal instruction on giving and receiving. Compliments. Unpublished master's paper, University of Minnesota, Minneapolis, MN.

Ishihara, N. & Cohen, A. (2010). *Teaching and Learning Pragmatics: Where Language and Culture Meet.* Harlow: Pearson Longman.

Ishihara, N. & Maeda, M. (2010). *Advanced Japanese: Communication in Context.* London: Routledge.

Jackendoff, R. (1972). *Semantic Interpretation in Generative Grammar.* Cambridge MIT Press.

Jacob, A. & Jucker, A. H. (1995). The Historical Perspective in Pragmatics. In A. H. Jucker (Ed.). *Historical Pragmatics* (pp. 3-27). Amsterdam/Philadelphia: John Benjamins.

Iaffe, J., *et al.* (1967). A stochastic model of speaker switching in natural dialogue. In K. Salzinger & S. Salzinger (Eds.). *Research on Verbal Behavior and Some Neurophysiological Implications* (pp. 281-294). New York, NY: Academic Press.

Jefferson, G. (1973). A case of precision timing in ordinary conversation: Overlapped tag-positioned address terms in closing sequences. *Semiotica* 9(1), 47-96.

Jeon, E. H. & Kaya, T. (2006). Effects of L2 instruction on interlanguage pragmatic development. In J. M. Norris & L. Ortega (Eds.). *Synthesizing Research on Language Learning and Teaching* (pp. 165-211). Amsterdam: Benjamins.

Jiang, X. (2006). Suggestions: What should ESL students know? *System* 34, 36-54.

Jin, L. (1992). Academic cultural expectations and second language use: Chinese postgraduate students in the UK: A cultural synergy model. Ph. D. dissertation. University of Leicester, Leicester.

Jones, C. (2011). Spoken discourse markers and English language teaching: Practices and pedagogies. Unpublished Ph. D. dissertation. University of Nottingham, Nottingham.

Jucker, A. H. (1993). The discourse marker well: A relevant theoretical account. *Journal of Pragmatics* 19, 435-452.

Jucker, A. H. (2006). Historical pragmatics. In J. Verschueren & J. O. Ostman (Eds.). *The Handbook of Pragmatics* (pp. 1-14). Amsterdam/Philadelphia: John Benjamins.

Jucker, A. H. (2010). Historical pragmatics. In J. Ostman, M. Fried & J. Verschueren (Eds.). *Variation and Change: Pragmatic Perspectives* (pp. 110-122). Amsterdam: John Benjamins.

Jucker, A. H. & Smith, S. W. (1998). And people just you know like "wow": Discourse markers as negotiating strategies. In A. H. Jucker & Y. Ziv (Eds.). *Discourse Markers: Descriptions and Theory* (pp. 147-170). Amsterdam: John Benjamins.

Jucker, A. H. & Ziv, Y. (Eds.). (1998). *Discourse Markers: Description and Theory*. Amsterdam: John Benjamins.

Jung, Ji-Young. (2002). Issues in acquisitional pragmatics. *TESOL and Applied Linguistics* 2, 1-13.

Kádár, D. Z. & Mills, S. (2011). *Politeness in East Asia*. Cambridge: Cambridge University Press.

Kakegawa, T. (2009). Development of the use of Japanese sentence-final particles through email correspondence. In N. Taguchi (Ed.). *Pragmatic Competence* (pp. 301-333). Berlin: Mouton de Gruyter.

Karttunen, L. (1973). Presuppositions of compound sentences. *Linguistic Inquiry* 4, 169-193.

Kasper, G. (1981). Teaching-induced aspects of interlanguage learning. Paper read at AILA 81, Lund, Sweden.

Kasper, G. (1990). Linguistic politeness: Current issues. *Journal of Pragmatics* 14, 193-218.

Kasper, G. (1992). Pragmatic transfer. *Second Language Research* 8, 203-231.

Kasper, G. (1996). Introduction: Interlanguage pragmatics in SLA. *Studies in Second Language Acquisition* 18, 145-148.

Kasper, G. (1997a). Can pragmatic competence be taught? Honolulu: Second Language Teaching & Curriculum Center, University of Hawaii, Honolulu, Retrieved from: http://www.nflrc.hawaii.edu/NetWorks/NW06/.

Kasper, G. (1997b). The role of pragmatics in language education. In K. Bardovi-Harlig & B. Hartford (Eds.). *Beyond Methods: Components of L2 education* (pp. 113-136). New York, NY: McGraw-Hill.

Kasper, G. (2001). Classroom research on interlanguage pragmatics. In K.R. Rose and G. Kasper (Eds.). *Pragmatics in Language Teaching* (pp. 33-60). New York, NY: Cambridge University Press.

Kasper, G. (2001) Four perspectives on L2 pragmatic development. *Applied Linguistics* 22, 502-530.

Kasper, G. & Blum-Kulka, S. (1993). *Interlanguage Pragmatics*. New York/Oxford: Oxford University Press.

Kasper, G. & Dahl, M. (1991). Research methods in interlanguage pragmatics. *Studies in Second Language Acquisition* 13, 215-247.

Kasper, G. & Rose, K. R. (2001). Pragmatics in language teaching. In K. R. Rose & G. Kasper (Eds.). *Pragmatics in Language Teaching* (pp. 1-9). Cambridge: Cambridge University Press.

Kasper, G. & Rose, K. R. (2002a). *Pragmatic Development in a Second Language*. Oxford: Blackwell.

Kasper, G. & Rose, K. R. (2002b). Pragmatic development in a second language. *Language Learning* 52, Supplement 1.

Kasper, G. & Schmidt, R. (1996). Developmental issues in interlanguage pragmatics. *Studies in Second Language Acquisition* 18, 149-169.

Katz, J. (1977). *Propositional Structure and Illocutionary Force*. New York, NY: Crowell.

Keenan, E. (1971). Two kinds of presupposition in natural language. In C. Fillmore & T. Langendoen (Eds.). *Studies in Linguistic Semantics* (pp. 45-54). New York, NY: Holt, Richard & Winston.

Kendon, A. (1967) Some functions of gaze direction in social interaction. *Acts Psychology* 26, 22-63.

Kim, I. (2000). Relationship of onset age of ESL acquisition and extent of informal input of appropriateness and nativeness in performing four speech acts in English: A study of native Korean adult speakers of ESL. Unpublished Ph. D. dissertation, New York University, New York.

King, K. A. & Silver, R. E. (1993). "Sticking points": Effects of instruction on NNS refusal strategies. *Working Papers in Educational Linguistics* 9, 47-82.

Koike, D. A. (1989). Pragmatic competence and adult L2 acquisition: Speech acts in interlanguage. *Modern Language Journal* 73, 79-89.

Koike, D. A. & Pearson, L. (2005). The effect of instruction and feedback in the development of pragmatic competence. *System* 33, 481-501.

Kondo, S. (2001). Instructional effects on pragmatic development: Interlanguage refusal. Paper presented at PacSLRF at University of Hawaii at Manoa.

Kondo, S. (2008). Effects on pragmatic development through awareness-raising instruction: Refusals by Japanese EFL learners. In A. E. Soler & A. Martinez-Flor (Eds.). *Investigating Pragmatics in Foreign Language Learning, Teaching and Testing* (pp. 153-177). Bristol: Multilingual Matters.

Krashen, S. (1976). Formal and informal linguistic environments in language acquisition and language learning. *TESOL Quarterly* 10, 157-168.

Krashen, S. (1982). *Second Language Acquisition and Second Language Learning*. Oxford: Pergamon Press.

Krashen, S. (1985). *The Input Hypothesis: Issues and Implications*. New York, NY: Longman.

Kubota, M. (1995). Teachability of conversational implicature to Japanese EFL learners. *IRLT Bulletin* 9, 35-67.

Kuchartz, U. (1998). *WinMAX: Scientific Text Analysis for the Social Sciences*. Berlin: BBS.

Labov, W. (1966). The social stratification of English in New York City. Center for Applied Linguistics, Washington, DC.

Lakoff, R. (1973). Logic of Politeness: or minding your p's and q's. Papers from the 9th Regional Meeting. *Chicago Linguistic Society*, 292-305.

Lakoff, R. (1977). What you can do with words: Politeness, pragmatics and performatives. In A. Rogers, B. Wall & J. Murphy (Eds.). *Proceedings of the Texas Conference on Performatives, Presuppositions, and Implicatures*. The Center for Applied Linguistics, U.S.

Leech, G. (1981). *Semantics* (2nd edition). Harmondsworth: Penguin books.

Leech, G. (1983). *Principle of Pragmatics*. London: Longman.

Leech, G. (1985). Grammar, pragmatics and politeness. *The Rising Generation*, Tokyo, May.

Leech, G. (2001). The role of frequency in ELT: New corpus evidence brings a re-appraisal. *Foreign Language Teaching and Research* 33, 328-339.

Leech, G. (2005). Politeness: Is there an East-West divide? *Journal of Foreign Languages* 6, 3-31.

Leech, G (2007). Politeness: Is there an East-West divide? *Journal of Politeness Research* 3, 167-206.

Leech, G. & Svartvik, J. (1975). *A Communicative Grammar of English*. London: Longman.

Lee-Wong, S. (1994). Qing/please—a polite or request marker? Observations from Chinese. *Multilingua* 4, 343-360.

Lenk, U. (1998). Discourse markers and global coherence in conversation. *Journal of Pragmatics* 30, 245-257.

Lennon, P. (1989). Introspection and intentionality in advanced second language acquisition. *Language Learning* 39, 375-395.

Levinson, S. (1983). *Pragmatics*. Cambridge: Cambridge University Press.

Li, E. (2010). Making suggestions: A contrastive study of young Hong Kong and Australian students. *Journal of Pragmatics* 42, 598-616.

Li, S. (2007). A study on the pragmatic development of making requests by American learners of Chinese. Unpublished master's theses. Beijing Language and Culture

University, Beijing, China.

Li, S. (2012). The effects of input-based practice on pragmatics development of requests in L2 Chinese. *Language Learning* 62, 403-438.

Liao, C. (1994). *A Study on the Strategies, Maxims, and Development of Refusals in Mandarin Chinese*. Taipei: Crane.

Liao, C. & Bresnahan, M. (1996). A contrastive pragmatic study on American English and Mandarin refusal strategies. *Language Sciences* 18, 703-727.

Linacre, J. M. (2003). *A User's Guide to WINSTEPS: Rasch-model Computer Programs*. Chicago, IL: MESA Press.

Liu, Jianda. (2004). Measuring interlanguage pragmatic knowledge of Chinese EFL learners. Unpublished Ph. D. dissertation, City University of Hong Kong, Hong Kong.

Liu, Jianda. (2006). *Measuring Interlanguage Pragmatic Knowledge of EFL Learners*. Frankfurt am Main: Peter Lang.

LoCastro, V. (1998). Learner subjectivity and pragmatic competence development. Paper presented at the Annual Meeting of the American Association for Applied Linguistics (Zoth), Seattle, WA.

Lyons, J. (1977). *Semantics*. Vols 1 & 2. Cambridge: Cambridge University Press.

Lyons, J. (1995). *Linguistic Semantics: An Introduction*. Cambridge: Cambridge University Press.

Maeshiba, N., Yoshinaga, N., Kasper, G. & Ross, S. (1996). Transfer and proficiency in interlanguage apologizing. In S. Gass & J. Neu (eds.). *Speech Acts across Cultures* (pp. 21-43). Berlin: Mouton de Gruyter.

Malinowski, B. (1923). The problem of meaning in primitive languages. In C. K. Ogden & L. A. Richards (Eds.). *The Meaning of Meaning* (pp. 296-336). New York, NY: Harcourt, Brace and World, Inc.

Manes, J. & Wolfson, N. (1981). The compliment formula. In F. Coulmas (Ed.). *Conversational Routine: Explorations in Standardized Communication Situations and Prepatterned Speech* (pp. 116-132). Hague: Mouton Publishers.

Mao, R. (1992). Invitational discourse and Chinese identity. *Journal of Asian Pacific Communication* 1, 79-96.

Martínez-Flor, A. (2004). The effect of instruction on the development of pragmatic competence in the English as a foreign language context: A study based on suggestions. Unpublished Ph. D. dissertation, University Jaume I, Castellon, Spain.

Martínez-Flor, A. (2008). The effect of an inductive—deductive teaching approach to develop learners' use of request modifiers in the EFL classroom. In A. Soler (Ed.). *Learning How to Request in an Instructed Language Learning Context* (pp. 191-226). Berlin: Peter Lang.

Martínez-Flor, A. & Fukuya, Y. (2005). The effects of instruction on learners' production of appropriate and accurate suggestions. *System* 22, 463-480.

Martínez-Flor, A. & Soler, A. E. (2005). Pragmatics in instructed language learning. *System* 33 (3), 381-536.

Martínez-Flor, A. & Uso-Juan, E. (2006). A comprehensive pedagogical framework to develop pragmatics in the foreign language classroom. The 6Rs approach. *Applied Language Learning* 16, 39-64.

Martínez-Flor, A. & Uso-Juan, E. (2010). The teaching of speech acts in second and foreign language instructional context. In A. Trosborg (Ed.). *Pragmatics across Languages and Cultures* (pp. 423-456). Berlin: Walter de Gruyter.

Martínez-Flor, A., Belén, A., Uso-Juan, E. & Fernández, A. (2003). *Pragmatics Competence and Foreign Language Teaching*. Castellon: Servei de Publications de la Universitat Jaume I.

Matsumura, S. (2001). Learning the rules for offering advice: A quantitative approach to second language socialization. *Language Learning* 51, 635-679.

McCarthy, M. (1998). *Spoken Language and Applied Linguistics*. Cambridge: Cambridge University Press.

Messick, S. (1989). Validity. In R. Linn (Ed.). *Educational Measurement* (pp. 13-103). New York, NY: Macmillan.

Messick，S. (1996). Validity and washback in language testing. *Language Testing* 13(3), 241-256.

Mey, J. (1993). *Pragmatics: An Introduction.* Oxford: Blackwell.

Mey, J. (2001). *Pragmatics: An Introduction* (2nd edition). Oxford: Blackwell/ Beijing: Foreign Language Teaching and Research Press.

Miskovic-Lukovic, M. (2009). Is there a chance that I might kinda sort of take you out to dinner: The role of the pragmatic particles kind of and sort of in utterance interpretation. *Journal of Pragmatics* 41, 602-625.

Morris, C. W. (1938). *Foundations of the Theory of Signs.* Chicago, IL: University of Chicago Press.

Morris, C. W. (1946). *Signs, Language and Behavior.* New York, NY: Prentice-Hall.

Morris, C. W. (1971). *Writings on the General Theory of Signs.* Hague: Mouton.

Morrow, K. C. (1995). The pragmatic effects of instruction on ESL learners' production of complaint and refusal speech acts. Unpublished Ph. D. dissertation, State University of New York at Buffalo, Buffalo.

Müller, S. (2005). *Discourse Markers in Native and Non-native English Discourse.* Philadelphia, PA: John Benjamins.

Narita, R. (2012). The effects of pragmatic consciousness-raising activity on the development of pragmatic awareness and use of hearsay evidential markers for learners of Japanese as a foreign language. *Journal of Pragmatics* 44, 1-29.

Nattinger, J. R. & DeCarrico, J. S. (2000). *Lexical Phrases and Language Teaching.* Oxford: Oxford University Press.

Nelson, G.L., Al Batal, M. & El Bakary, W. (2002). Directness vs. indirectness: Egyptian Arabic and US English communication style. *International Journal of International Relations* 26, 39-57.

Niezgoda, K. & Röver, C. (2001). Pragmatic and grammatical awareness: A function of the learning environment. In K. R. Rose & G. Kasper (Eds.). *Pragmatics in Language Learning* (pp. 63-79). Cambridge: Cambridge University Press.

Norrick, N. R. (1991). On the organization of corrective exchanges in conversation. *Journal of Pragmatics* 16 (1), 59-83.

Ochs, E. (1996). Linguistic resources for socializing humanity. In J. J. Gumperz & S. L. Levinson (Eds.). *Rethinking Linguistic Relativity* (pp. 407-438). New York, NY: Cambridge University Press.

Ohashi, J. (2008). Linguistic rituals for thanking in Japanese: Balancing obligations. *Journal of Pragmatics* 40, 2150-2174.

Ohta, A. S. (2000). Rethinking interaction in SLA: Developmentally appropriate assistance in the Zone of Proximal Development and the acquisition of L2 grammar. In J. P. Lantolf (Ed.). *Sociocultural Theory and Second Language Learning* (pp. 51-78). Oxford: Oxford University Press.

Oller, J. (1979). *Language Tests at School: A Pragmatic Approach.* London: Longman.

Olshtain, E. & Cohen, A. D. (1989). Speech act behavior across languages. In H. W. Dechert & M. Raupach (Eds.). *Transfer in Language Production* (pp. 53-67). Norwood, NJ: Ablex.

Olshtain, E. & Cohen, A. D. (1991). Teaching speech act behavior to non-native speakers. In M. Celce-Murcia (Ed.). *Teaching English as a Second or Foreign Language* (pp. 154-165). Boston: Heinle & Heinle.

Oreström, B. (1983). *Turn-taking in English Conversation.* Lund: Gleerup.

Östman, J. O. (1981). *"You Know": A Discourse Functional Approach.* Amsterdam: John Benjamins.

Pierce, B. N. (1995). Social identity, investment, and language learning. *TESOL Quarterly* 29, 9-31.

Polat, B. (2011). Investigating acquisition of discourse markers through a developmental learner corpus. *Journal of Pragmatics* 43, 3745-3756.

Poole, D. (1992). Language socialization in the second language classroom. *Language Learning* 42, 593-616.

Quirk, R., Greenbaum, S., Leech, G. & Svartvik, J. (1972). *A Grammar of Contemporary English.* London: Longman.

Richards, J. C. (1990). *The Language Teaching Matrix*. Cambridge: Cambridge University Press.

Richards, J. C. & Schmidt, R. W. (2002). *Longman Dictionary of Language Teaching and Applied Linguistics* (3rd edition). Harlow: Pearson Education Limited.

Richards, J. C., Platt, J. & Platt, H. (2000). *Longman Dictionary of Language Teaching and Applied Linguistics*. Beijng: Foreign Language Teaching and Research Press.

Roever, C. (2001). A web-based test of interlanguage pragmatic knowledge. Unpublished Ph. D. dissertation, University of Hawaii, Hawaii.

Roever, C. (2005). *Testing ESL Pragmatics: Development and Validation of a Web-Based Assessment Battery*. Frankfurt am Man: Peter Lang.

Romero-Trillo, J. (2002). The pragmatic fossilization of discourse markers in non-native speakers of English. *Journal of Pragmatics* 34: 769-784.

Rose, K. R. (1994). Pragmatic consciousness-raising in an EFL context. In L. F. Bouton & Y. Kachru (Eds.). *Pragmatics and Language Learning* (pp. 52-63). Urbana, IL: University of Illinois at Urbana-Champaign.

Rose, K. R. (1997a). Pragmatics in the classroom: Theoretical concerns and practical possibilities. In L. Bouton (Ed.). *Pragmatics and Language Learning Monograph* (series vol. 8)(pp. 267-295). Urbana, IL: University of Illinois at Urbana-Champaign.

Rose, K. R. (1997b). Pragmatics in teacher education for nonnative-speaking teachers: A consciousness-raising approach. *Language, Culture and Curriculum* 10(2), 125-138.

Rose, K. R. (2000.) An exploratory cross-sectional study of interlangauge pragmatic development. *Studies in Second Language Acquisition* 22, 27-67.

Rose, K. R. & Kasper, G. (Eds.). (2001). *Pragmatics in Language Teaching*. New York, NY: Cambridge University Press.

Rose, K. R. & Ng Kwai-fun, C. (2001). Inductive and deductive approaches to teaching compliments and compliment responses. In K. R. Rose & G. Kasper

(Eds.). *Pragmatics in Language Teaching* (pp. 145-170). New York, NY: Cambridge University Press.

Rosenfeld, H. M. & Hancks, M. (1980). The nonverbal context of verbal listener responses. In M. R. Key (Ed.). *The Relationship of Verbal and Nonverbal Communication* (pp. 193-206). Hague: Mouton.

Rue, Y. & Zhang, G. (2008). *Request Strategies: A Comparative Study in Mandarin Chinese and Korean*. Amsterdam: John Benjamins.

Russell, B. (1905). On Denoting. *Mind* 56, 479-493.

Sacks, H. (1995). *Lectures on Conservation (vols I-II)*. Oxford: Blackwell.

Sacks, H., *et al.* (1974). A simplest systematics for the organization of turn-taking for conversation. *Language* 50 (4), 696-735.

Sachtleben, A. & Denny, H. (2012). Making the implicit explicit: Raising pragmatic awareness in trainee interpreters using semi-authentic spontaneous discourse samples. *TESOL Journal* 3, 126-137.

Salsbury, T. & Bardovi-Harlig, K. (2000a). Oppositional talk and the acquisition of modality in L2 English. In Swierzbin, B., *et al.* (Eds.). *Social and Cognitive Factors in Second Language Acquisition* (pp. 57-76). Somerville, MA: Cascadilla Press.

Salsbury, T. & Bardovi-Harlig, K. (2000b). "I know what you mean, but I don t think so": Disagreement in L2 English. In L. F. Bouton (Ed.). *Pragmatics and Language Learning*, Monograph series vol. 10 (pp. 1-25). DEIL, UI, Urbana-Champaign.

Sapir, E. (1921). *Language: An Introduction to the Study of Speech*. New York: Harcourt, Brace and company.

Saussure, F. de. (1916) *Cours de Linguistique Générale* (C. Bally & A. Sechehaye). Lausanne and Paris: Payot.

Saussure, F. de. (1960). *Course in General Linguistics*. London: Peter Owen.

Schauer, G. (2004). May you speaker louder maybe? Interlanguage pragmatic development in requests. *EUROSLA Yearbook* 4, 253-272.

Schegloff, E. A. (1982). Discourse as an interactional achievement: Some uses of "uh huh" and other things that come between sentences. In D. Tannen (Ed.). *Analyzing Discourse: Text and Talk* (pp. 71-93). Washington, DC: Georgetown University Press.

Schegloff, E. A. (1986). Sequencing in conversational opening. In J. J. Gumperz & D. Hymes (Eds.). *Directions in Sociolinguistics* (pp. 346-380). Oxford: Basil Blackwell.

Schegloff, E. A. (2000). Overlapping talk and the organization of turn-taking for conversation. *Language in Society* 29 (1), 1-66.

Schegloff, E. A. & Sacks, H. (1973). Opening up closings. *Semiotica* 8 (4), 239-327.

Schegloff, E. A., Jefferson, G. & Sacks, H. (1977). The Preference for self-correction in the Organization of Repair in Conversation. *Language* 52, 361-382.

Schiffrin, D. (1987). *Discourse Markers*. Cambridge: Cambridge University Press.

Schmidt, R. W. (1983). Interaction, acculturation and the acquisition of communicative competence. In N. Wolfson & E. Judd (Eds.). *Sociolinguistics and Second Language Acquisition* (pp. 137-174). Rowley, MA: Newbury House.

Schmidt, R. W. (1990). The role of consciousness in second language learning. *Applied Linguistics* 11 (2), 129-158.

Schmidt, R. W. (1993). Consciousness, learning and interlanguage pragmatics. In G. Kasper & S. Blum-Kulka, (Eds.). *Interlanguage Pragmatics* (pp. 43-57). New York, NY: Oxford University Press.

Schmidt, R. W. (1995). Consciousness and foreign language learning: A tutorial on the role of attention and awareness in learning. In R. Schmidt (Ed.). *Attention and Awareness in Foreign Language Learning* (Technical Report, 9). Honolulu: Second Language Teaching and Curriculum Center, University of Hawaii, Honolulu.

Schmidt, R. W. (2001). Attention. In P. Robinson (Ed.). *Cognition and Second Language instruction* (pp. 3-32). Cambridge: Cambridge University Press.

Schneider, K. P. (2008). Small talk in England, Ireland, and the USA. In K. P. Schneider & A. Barron (Eds.). *Variational Pragmatics: A Focus on Regional Varieties in*

Pluricentric Languages (pp. 99-139). Amsterdam/Philadelphia: John Benjamins.

Schourup, L. (2001). Rethinking well. *Journal of Pragmatics* 33, 1025-1060.

Schourup, L. (2011). The discourse marker now: A relevance-theoretic approach. *Journal of Pragmatics* 43, 2110–2129.

Scollon, R. & Scollon, S. (1995). *Intercultural Communication: A Discourse Approach*. Oxford: Blackwell.

Scollon. R. & Scollon, S. (2000). *Intercultural Communication: A Discourse Approach*. Beijing: Foreign Language Teaching and Research Press.

Searle, J. (1969). *Speech Acts: An Essay in the Philosophy of Language*. Cambridge: Cambridge University Press.

Searle, J. (1975). Indirect speech acts. In P. Cole & J. L. Morgan (Eds.). *Syntax and Semantics (3): Speech Acts* (pp. 59-82). New York, NY: Academic Press.

Shimazu, Y. M. (1989). Construction and concurrent validation of a written pragmatic competence test of English as a second language. Unpublished Ph. D. thesis, University of San Francisco, San Francisco.

Shively, R. L. (2010). From the virtual world to the real world: A model of pragmatics instruction for study abroad. *Foreign Language Annals* 43 (1), 105-137.

Short, M. H. (1996). *Exploring the Language of Poems, Plays and Prose*. London: Longman.

Silva, A. J. B. (2003). The effect of instruction on pragmatic development: Teaching polite refusals in English. *Second Language Studies* 22 (1), 55-106.

Skewis, M. (2003). Mitigated directness in *Hongloumeng*: Directive speech acts and politeness in eighteenth century Chinese. *Journal of Pragmatics* 35, 161-189.

Soler, A. E. (2005). Does instruction work for learning pragmatics in the EFL context? *System* 33, 417-435.

Soler, A. E. (2007). Fostering EFL learners' awareness of requesting through explicit and implicit consciousness-raising tasks. In M. de Pilar Garcia Mayo (Ed.). *Investigating Tasks in Formal Language Learning* (pp. 221-241). Bristol: Multilingual Matters.

Soler, A. E. & Martínez-Flor, A. (2008). *Investigating Pragmatics in Foreign Language Learning, Teaching and Testing.* Bristol: Multilingual Matters.

Spencer-Oatey, H. & Ng, P. (2001). Reconsidering Chinese modesty: Hong Kong and Mainland Chinese evaluative judgments of compliment response. *Journal of Asian Pacific Communication* 11, 181-201.

Sperber, D. & Wilson, D. (1986/1995). *Relevance: Communication and Cognition.* Oxford: Blackwell.

Sperber, D. & Wilson, D. (2001). *Relevance: Communication and Cognition.* Beijing: Foreign Language Teaching and Research Press.

Stalnaker, R. C. (1991). Pragmatic presupposition. In S. Davis (Ed.). *Pragmatics: A Reader* (pp. 471-481). Oxford: Oxford University Press.

Steiner, J. Mch. & Veltmen, R. (1988). *Pragmatics, Discourse and Text.* Norwood, N. J: Ablex.

Strawson, P. F. (1950). On referring. *Mind* 59, 320-344.

Stubbs, M. (1983). *Discourse Analysis: The Sociolinguistic Analysis of Natural Language.* Oxford: Blackwell.

Sun, H. (2004). Opening moves in informal Chinese telephone conversations. *Journal of Pragmatics* 36, 1429-1465.

Svartvik, J. (1980). "Well" in conversation. In S. Greenbaum & J. Svartvik (Eds.). *Studies in English Linguistics for Randolph Quirk* (pp. 167-177). London: Longman.

Taguchi, N. (2006). Analysis of appropriateness in a speech act of request in L2 English. *Pragmatics* 16, 513-535.

Taguchi, N. (2009). *Pragmatic Competence.* Berlin: Mouton de Gruyter.

Taguchi, N. (2011a). Pragmatic development as a dynamic, complex process: General patterns and case histories. *The Modern Language Journal* 95, 605-627.

Taguchi, N. (2011b). Teaching pragmatics: Trends and issues. *Annual Review of Applied Linguistics* 31, 289-310.

Takahashi, S. (2001). The role of input enhancement in developing pragmatic competence. In K. R. Rose & G. Kasper (Eds.). *Pragmatics in Language Teaching* (pp. 171-199). Cambridge: Cambridge University Press.

Takahashi, S. (2010a). Assessing learnability in second language pragmatics. In A. Trosborg (Ed.). *Handbook of Pragmatics*: Vol. VII (pp. 391-421). Berlin: Mouton de Gruyter.

Takahashi, S. (2010b). The effect of pragmatic instruction on speech act performance. In A. Martinez-Flor & E. Uso-Juan (Eds.). *Speech Act Performance: Theoretical, Empirical and Methodological Issues* (pp. 126-142). Amsterdam: John Benjamins.

Takahashi, S. & Beebe, L. M. (1987). The development of pragmatic competence by Japanese learners of English. *JALT Journal* 8, 131-155.

Takahashi, S. & DuFon, M. A. (1999). *Cross-linguistic Influence in Indirectness: The Case of English Directives Performed by Native Japanese Speakers*. Unpublished manuscript, Department of English as a L2, University of Hawaii at Manoa.

Takimoto, M. (2008). The effects of deductive and inductive instruction on the development of language learners' pragmatic competence. *The Modern Language Journal* 92, 369-386.

Takimoto, M. (2009). The effects of input-based tasks on the development of learners' pragmatic proficiency. *Applied Linguistics* 30, 1-25.

Tanaka, L. (2006). Turn-taking in Japanese television interviews: A study on interviewers' strategies. *Pragmatics* 16 (2/3), 361-398.

Tao, H. & Thompson, S. A. (1991). English backchannels in Mandarin communication: A case study of superstratum pragmatics interference. *Journal of Pragmatics* 16 (3), 209-223.

Tateyama, Y. (2001). Explicit and implicit teaching of pragmatics routines: Japanese *sumimasen*. In K. R. Rose & G. Kasper (Eds.). *Pragmatics in Language Teaching* (pp. 200-222). Cambridge: Cambridge University Press.

Tateyama, Y. (2009). Requesting in Japanese: The effect of instruction on JFL learners' pragmatic competence. In N. Taguchi (Ed.). *Pragmatic Competence* (pp.

129-166). Berlin: Mouton de Gruyter.

Tateyama, Y., Kasper, G., Mui, L., Tay, H.& Thananart, O. (1997). Explicit and implicit teaching of pragmatic routines. In L. Bouton (Ed.). *Pragmatics and Language Learning* (pp. 163-178). Urbana: University of Illinois at Urbana-Champaign.

Tatsuki, D. & Houck, N. (2010). *Speech Acts and Beyond: New Directions in Pragmatics*. Alexandria, VA: TESOL.

Tavavitsainen, I. & Jucker, A. H. (2010). Trends and developments in historical pragmatics. In A. H. Jucker & I. Tavitsainen (Eds.). *Handbook of Historical Pragmatics* (pp. 3-32). Berlin: Mouton de Gruyter.

Thomas, J. (1983). Cross-cultural pragmatic failure. *Applied Linguistics* 4, 91-112.

Thomas, J. (1991). *Pragmatics: Lecture Notes*. Lancaster: Lancaster University Press.

Thomas, J. (1995). *Meaning in Interaction: An Introduction to Pragmatics*. London: Longman.

Thompson, S. E. (2003). Text-structuring meta-discourse, intonation and the signaling of organization in academic lectures. *Journal of English for Academic Purposes* 21, 5-20.

Traugott, E. C. (1995). The role of development of discourse markers in a theory of grammaticalization. Paper presented at ICHL XII, Manchester. Version of 11/97.

Traugott, E. C. (2004). Historical pragmatics. In R. H. Lawrence & W. Gregory (Eds.). *The Handbook of Pragmatics* (pp. 538-561). Oxford: Blackwell.

Trosborg, A. (1987). Apology strategies in natives/non-natives. *Journal of Pragmatics* 11, 147-167.

Tseng, M. (1996). An examination of Chinese invitational discourse: How Chinese accept an invitation. *Studies in the Linguistics Sciences* 26, 341-356.

van Dijk, T. A. (1981). *Studies in the Pragmatics of Discourse*. Hague: Mouton.

VanPatten, B. (1996). *Input Processing and Grammar Instruction in Second Language Acquisition*. Norwood, NJ: Ablex.

VanPatten, B. (2004). Input processing in SLA. In B. VanPatten (Ed.). *Processing Instruction: Theory, Research, and Commentary* (pp. 5-31). Mahwah, NJ: Erlbaum.

VanPatten, B. (2007). Input processing in adult second language acquisition. In B. VanPatten & J. Williams (Eds.). *Theories in Second Language Acquisition: An Introduction* (pp. 115-135). Mahwah, NJ: Erlbaum.

Verschueren, J. (1999). *Understanding Pragmatics*. London: Arnold.

Verschueren, J. (2008). Context and structure in a theory of pragmatics. *Studies in Pragmatics* 10, 14-24.

Vygotsky, L. (1981). The development of higher forms of attention in childhood. In J. V. Wertsch (Ed.). *The Concept of Activity in Soviet Psychology* (pp. 134-143). Armonk, NY: M. E. Sharpe.

Wang, L. (2003). A corpus-based study of discourse marker use in the Chinese EFL learners' spoken English. Paper presented at the 2003 International Conference on Corpus Linguistics, Shanghai, China.

Wannaruk, A. (2004). Say "No" : A cross cultural comparison of Thais and Americans Refusals. *English Language Studies Forum* 1, 1-22.

Wannaruk, A. (2005). Pragmatic transfer in Thai EFL refusals. Paper presented at the 13th Annual KOTESOL International Conference, Sookmyung Women's Unversity, Seoul, the Republic of Korea.

Ward, N. & Tsukahara, W. (2000). Prosodic features which cue back-channel responses in English and Japanese. *Journal of Pragmatics* 32, 1177-1207.

Warga, M. & Schoelmberger, U. (2007). The acquisition of French apologetic behavior in a study abroad context. *Intercultural Pragmatics* 4, 221-251.

Watts, R. (1992). Linguistic politeness and politic verbal behavior: reconsidering claims for university. In R. Watts, *et al.* (Eds.). *Politeness in Language: Studies in its History, Theory and Practice* (pp. 1-17). New York, NY: Mouton de Gruyter.

Watts, R. J. (2003). *Politeness*. Cambridge: Cambridge University Press.

Wen, Qiufang. (2001). *Applied Linguistics: Research Methods and Thesis Writing*. Beijing: Foreign Language Teaching and Research Press.

West, C. & Zimmerman, D. H. (1977). Women's place in every talk: Reflections on parent-child interaction. *Social Problems* 24, 521-529.

Wichmann, A. (2004). The intonation of please-requests: A corpus-based study. *Journal of pragmatics* 36, 1521-1549.

Wichmann, A. & Chanet, C. (2009). Discourse markers: A challenge for linguists and teachers. *Nouveaux Cahiers de Linguistique Française* 29, 23-40

Wilson, D. (1975). *Presupposition and Non-truth-conditional Semantics*. New York, NY: Academic Press.

Wilson, D. & Sperber, D. (1993). Linguistic form and relevance. *Lingua* 2, 1-25.

Witten, C. M. (2002). The effects of input enhancement and interactive video viewing on the development of pragmatic awareness and use in the beginning Spanish L2 classroom. Ph.D. dissertation, University of Texas at Austin, Austin.

Wolfson, N. (1989). The social dynamics of native and nonnative variation in complimenting behavior. In M. Eisenstein (Ed.). *The Dynamic Interlanguage: Empirical Studies in SL Variation* (pp. 199-218). New York, NY: Plenum.

Wong, W. (2004). The nature of processing instruction. In B. VanPatten (Ed.). *Processing Instruction: Theory, Research, and Commentary* (pp. 33-63). Mahwah, NJ: Erlbaum.

Wray, A. (2002). *Formulaic Language and the Lexicon*. Cambridge: Cambridge University Press.

Yamashita, S. O. (1996a). Comparing six cross-cultural pragmatics measures (Japanese as a second language). Unpublished Ed. D Thesis, Temple University, Philadelphia.

Yamashita, S. O. (1996b). *Six Measures of JSL Pragmatics*. Honolulu: Second Language Teaching & Curriculum Center of University of Hawaii at Manoa, Honolulu.

Yamashita, S. O. (1997). Self-assessment and role-play methods of measuring cross-cultural pragmatics. In L. F. Bouton (Ed.). *Pragmatics and Language Learning* (Vol. 8). Urbana, IL: University of Illinois at Urbana-Champaign.

Ye, L. (1995). Complimenting in Mandarin Chinese. In G. Kasper (Ed.). *Pragmatics of Chinese as a Native and Target Language* (pp. 207-295). Manoa: University of Hawaii Press.

Yeung, L. (1997). Polite requests in English and Chinese business correspondence in Hong Kong. *Journal of Pragmatics* 27, 505-522.

Yoshimi, D. R. (2001). Explicit instruction and JEF learner's use of interactional discourse markers. In K. R. Rose & G. Kasper (Eds.). *Pragmatics in Language Teaching* (pp. 223-244). Cambridge: Cambridge University Press.

Yoshitake-Strain, S. (1997). Measuring interlanguage pragmatic competence of Japanese students of English as a foreign language: A multi-test framework evaluation. Unpublished Ph. D. dissertation, Columbia Pacific University, Novata, CA.

Yule, G. (1996). *Pragmatics*. Oxford: Oxford University Press.

Yule, G. (2000). *Pragmatics*. Shanghai: Shanghai Foreign Language Education Press.

Zhu, H., Li, W. & Qian, Y. (2000). The sequential organization of gift offering and acceptance in Chinese. *Journal of Pragmatics* 32, 81-103.

Zipf, G. K. (1949). *Human Behavior and the Principle of Least Effort*. Cambridge: Addison-Wesley.

白解红，2000，《性别语言文化与语用研究》，长沙：湖南教育出版社。

曹军，2005，预设理论与英语写作教学，《山东省经济管理干部学院学报》(2)：112-113。

陈彩芬、李委清，2010，英语口语话语标记语使用实证研究及教学启示，《中国大学教学》(8)：59-62。

陈成辉、肖辉，2012，"听说写一体"写作教学模式实验研究：模因论的视角，《外语界》(6)：66-73，89。

陈柯，2010，基于模因论视角下的英语演讲教学，《吉林省教育学院学报》(1)：35-36。

陈林华、李福印，1994，交际中的模糊限制语，《外国语》(5)：55-59。

陈琳霞，2008，模因论与大学英语写作教学，《外语学刊》(1)：88-91。

陈琳霞、何自然，2006，语言模因现象探析，《外语教学与研究》(2)：108-114。

陈融，1989，英语的礼貌语言，《现代外语》(3)：8-14。

陈融，2005，共性论与个性论：语用学该走向何处?《现代外语》(2)：122-128。

陈圣白，2011，模因论视阈下的口译教学实证研究，《外语教学》(2)：107-111。

陈新仁，1994，试探"经济原则"在言语交际中的运行，《外语学刊》(1)：87-12+59。

陈新仁，1998，论广告用语中的语用预设，《外国语》(5)：54-57。

陈新仁，2002，话语联系语与英语议论文写作：调查分析，《外语教学与研究》(5)：350-354。

陈新仁，2008，英语词汇反义派生的语用制约，《外语研究》(1)：10-15。

陈新仁，2009a，批评语用学：目标、对象与方法，《外语与外语教学》(12)：10-12。

陈新仁，2009b，《新编语用学教程》，北京：外语教学与研究出版社。

陈新仁，2013，《批评语用学视角下的社会用语研究》，上海：上海外语教育出版社。

陈新仁、陈娟，2012，模糊性商业广告用语的批评语用分析，《外国语言文学》(4)：20-28。

陈新仁、李民，2006，中国英语学习者语用习得研究述评，载张雪梅编《第二语言习得研究的新探索》，上海：上海科学技术出版社，7-15。

陈新仁、吴珏，2006，中国英语学习者对因果类话语标记语的使用情况——基于语料库的研究，《国外外语教学》(3)：38-41。

陈原，1984，《书林漫步续编》，上海：三联书店。

陈治安、袁渊泉，2006，语际语用学研究的回顾与展望，《外语教学》(6)：1-5。

戴炜栋、杨仙菊，2005，第二语言语用习得的课堂教学模式，《外语界》(1)：2-8。

戴炜栋、张红玲，2000，外语交际的文化迁移及其对外语教改的启示，《外语界》(2)：2-8。

邓大飞，2011，模因论及其在英语阅读教学中的应用研究，《广西民族师范学院学报》（1）：122-125。

邓炎昌、刘润清，1989，《语言与文化》，北京：外语教学与研究出版社。

丁言仁，2004，《第二语言习得研究与英语学习》，上海：上海外语教育出版社。

董亚芬，2006，《大学英语精读》，上海：上海外语教育出版社。

冯光武，2005，语用标记语和语义/语用界面，《外语学刊》（3）：1-10。

甘文平，2001，中国大学师生英语语用能力的调查与分析——兼评《大学英语听力》教材修订版，《西安外国语学院学报》（1）：73-76。

高虹，2011，语用充实与翻译——以流行语"潜规则"的英译为例，《外语研究》（6）：86-89。

高彦梅，2004，语篇预设，载《语言学研究》第三辑，北京：高等教育出版社，65-75。

高月琴，2002，语用能力的培养与英语口语能力的提高，《外语电化教学》（2）：6-9。

辜同清，2003，非英语专业硕士研究生英语语用能力调查分析，《宁波大学学报》（教育科学版）（1）：86-89。

顾曰国，1992，礼貌、语用与文化，《外语教学与研究》（4）：10-17+80。

桂诗春，2004，我国外语教学的新思考，《外国语》（4）：2-9。

郭剑晶，2012，话语标记语教学研究，《外国语文》（1）：128-132。

郭亚玲、蒋宝成，2009，从语言模因论看 ESL 写作教学的历史性回归——基于调查数据的实证分析，《河北师范大学学报》（8）：42-46。

何安平，1998a，英语会话中的简短反馈语，《现代外语》（1）：74-82。

何安平，1998b，英语会话中的成功与非成功插话，《外国语》（2）：51-57。

何安平、徐曼菲，2003，中国大学生英语口语 Small Words 的研究，《外语教学与研究》（6）：446-452。

何兆熊，2000，《新编语用学概要》，上海：上海外语教育出版社。

何自然，1988/2002，《语用学概论》，长沙：湖南教育出版社。

何自然，1991，言语交际中的语用移情，《外语教学与研究》（4）：11-15。

何自然，1993，跨文化交际中的语言"离格"现象刍议，《外语与外语教学》

（2）：1-7。

何自然，1996，什么是语际语用学，《国外语言学》（1）：1-6。

何自然，1997，《语用学与英语学习》，上海：上海外语教育出版社。

何自然，2005，语言中的模因，《语言科学》（6）：54-64。

何自然、陈新仁，2004，《当代语用学》，北京：外语教学与研究出版社。

何自然、冉永平，1999，话语联系语的语用制约性，《外语教学与研究》（3）：
　　1-8。

何自然、冉永平，2002，《语用学概论》（修订本），长沙：湖南教育出版社。

何自然、冉永平，2009，《新编语用学概论》，北京：北京大学出版社。

何自然、阎庄，1986，中国学生在英语交际中的语用失误——汉英语用差异，
　　《外语教学与研究》（3）：52-57。

何自然、张巨文，2003，外语教学中的语用路向探索，《山东外语教学》（4）:3-8。

洪成玉，2002，《谦词敬词婉词词典》，北京：商务印书馆。

洪岗，1991，英语语用能力调查及其对外语教学的启示，《外语教学与研究》
　　（4）：56-60。

洪岗，2000，语际语用学研究，《杭州教育学院学报》（3）：1-7。

洪岗，2005，《跨文化语用学——语料收集方法研究》，北京：外语教学与研究
　　出版社。

胡春华，2005，语用预设及其对外语教学的启示，《青海师专学报》（1）：103-
　　105。

胡美馨，2007，言语行为语用意识培养在综合英语教材中的实现，《外语研究》
　　（4）：65-66。

胡裕树，2002，《现代汉语》，上海：上海教育出版社。

胡壮麟，1994，《语篇的衔接与连贯》，上海：上海外语教育出版社。

胡壮麟，2002，对中国英语教育的若干思考，《外语研究》（3）：2-5。

黄次栋，1986，前提关系及其教学意义，《外国语》（2）：54-58。

黄国文，1988，《语篇分析概要》，长沙：湖南教育出版社。

黄洁，2009，非本族语者言语行为能力发展研究回顾与我国言语行为教学路径，
　　《外语教学理论与实践》（1）：68-76。

黄衍，1987，话轮替换系统，《外语教学与研究》（1）：16-23。

黄源深，2006，好的作文是"写"出来的——英语教学谈之二，《外语界》（5）：13-16。

冀婷婷，2006，语用预设对英语阅读理解的作用，《太原城市职业技术学院学报》（4）：110-111。

纪卫宁，2008，预设的解读及其对外语教学的启示，《疯狂英语教师版》（1）：58-61。

贾砚萍，1995，话轮转换中的技巧与英语口语教学，《外语界》（3）：1-5。

贾玉新，1997，《跨文化交际学》，上海：上海外语教育出版社。

姜望琪，2003，《当代语用学》，北京：北京大学出版社。

匡骁，2009，语用预设理论对英语写作教学的启示，《外语学刊》（5）：165-167。

李成团，2009，话语标记语 you see 的语用功能，《外语教学》（5）：15-24。

李捷、何自然，2010，汉语教学的模因论探讨，《语言教学与研究》（5）：21-27。

李金红，2006，国外主流写作理论对我国外语写作教学的启示，《国外外语教学》（2）：41-46。

李民、陈新仁，2007，英语专业学生习得话语标记语 WELL 语用功能之实证研究，《外语教学与研究》（1）：21-26。

李巧兰，2004，英语学习者话语标记语语用石化现象初探——基于真实口语语料的调查分析，《解放军外国语学院学报》（3）：53-57。

李瑞华，1994，语用的最高原则——得体，《外国语》（3）：25-27。

李筱菊，2001，《语言测试科学与艺术》（第 2 版），长沙：湖南教育出版社。

李欣，2012，英语话语标记语的翻译研究：阐释与运用，《复旦外国语言文学论丛》（春季号）：87-94.

李勇忠、李春华，2004，阅读理解中语用推理的认知考察，《外语教学》（5）：10-13。

李悦娥，1996，会话中的阻碍修正结构分析，《外国语》（5）：39-44。

李悦娥、申智奇，2003，自然会话中的打断现象分析，《当代语言学》（1）：25-32。

连淑能，1993，《英汉对比研究》，北京：高等教育出版社。

刘国辉，2007，《英汉请求策略理论与实证对比研究：礼貌语用学视野》，北京：高等教育出版社。

刘建达，2005，话语填充测试方法的多层面 Rasch 模型分析，《现代外语》（2）：157-169。

刘强，2005，预设的本质及其研究，《外语与外语教学》（5）：61-65。

刘润清、刘思，2005，语用习得的认知特性和影响因素述评，《外语教学与研究》（3）：218-225。

刘绍忠，1997a，国外语际语用学研究现状与我国语际语用学研究的思考，《现代外语》（3）：73-80。

刘绍忠，1997b，语境与语用能力，《外国语》（3）：24-31。

刘伊俐，2002，语用预设与跨文化语篇的理解，《福州大学学报》（4）：65-68。

吕宗慧，2010，模因论视角下的互文性阅读教学模式，《学理论》（6）：201-202。

马庆株，1997，指人参与者角色关系取向与汉语动词的一些小类，载胡壮麟、方琰编《功能语言学在中国的进展》，北京：清华大学出版社。

马萧，2003，话语标记语的语用功能和翻译，《中国翻译》（5）：36-39。

马萧，2005，翻译模因论与翻译教学，《山东外语教学》（3）：72-76。

孟梅、刘秦亮，2000，大学生英语语用能力研究报告，《西安外国语学院学报》（4）：111-114。

倪秀华，2003，话语标记语 and 在大学生英语口语测试中的作用分析，《肇庆学院学报》（6）：50-54。

彭宣维，1998，英汉词汇连接功能对比（二）——因果与时空关系，《外语与外语教学》（5）：9-13。

亓鲁霞、王初明，1988，背景知识与语言难度在英语阅读理解中的作用，《外语教学与研究》（2）：24-30。

曲卫国，2012，也谈"Please"，也谈"请"，载曲卫国编《语用学的多层面研究》，上海：复旦大学出版社。

冉永平，2003，话语标记语 well 的语用功能，《外国语》（3）：58-64。

冉永平，2006，《语用学：现象与分析》，北京：北京大学出版社。

任育新、陈新仁，2012，《变异语用学：聚焦多中心语言的地域变体》介绍，《当代语言学》（2）：190-193。

邵党喜，2003，语用预设与英语写作教学，《河海大学学报》（9）：82-85。

谌莉文，2005，英语听力理解中的语用推理，《外语教学》（1）：68-70。

施庆霞，2001，关联理论与阅读理解教学，《外语教学》（3）：52-54。

束定芳，2004，《外语教学改革：问题与对策》，上海：上海外语教育出版社。

孙亚，2002，心理表征与礼貌的得体性，《外语教学》（1）：33-35。

孙亚、戴凌，2002，语用失误研究在中国，《外语与外语教学》（3）：19-21。

索振羽，2000，《语用学教程》，北京：北京大学出版社。

唐德根、常圆，2004,跨文化交际中两种会话方式的运用，《天津外国语学院学报》（4）：15-20。

王得杏，1988，会话研究的进展，《外语教学与研究》（4）：41-46+80。

王洪英、林俐，2008，英语模因教学模式探析，《太原城市职业技术学院学报》（7）：103-104。

王磊，2007，模因论对英语写作教学的启示，《平原大学学报》（4）：82-85。

王丽、王同顺，2008，中国英语学习者语用标记语习得研究———一项基于SECCL 和 BNC 的实证研究，《现代外语》（3）：291-300。

王立非、祝卫华，2005，中国学生英语口语中话语标记语的使用研究，《外语研究》（3）：40-44，48.

王琼，2001，语际语用学的研究及其对外语教学的启迪，《福建外语》（1）：23-31。

王守元、苗兴伟，2003，预设与文学语篇的建构，《外语与外语教学》（3）:1-6。

王淑莉，2006，话语标记语的语用制约性与英语听力理解，《国外外语教学》（2）：19-23。

王西成、曾涛，2000，也谈礼貌原则，《湖南大学学报》（2）：80-84。

王欣，2002，九十年代语用学研究的新视野——历史语用学、历时语用学和文学语用学，《外语教学与研究》（9）：317-323。

王雪瑜，2010，模因论视角下的大学英语视听说教学策略研究，《西南石油大学学报》（1）：111-114。

韦忠生，2007，语用预设在翻译中的应用，《福建师范大学福清分校学报》（3）：

92-95。

魏在江，2006，语用预设的元语用探析，《外语研究》(1)：20-23。

魏在江，2011，语用预设的语篇评价功能——语篇语用学界面研究，《中国外语》(2)：23-29。

温洁，1993，"预设"在对外汉语教学中的运用，《汉语学习》(1)：39-44。

文秋芳，2002，编写英语专业教材的重要原则，《外语界》(1)：7-21。

文秋芳，2003，频率作用与二语习得，《外语教学与研究》(2)：151-154。

文秋芳等，2003，中国大学生英语书面语中的口语化倾向——高水平英语学习者语料对比分析，《外语教学与研究》(4)：268-274。

吴勇、郑树棠，2007，论话语标记语 WELL 语用功能在英译汉中的再现，《外语与外语教学》(7)：47-52。

吴珏，2010，英语习语教学的模因模式，《江苏外语教学研究》(2)：18-23。

吴宗杰，1994，外语课堂话轮类型析，《外语教学与研究》(2)：1-6。

肖旭月，2003，英语呼语的礼貌标记功能，《解放军外国语学院学报》(1)：16-19。

谢朝群、何自然，2007，语言模因说略，《现代外语》(1)：30-39。

谢楠，2009，视听文本中话语标记语的语用功能及其汉译中的信息缺失现象，《外语与外语教学》(5)：56-59。

熊学亮，1999，《认知语用学概论》，上海：上海外语教育出版社。

熊学亮，2007，《语言学新解》(第 2 版)，上海：复旦大学出版社。

许国璋，1986，论语法，《外语教学与研究》(1)：1-10。

徐宏琳，2005，语用预设与听力理解，《扬州大学学报》(4)：95-96。

徐捷，2009，中国英语学习者话语标记语 you know 习得实证研究，《外语教学理论与实践》(3)：28-33。

徐盛桓，2001，《语用学引论》导读，载 Jacob, L. M,《语用学引论》，北京：外语教学与研究出版社，26-35.

严轶伦，2007，基于预设的批评性语篇分析，《山东外语教学》(6)：32-37。

杨利民，2011，《现代大学英语·精读》，北京：外语教学与研究出版社。

杨连瑞，2002，话轮转换机制与英语会话能力，《山东外语教学》(2)：22-24。

杨石乔，1999，英汉语用预设与信息中心对比，《外语学刊》（4）：27-33。

易敏，2005，交际心态与谦敬用语——兼谈"对不起"被"不好意思"替代，《语言文字应用》（2）：93-96。

于国栋、吴亚欣，2003，话语标记语的顺应性解释，《解放军外国语学院学报》（1）：11-15。

詹全旺，2009，英语增强词 terribly 的主观化———项基于语料库的研究，《外国语》（5）：38-46。

张剑锋，2010，话语标记语理论对文科与理工科学生英语听力水平影响的研究，《外语教学》（2）：61-64。

张克定，1995，语用预设与信息中心，《外语教学》（2）：15-20。

张权，2008，英语不规则形态的全球规则化趋势研究——网络证据分析，博士论文，上海外国语大学。

张树筠，2001，会话含意与听力教学，《山西大学学报》（哲学社会科学版）（1）：84-87.

张树铮，1991，浅谈礼貌语言，《语文建设》（11）：34-37。

张辛欣、娄瑞娟，2010，英语教学中的模因论，《语文学刊》（9）：127/《长春理工大学学报》（3）：125-127。

张一宁，2005，从会话含意的理解看英语专业四级测试之听力，《长春理工大学学报》（1）：125-127。

甄凤超，2010，学习者英语会话中的反馈语研究，《解放军外国语学院学报》（3）：62-68。

郑华，2010，模因论与外语教学，《南阳师范学院学报》（5）：118-121。

郑群，2012，中国英语学习者言语反馈语的语用石化现象研究，《外语界》（2）：65-73。

周红，2008，英汉变动型模糊限制语及其语用功能，《外语研究》（2）：40-44。

周民权，2010，俄罗斯语言学家对言语行为理论的贡献，《外语学刊》（3）：97-101。

周筱娟，2005，礼貌语言的管控，《修辞学习》（2）：54-55。

朱磊、郑新民，2010，语用学应以宽广的认知、社会和文化视角来考察语言和语言使用——著名语用学家 Jef Verschueren 教授访谈录,《外语电化教学》(3):76-79。

朱炼红,2008,显性教学对语用能力发展的影响,《山东外语教学》(1):87-91。

朱永生、苗兴伟,2000,语用预设的语篇功能,《外国语》(3):25-30。

庄和诚,1987,英语语言的礼貌级别,《现代外语》(1):16-22。